陕西出版资金资助项目

"中华太极·赵堡"系列丛书

中华心理学

张广汉 著

西北大学出版社
·西安·

图书在版编目(CIP)数据

中华心理学/张广汉著. —西安:西北大学出版社,2017.1

ISBN 978-7-5604-4002-6

Ⅰ.①中… Ⅱ.①张… Ⅲ.①心理学-研究-中国 Ⅳ.①B84

中国版本图书馆CIP数据核字(2017)第021661号

中华心理学

出版发行	西北大学出版社
地　　址	西安市太白北路229号
邮　　编	710069
电　　话	029-88303404
经　　销	全国新华书店
印　　刷	西安新华印务有限公司
规　　格	787mm×1092mm　16开本
印　　张	18.75
字　　数	233千字
版　　次	2017年1月第1版　2017年1月第1次印刷
书　　号	ISBN 978-7-5604-4002-6
定　　价	50.00元

版权所有　翻印必究

序

本书《中华心理学》是以教学的形式,以中华文化为基础,以中华医学为平台,以中华易理为指导思想,以中国现实问题为背景,以教学、教育、教导、教材的方式著述形成的。

《中华心理学》是一部原创著作,以中华新文化、新思想、新视觉、新观点、新理念、新方法,对自然规率、社会规范进行了现代化的高度总结和高度指导。

《中华心理学》填补了中华文化的一项空白,使中华文化之苑绽放了一朵清澈宇莲。为地球人指明了"心理学"的前进航向,填补了"西方心理学"长期以来留下的学术遗憾:不知道"什么是心理"的定义。

《中华心理学》运用了失传已久的中华哲学思想体系中的核心——太极阴阳学说。

书中还把"天人合一"与"地人合一"思想融为一体。从道理上解说了"唯物论"和"唯心论"所包含范围和各自的认知失误。唯物论与唯心论本来应该是一对和谐统一的哲学体系,由于地球人的认知发生失误,导致了唯物论与唯心论之间产生了"不可调和"的对峙现象,在错误的哲学体系指导下,才产生了现代人的各类社会矛盾和社会病态现象。

为了尽快解决这些社会矛盾和病态现象,书中一方面引导人们提高哲学认知,另一方面为人们提供了把握人生必备的"心理金三角"学说和

使用方法。心理金三角分别是书中的"心理培育法""心理守恒论""心理养生法"。当一个人具备了这三种心理之法,就基本具备了做人、做事、养生、养心、修品、修德的能力。

在书中首先提出了人体存在的三个信息中心的观点,这三个信息中心分别是:"思维中心""精神中心""本能中心"。人类的这三个信息中心存在着"病变思维""病变心神""病变本能"。作者发现了"人体的信息系统",指出了精神是生命存在的核心,精神是自己的最高决策者,思维是为自己的服务者等新观点。

作者从1972年开始学练河南温县赵堡镇太极拳,以太极拳理论为缘起,以中医理论为基础,以自己的人生实践为契机,以社会问题为对象,构画出中华心理学的基本框架,为人类开创"中华心理学"之先河。如果没有中华太极拳,就没有《中华心理学》的诞生。

本书旨在解决人类的思维健康,精神健康,本能健康,身心健康,情感健康,家庭健康,社会健康,环境健康等。

本书是在校大学生健全身心、修养人格的必修课教材。也适合广大的青年学生,心理工作者,教育工作者,公务员,国家干部等;还适应青年人婚前与婚后的家庭生活指导使用,广大一点说,应是一本人生必读之书。

还可供各大专院校、机关单位的图书馆以及农家书屋收藏,也是读者馈赠亲友的最佳礼品。

张广汉
2016 年 6 月 16 日于长安

目 录

第一讲　什么是心 ·· 1

第二讲　什么是心里 ··· 17

　一、病变思维分析 ··· 20

　　病变思维的自然属性 ······································ 21

　　病变思维的社会属性 ······································ 23

　　（一）人与体的病变 ······································· 23

　　（二）什么是病变思维 ···································· 25

　　（三）病变思维对社会的影响 ························· 30

　　（四）病变思维的发展与终止 ························· 35

　　（五）病变思维是犯罪的根源 ························· 37

　　（六）病变思维的传播 ···································· 38

　　（七）病变思维的危害范围 ···························· 38

　二、病变心神分析 ··· 48

第三讲　什么是心理 63
一、自然法则 64
二、王法准则 72

第四讲　心里与心理的区别 77

第五讲　人生心理培育法 92
一、苔生心态 94
二、草本心态 99
三、藤本心态 103
（一）攀岩锻炼 105
（二）藤缠锻炼 105
（三）顺从锻炼 106
四、灌木心态 108
五、乔木心态 122
六、五种心态运用 129

第六讲　心理守恒论 135
一、心理天平 136
二、心理坐标 140
三、心理阳光 142

第七讲　心理养生法 146
一、肝脏 146

二、心脏 ·· 149

三、脾脏 ·· 156

四、肺脏 ·· 160

五、肾脏 ·· 164

第八讲　青春期心理导航 ·································· 175

一、别让祖国花朵凋零于花季 ································ 179

二、正确对待性别 ·· 183

三、早恋的危害 ·· 187

四、性生理调平法 ·· 193

第九讲　婚姻与传嗣 ······································ 197

一、恋爱与择偶 ·· 197

（一）内向性格 ·· 202

（二）外向性格 ·· 203

（三）双向性格 ·· 204

二、夫妻互心说 ·· 205

三、孕期心理保护 ·· 211

第十讲　心理与感情 ······································ 216

一、生理与心理 ·· 217

二、心理障碍 ·· 233

（一）思维障碍 ·· 234

（二）精神障碍 ……………………………………… 239

　　（三）潜意识问题 …………………………………… 242

　三、感情运用 …………………………………………… 246

　　（一）感情的分配与比例 …………………………… 248

　　（二）预防感情透支 ………………………………… 249

　　（三）学会培养感情 ………………………………… 253

第十一讲　医国齐家安天下 ……………………………… 256

　一、人治 ………………………………………………… 259

　二、法治 ………………………………………………… 261

　三、理治 ………………………………………………… 262

　四、道治 ………………………………………………… 267

　五、德治 ………………………………………………… 269

附录 ……………………………………………………… 273

　中华龙 …………………………………………………… 273

　"人"字的诞生过程 ……………………………………… 275

　宇宙的原始状态 ………………………………………… 280

　中华文化的源头——阴阳 ……………………………… 283

第一讲　什么是心

21世纪是生命心理学走进千家万户的世纪,生命科学再也不能局限在单一的生理范围之内,身体健康是生理循环、心理平衡和社会和谐共同作用的结果。特别是人与人之间,关系的融洽、家庭的幸福、事业的成功、社会的安定等,每时每刻都离不开心理素质的高度健康。

生理学和生理医学在东方文化和西方文化联姻的今天,已经发展到炉红火旺的时代。

心理学和心理医学无论是东方还是西方仍然处于一种荒漠状态,在高科技飞速发展的今天,有相当大的一部分人在高科技面前,不知道如何理性的对待高科技时代,只是人为的、大肆的、无度的挥霍高科技的成果。更不知道如何管住自己的"心"。不知道如何理性的使用自己的欲望,管理自己的欲望,善待自己的欲望,时而无限的放纵自己的欲望,时而无限的压抑自己的欲望。也更不知道如何理性的把握自己的心性,让心猿意马的自己,在现代化社会的各个领域里面的高速路上信马由缰!无度的浪费四处可见,特别是在中国,这种情况比比皆是,浪费、浪费、再浪费!

所以,现代化的矛盾正在大量产生,现代化社会产生了诸多的自我矛盾、人我矛盾、人人矛盾、家庭矛盾、社会矛盾。这些矛盾此起彼伏,非理性思维与人格扭曲比比皆是,无人填补心里空白的时代再也不能延续下去了!中华心理学迎着21世纪的第一缕曙光来到人间,她将为地球

人类的心里荒漠植树造林,为地球人类营造美丽的心里蓝天!!

自从人类诞生以来,对宇宙,大自然,植物,动物和人类自身已经有了许多的认识,并掌握了许多的知识。但是,人类对研究外物时所使用的使用物——"心",却还不知晓。特别是在我们面临高科技突飞猛进发展的今天。

人类已经能够把握住太空飞船,能够随心所欲地指令飞船的航向。但人类却把握不住自己,把握不住自己的"心"。眼看着地球就会被地球人在不久的将来,用人类自己苦心经营的高科技把地球摧毁,摧毁地球人家园的原动力就是"心"!

我们人类面临着生存与灭亡的抉择,挽救全人类共有的家园,已经摆到全世界所有人的面前。首先要解决的是地球的生存问题,节约能源是我们全人类,每一个人刻不容缓的首要任务。

之后,必须解决全人类的绿色生存问题,解决全人类的平等、和谐、共存的社会问题,最终要解决全人类与大自然和谐共存的问题。要想解决好这些问题,就必须先解决好人的问题。要想解决好人的问题,就必须先解决好人的思想、欲望、意识、思维等问题。要想解决好人的思想、欲望、意识、思维等问题,就必须首先从"心"入手来了解人性更深层的内涵。

这就需要我们对心进行深入细致的研究,首先要把"心"彻底的了解清楚,当我们真正的认识了"心"之后才知道,我们怎样做才能有效的解决人类的各种社会问题。我经过长期的人生磨砺与思考,对"心"有了新的认识。认识到心的内含包括了思维,精神,意识,本能,思想等等。心是人的思维力、精神力、意识力和思想力的源泉!心的生理原生物是什么,是一粒真气!这粒真气用我们的肉眼是看不见的。我把这种存在于无形的原生物取名叫:"核心",简称为:"心"。

地球人长期以来从文化、科学、医学,特别是各家宗教等等,都在尝

试解读"心"的本质,大家都从自己的领域和角度诠释人"心"。似乎说出了一些道理,但是都没有解释清楚,甚至有些领域就没有想到我们人类需要解读"心"的本质。特别是在现代科学领域里,受唯物论的思维方式的限制,把心与心脏器官牢牢地拴在一起,认为是一回事,使科学领域自身作茧自缚。

因为,心不仅关系到人类的现在和未来,还关系到社会的发展与平衡,不仅关系到地球的生存与灭亡,也关系到人世间每一个人的幸福与欢乐,痛苦与灾难。诸如此类我们不得不对"心"进行更加深入的研究与探索,要突破一切旧文化、旧思想、旧观点、旧知识的束缚,特别要超脱地球人的"唯物论"与"唯心论"的束缚。只有这样我们才能升华自己思维能力的年轮,进入高思维,高境界的宇宙场能,才能发现宇宙生命的生存形式的复杂性,多面性与多样性。

所谓的复杂性,是指宇宙物质自身的存在不仅仅是有形物质的单一存在,而是与无形物质融合在一起的多面性与多样性的复合存在!

我为什么能揭示心的本质,就是因为我的思维年轮提高了,发现了无形的心,这都是累世修心的结果,更是大自然对我的厚爱!

现在我就把我从长期以来对"心"的认识解读给大家,这里面牵扯到诸多的中国文化的旧知识,以及现代文化的新知识,因此而产生的对"心"的更加细致入微的认识与揭示。如果要讲"心理学"对"心"的本质一无所知,对"心"的作用一无所知,对"心"的功能一无所知,对"心"的存在一无所知,请问:那还能叫"心理学"吗? 如果你还不知道什么是"心",你谈的理还能是心理吗? 如果你还不知道什么是"道",你讲的理还能是道理吗?

如果某种文化既不知道什么是"心",又不懂得什么是"道",那么,你讲的理是"心理"吗? 你讲的理是"道理"吗? 两者恐怕都不是,那你有什么资格向世人宣称你是"心理学"呢?

心是个既具体又抽象的统一存在体。也就是说心脏与心是两种不同的物质,用现代性语言来说,心脏是明物质,心是暗物质,只是心隐于心脏之内。

下面我们就从中华医学的角度来分析探讨一下"心"都包含了哪些内容。

从人体来讲,心应该首指肉体的心脏本身,除此之外在肉体心脏之内还包藏了一个无形的心内之心,我通过自己的人生体验过程,认识了人心不仅仅是有形的,被医学和科学所认定的具体的心脏。还发现了人体中还有一颗无形而存在的心藏,这个无形的心藏就隐形于有形的心脏之中。这对于我来说是一个惊人的发现,对于我们人类来说就是一个新认知的诞生!

这是一个伟大的发现,为我们地球人创立心理学垫基了坚实的基础,为我们人类提高人生品质,改良思维方式,为引导地球人进入世界大同——共产主义,找到了意识源头……

共产主义的基本特征是:共资,共产,共享。

那么,心脏的本身从医学的生理角度看,它是人体的五脏之一,这是对心脏的称谓。按照中医学的五行学说来排列五脏的顺序,依次为肝脏(春)、心脏(夏)、脾脏(长夏)、肺脏(秋)、肾脏(冬)。

我们稍加留意就会发现,心与肝、脾、肺、肾有一个不同之处,心字没有"月"字旁结构,再看其它人身器官,如:胆、肠、胃、脑、髓、筋、骨等等,都有"月"字旁结构。为什么"心"字没有"月"字旁结构,是不是祖先造字时忘记了给"心"加上"月"字结构呢?

带着这个问题,我通过长期的疑问与思索,总觉得心字隐含着什么较为深刻的含意:先民没有给心字加月字旁,是以此区别心脏与其它脏器的不同?

在中医学者中,有一位医家认为:心字是一个倒写的火字,如果把心

字的最后一笔的"、",移在心字的下方则为"⺗",这就很像一个倒置而不规则的"火"字,在五行的配对中,心脏本身就配对为五行之火。前人医学家留下了这样一句话:"识一字便可为医说。"这一字就应该包括"心"字。在这里说的"心"不仅仅是身体的心,更应该是心灵的心。

这种联想思路,对人的思维方式具有开拓性的启发,用"火"字解心,把自然现象与身体脏腑联系起来,进行细致研究这真是难能可贵。这也是中国人的一种特殊思维方式的一种独特的结果,更是中华五行学说对人类的一大贡献!

我们都知道火的自然现象是火苗向上的,在中华医学理论中称之谓:"火性炎上",那么,心字本身和心脏形状都像一个倒置的火苗状,这种倒置的心在生理中起着什么样的重要意义?

在中医学中,心属五行之火,肾属五行之水。多数人都知道水火不相容的道理,其实水与火还有一种亲密关系,这种亲密关系是水火不相离。水若离开火的热量就会凝结成冰,火若离开水压根就不能存在!在中华《易》学中把这种关系叫:"水火既济"。

在地球上火是外来能量物,它来自于太空中的太阳体,通过太阳的光子运动与地球上的植物相互作用,将太阳的能量以光子的形式储存于植物体内,植物再通过燃烧放出火来,所以火才会发光,而植物生长的过程一刻也离不开水的作用而存在。

人体是大自然孕育出的珍贵生命体,人体内在的生理现象受天体自然的模定。换言之,人体就像一个独立的小天体,火在上而倒置,使心火之热下射温煦下方的肾水,恰似自然界的太阳光作用于大地的汪洋、湖海、河流,使肾水得心火之热化成水气蒸腾而上,以濡养周身五脏六腑,四肢百骸。

火是太阳光能的精华,它通过地球上的植物生命这样一种特殊的载体储藏起来,又通过植物燃烧将光能通过火的形式和现象再放射出来,

所以,一切燃烧都会发出亮光。

心脏象征着人体小天体中的太阳,心脏自身跳动的内在能量可以比照太阳能量来理解。心脏是在太极阴阳能的作用下发生跳动,从表面上看是心脏的肉体自身自搏,实际上心脏的跳动是宇宙的阴阳能作用于生命体的结果。

心脏一方面主管血液循环,另一方面内藏心神,主周身之事,内安脏腑、外主人事,为人之本中之本,是人生先天与后天之通神也。在中医圣典《黄帝内经》中已有"心藏神"之说,这里所说的"神"含意甚广,我们只取其部分来解释。

其一,专指心脏的动力功能。

其二,专指心脏的神识功能。

其三,专指心脏的精神功能。

既然我们是在研究心理学,那就必须要老老实实地对"心"有一个客观地、深刻地、正确地了解,只有首先认识了真实的"心识体",才有资格进入心理学领域进行深层细致的研究。

在这里我不得不向世人提出一种心的新概念,在我现世原创的"中华心理学"中,所提到的心决不是医学意义上的心脏,也不是像西方心理学中那样根本没有"心"的概念的"心理学"。

在西方文化和西方医学中,心和心脏没有区别是一回事,西方医学以及在现代科技帮助下的西方医学,只发现了脑思维功能,西方医学否定心有意识和知觉的功能。更没有发现心内之心。

是西方人的文化特征限制了西方人在研究抽象物质方面的不足,在西方文化中就没有太极、阴阳、五行、丹田,真气等等,这样的物理概念,更没有这样的哲学认识和哲学概念。

按照西方人的文化特征,西方"心理学"应该叫"思维理学",或"行为理学",他们至今也不知道什么是心理,所以也无法给心理下定义。西

方人只能告诉大家:"什么是心理至今还没有统一的认识和定义"。

因为,思维理学只是心理学的组成分支部分。在西方人的潜意识中他们只是感知到了一些东西,但他们的具物文化却不支持对心的本质的发现能力。

所以,西方心理学家们得出了一个无奈的结论:"什么是心理,这个问题至今还没有一个统一的认识、统一的说法、统一的结果。"

这是一个关系到全人类未来发展的大是大非的大问题,也是一个拯救人类的核心问题,现在只有依靠我们这百灭不绝的中华文化来解决、来阐释。在此也感谢西方文化的心理学工作者的莘莘劳作。

谈及心理研究,决不可以忽视一个很重要的脏腑——肾脏。

肾脏的功能在心理学中所占的重要位置仅次于心脏,就生命体来说还要高于心脏的地位。中华医学认为肾为先天之本,肾脏有巧夺天工之造。肾脏的体征全息着整个宇宙信息和宇宙密码,是大自然暴露自己隐象的一个实体的太极阴阳体,太宏观了!太奥妙了!人类社会的一切都是因为它而展开的!知道了它,心理学不诞生都不由人了,感谢太极、感谢阴阳、感谢肾脏!

看看肾脏都有哪些作用:

肾脏主管体内水道顺畅、藏精、益性、养神、司生殖、纳声音、存信息、主思维、系先天、存本能等等,整个神经系统都属于肾脏。从生理结构看,脑是肾脏派出的远端附属器官,亦名"奇恒之腑"。脑与脊髓相通,脊髓与肾相通,肾家实,髓充,脑盈,而思维敏。

人体内,心与肾互相配合,统领着神识和意识(思维)。

提到心肾配合产生意识,不得不谈及中国道家文化中有关老子关于人体修炼中的"丹道"文化。

老子传大道是从两个方面传播的。

一方面是从文化方面传播的,老子在函谷关遇关令尹喜后,始以文

化的方式传授道德文化,初称:文始九篇,之后被尹喜称为:"道德经"。

　　一方面是从体育方面传播的,在体育方面分出了动功和静功。动功称"易功"亦名"太极功",后经张三丰、刘古泉传入民间,被民间改称"太极拳"。静功称"丹功",在丹功中老子给弟子留下了常人很难发现的人体中有三个炁点,老子把这三个炁点通称"丹田"。为了区别这三个炁点,老子把它们分别叫做:"上丹田","中丹田","下丹田"。如图:

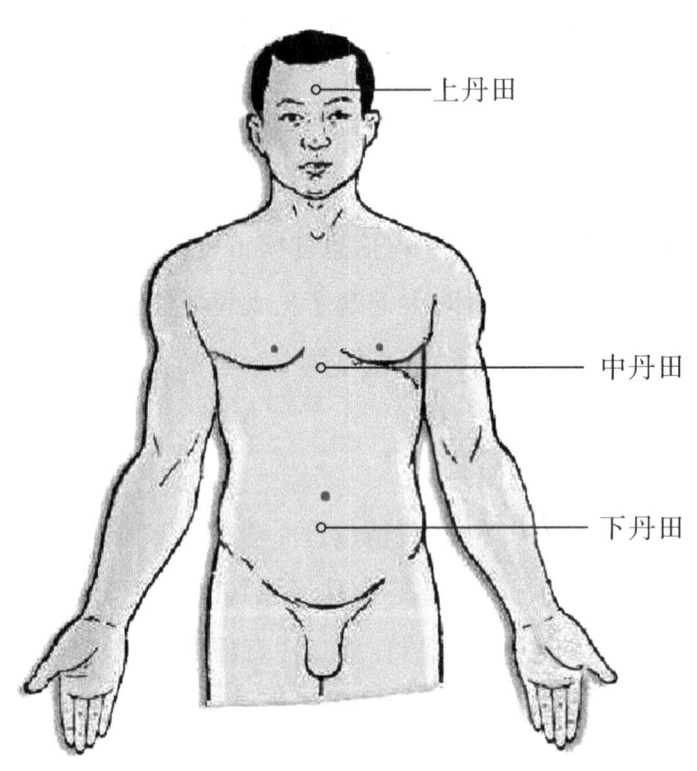

　　上丹田,位于人体头部两眉心上约五分(同身寸之五分)处入内,连于囟内泥丸宫即是,这里是人脑的核心腹区,内藏无形之炁,是脑思维的无形之核心。是醒神之住宅也。

第一讲 什么是心

中丹田,位于人体心脏处,隐形于心区之内,是心灵阳神的所在地,精神之核心。是宁神,静神,睡神之住宅也。

下丹田,位于脐下三横指左右处,入内约二至三寸处,于两肾之间下处,这里是整个人体精炁的核心,此处外通宇宙内连脏腑,乃生命之根本,本能之核心也。是淫神之住宅也。

那时道家的传人只在这三处炼丹,以求证大道。

当我来体悟这三个丹田时,有了新的收获,新的发现,新的提高。发现了这三个丹田,其实是人体中的三个信息中心。是大自然铸就于人体内的三个意识中心。如图:

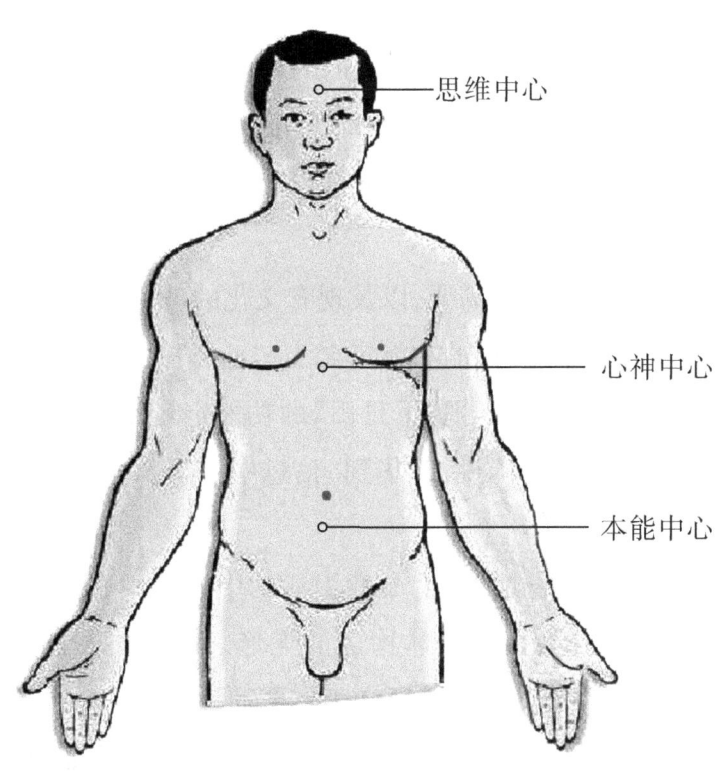

上丹田是人体的"思维中心"。

中丹田是人体的"心神中心"。

下丹田是人体的"本能中心"。

上丹田通过人体的神经系统传递信息。中丹田通过人体的灵体(生物磁、生物场、生物电)传递信息。下丹田通过人体的本能(太极能、阴阳能、生命场能)传递信息。

此三者相互协调、相互扶助、相互依存,又相互独立,完成一个生命体所需的意识自保功能,这个自保功能就是每一个人天生具有的"心里"活动功能!这一结论十分重要,一定要牢记于心!!

姗姗来迟的《中华心理学》是研究和引导人们的心里活动纳入心理活动的学说,这一学说是地球人类未来必须掌握的生命文化,生存文化和社会文化。这三个信息中心长期以来分工协作,承担着人体自身的各项信息工作而不被人知,长期以来可怜的地球人只知道大脑才有思维功能,用大脑思维说,掩盖了心意识的信息说。使世人许多贪婪恶念得不到自控,任其自由发展。上丹田和下丹田归属于肾脏管辖。中丹田归属于心脏管辖。

根据《中华心理学》的需要,以及现有文化的理解能力和这三个丹田作用的情况,我把"中丹田"的功能定名为:"心神中心"。把"上丹田"的功能定名为:"思维中心"。把"下丹田"的功能定名为:"本能中心"。从此就把道家文化的"丹田"说,升华到"信息中心"说,把中华文化提高到一个崭新阶段。

中丹田是心神的府地,是生命意识活动中心的中心,也是心神的中枢。心神不是虚幻的,是由炁体构成的无形之体。当人夜里休息睡觉时,心神亦随之休息睡着了。当人白天苏醒时,心神亦随之苏醒,同时也开始一天的事物。心神具有最高的决定权利,他可以肯定什么,也可以否定什么;他可以选择什么,也可以放弃什么;等等。

中丹田——心神中心,亦类似人体中的皇宫,人体类似一个国家,心神就如同皇宫中的主人。正如中华医学圣典《黄帝内经》中说:"心者,君主之官,神明出焉。"中丹田是"悟"思维的发源地,悟思维的主人是心神。

上丹田——思维中心,这里记录和储存着后天大量的信息,是一个人在这一生中所有的各种事件、物象、思考、情感、数字、动作、概念、信息、密码等等的记录库,更是大脑思维组合能力的原动力中心。这里的所有思维功能属于"表意识",根据其特征可称为:"忆思维"。

下丹田——本能中心,这里是人体生命的一个无形的大炁点,该点与心脏炁气相通,与宇宙炁炁相连,人体的一切生理本能与意识本能都出自这一炁点。

例如:小孩一出生就知道张嘴吃东西,哪里不舒服了就知道哭闹向母亲传递信息等,这种能力不是学来的,是宇宙创造人的时候就给人类准备好的本能力。这里的所有本能意识功能属于"里意识"也可称为"内意识",在西方心理学中常提到"潜意识"其实就是本能意识。

"潜意识"在西方心理学中,至今都还是盲区。他们只知道潜意识的存在,却不知道潜意识的本质,在心理咨询中,他们一旦遇上解决不了的心理问题时,他们常常会用:这是"潜意识"来推托咨询者。这样咨询者就会被糊里糊涂地搁浅到那。

现代医学已经证明:人体有四大系统:

1. 循环系统

2. 消化系统

3. 神经系统

4. 运动系统

其实人体生命还存在有第五大系统:"信息系统"。

信息系统的存在一直没有被医学界所发现。因为,信息系统的存在形式,是以软件的形式存在的。信息系统分"有线信息"和"无线信息"两

种,有线信息主要是大脑通过神经系统来主管身体内部的信息联通工作,无线信息主要是心灵通过心神的本能意愿,运用生物电波,连通身体内外的各种信息。把有线信息可以对应到现代科技的"有线电",把无线信息可以对应到现代科技的"无线电"。这是我个人的新发现,希望能被医学界和心理学界所接受。信息系统是关系到人身生命体健康平安的重要软件!特别是要想研究心理学若是离开了它,那就无从谈起!!!

人体信息系统有三个中心。

1. 思维中心。

2. 心神中心。

3. 本能中心。

(1)思维中心,主管生命、生活、社会活动的思维组合,并且主管身体内部和外部的信息联通工作。还有一项高级作用就是有思考能力,能举一反三的编纂思维程序,思维内容,思维方法,思维创新,等等,等等。思维也称"表意识",是脑袋的主要功能之一。

(2)心神中心。主管和处理来自表意识(思维)和潜意识(本能)的各种信息。心神的外象是精神和神气,心神是内涵,精神是外延。心神是生命意识活动中心的中心,也是意识中枢。在人类社会文化中,大家容易理解和接受的是精神,对"心神"一词十分生疏,心神一词在中医学中的使用率非常频繁,而且地位也很高,是生命存在的最高实质和最高意义。如果没有心神的存在,那么,人类就会是行尸走肉了。心神不是虚幻的,心神是每一个人的生灵体之主,也是每一个人的真正的自己。身体只是自己这一世住入的肉体房子,是一个有生命体的活动的肉体房子。

心神每天每时都在工作,心神具有最高的决定权利,对自身的思维、欲望、选择、行动等等,做出判别与决定,并对情感关系、人际关系、家庭关系、事业关系、社会关系、自然关系等内在事物和外在事物做出判别与

决定,发出"是"或"否"的指令,做出取与舍的决定。心神中心还潜藏一种意识叫:"悟思维"。悟思维是开拓性思维,是具有发明创造功能的意识思维,说通俗点就叫:"悟思维",也就是人们常说的"悟性"。

(3)本能中心。主管身体内部的各种生理和生命需求,是维护和保障生理生命健康和延续的基本保证,是肉体生命的全部需求的根本动力源,是发出需求信号的中心,是主管人体行为动作的核心。本能也称"潜意识"是命宫的主要功能。

中国文化中有一句成语叫做:"三心二意",这一句话的意思是指人们做事或学习不专心,要求人们做事或学习要:"一心一意",这样才会专心致志。

这一句成语机缘巧合的点出了"三心二意",恰巧与人体的三个信息中心和表、里二个意识不谋而合。要求人们做到的"一心一意"正是与精神的一心一意相吻合。

精神具有独体性和独立性,不分表里独立存在,因而称为:"一心一意"。这是大自然造人时铸就的"君一臣二"的自然安排,亦是上天垂象于民之法象。

下面我们通过司马光砸缸的故事来分析一下思维、精神、本能在人生实践中的运用。

从前,有一群儿童在一起玩儿游戏——捉迷藏,说的是由一群人先将自身藏起来,再由一个人来寻找已经藏好的这群人,如果将这一群人中的某一个人找到了并且捉住,这一轮游戏就算胜利结束,再由被找到的这个孩子来扮演找人者,进行下一轮的游戏,儿时的孩子大多数都很喜欢这种游戏。

就在这群儿童玩儿的兴趣高涨时,有一个孩子不幸在一个小山坡上脚一滑跌落下来,正巧跌入坡下的一个大水缸里,这个大水缸里还注满了水。其他的小伙伴们见状就慌乱起来,胆小的只在那里急得大哭,聪

明一点的孩子大声喊叫：赶快来人呐！有人掉水里啦！快救命呐！顿时，落水现场乱作一团……

此时，参与玩耍的有一个小孩名字叫：司马光。这个孩子既聪明又智慧，司马光看到小伙伴儿掉进大水缸里时，他并没有哭也没有喊叫，他只是在想水能把人淹死，而且用不了很长时间，如果只知道哭那是不行的，大喊也不行，等到大人们被叫来需要好长时间。那么，小伙伴可能就会被淹死了。

怎么办?！司马光开动脑筋，想出了一个办法，他搬来一块大石头，然后高高地举起大石头朝那水缸用力砸去，"咣当"！一声，把水缸砸了一个大洞，水从大缸里面哗哗地流了出来，大水缸里面的小伙伴安全了，等了好一会儿大人们才闻讯赶来，把那个小伙伴才从水缸里面救了出来。

第一讲 什么是心

通过这样一个故事,我们来分析一下人体中的三个信息中心都做了些什么。

第一,司马光的信息系统把眼前发生的一切,通过光系统传入眼睛,使他看到了小伙伴掉进了水缸里的场景,这一现象首先映入大脑,而后几乎是同时的一瞬间把这一信息传入给心神,心神被这一景象触动,引起了神识的判别,得出了危险的神识认知信号。同时,其他孩子的呼救声,又通过音系统传入耳朵,使他听到大喊的声音:"救命呐!"这一紧急的呼救声传递到心神。司马光的神识两次受到刺激,被促动起来,心神立刻命令思维赶快想办法!

第二,思维中心接到心神的指令,立刻在大脑信息库中寻找和拼对组合解决问题的办法。在思维记忆库中记录着石头可以打破磁缸,在物象库中记载着石头的质地和形象,思维通过自身的思维组合,把用石头砸破水缸来解救落水者的方案传递给心神。

第三,心神快速判定:此法可行!

第四,心神立即指令本能意识行动起来,本能意识接到指令,同意行动。脑思维受到同意行动的指令,就按照物象库中石头的形象、质地来寻找合适的石头。司马光就快速的找到石头后,心神指令本能意识快速搬起大石块,跑到大水缸跟前把大石头使劲的高高举起,用力地向大水缸砸去,大水缸被砸了一个洞,水从里面哗哗地流了出来……

我们人类的身体是大宇宙经过数亿万年的孕育才生成的,生命身体内部的结构是亿万分的复杂,我们人类尽管自己的现有智慧和现代的科学技术已经相当发达,但是和宇宙的整体物象存在的奥妙相比,那还差的很远很远,比如我们人类在研究人体自身方面一直还被"唯物论"所束缚。

根据"唯物论"的认知程度来看,我们现有的唯物论水平,在宇宙大物质面前,仅仅还是停留在小学生的水平。再加上人类自身的文化限制,特别是在中国,不允许新的其它的哲学观,如物质观、世界观、宇宙

观、意识观(例如:对性的刻薄)等等,新的观点出现,以及地球人类共有的,至今还停留在与野生动物相同的大缺点——"占有欲"上,因此,阻碍了地球人的智慧向更高层面的发展。

这三个信息中心点都内含有用肉眼无法看到的光源,根据个人不同的修为会发出不同颜色的光芒。如果谁的信息中心发生劣变,原先彩色的光芒就会逐渐地淡去,若不及时改良就会逐渐地变为黑色,这样一来就麻烦了,当离开了人世之后,真体受到灵体的拖累必然会降入地间或地狱去生存。这一阶段的时间还比较漫长,就像佛教常说的那样,到那里去消业……

"消业"是佛教用语,其实,就是令人通过一种很痛苦的方法,把一个污浊的心灵洗涤干净!这一过程十分痛苦!希望在世的人们把握好自己的心灵,不要让自己的真(炁)体和灵体下沉到地下或地狱去。这也是我写《中华心理学》的最终目的。

要讲的道理太多,在这里又不能一一道来,就在这里止住吧。最后给什么是心下一定义吧,这样可以让每一个人比较方便的掌握自己,修正自己,认识自己,快乐自己。不再伤害自己、不再伤害他人、不再伤害大自然……

什么是心?

答:心是指心神、意识、思维活动的原识体,是发出意识指令的元神,是构成中丹田的一粒真炁。用俗话说就是一粒"灵炁",是一粒"神粒子",这就是心。而不是肉体的心脏。但却居于肉体的心脏之内,而游历于肉体的全身各处。这就是我们地球人类自诞生以来,对心的一无所知,对心神的迷茫,对真实的自己不知其所!

第二讲　什么是心里

前面我们比较详细的介绍了什么是心,当我们对心有了一种全新而明确的概念之后,我们以后应当牢牢地记住,我们的身体内有一套"信息系统",它主管着我们每个人自己的意识、精神和思维。这一套信息系统是在人体胚胎期就已经被孕育出来了,是先天铸就的,不是后天才培养的。只是当每一个婴儿出生之后才能显示出来意识的存在。

我们把一切属于本能范畴的意识、思维和精神存在的活动,归纳为:"心里"活动。把这种心里活动统称为:"原始心里"或"自然心里"或"天然心里",这种心里活动是在灵性的陪同下,具有动物性和本能性,它的作用是忠实的保护自身生命和争取自身生存的各种利益。也就是说我们每一个人都有天生的一套心里活动能力和心里活动方式,这种心里活动能力和心里活动方式,在初生婴儿期基本上是大同小异的。

中国古人留下的《三字经》告诉我们:"人之初,性本善。性相近,习相远。苟不教,性乃迁"。这几句话恰恰吻合了人体生命意识,从先天过渡到后天之后的心里活动的不同情况。

一个人从初生的善良本质,经过社会的生存旅程,由于受到不同的人生经历和不同的人生待遇,以及不同的生活方式和不同的文化教育等等,每一个人都会因此发生相互各异的人生结果和人性变化。往往会发生人生观、世界观、价值观的极大不同。正如《三字经》中所说的"性相近,习相远。苟不教,性乃迁。"

甚至有相当一部分人会发生人性中最本质,最善良的心性丢失,这种善良心性的丢失,说是心性丢失其实是一种心性变质。用医学的观点可以把这种"心性变质",定性为:"心性病变"。这种变质会导致一种不善良的意识产生,在这种不善良的意识支配下,自己一定会自觉或不自觉的做出具有伤害行为的事情来。

在社会上会伤及他人,在单位里会伤及同事,在家庭里会伤及亲人,在个人上会伤及自己(心灵体)和自己的身体,这样会给自己的以后和未来带来灾祸,在大自然因果率的作用下,给自己以后带来生存体位的劣变,使自己投生到一个令自己身体痛苦和精神痛苦的生存空间去。也会对工作,对事业,对社会,对他人造成很大的伤害。而被伤害的他们也是自然身命体,都有着一套完整的信息系统和信息功能,当他们受到伤害时,他们的信息系统:思维、心神、本能力会被调动起来,进行自我保护。这样社会矛盾就产生了,家庭矛盾就产生了,自我矛盾也产生了⋯⋯

这些矛盾的对峙可以是有形的对峙,也可以是无形的对峙。

有形的对峙:矛盾的双方会发生诸如:争吵,谩骂,拳脚相加以及所有不同形式的有形伤害等等。

无形的对峙:矛盾的双方不会发生诸如:争吵,谩骂,拳脚相加之类的有形伤害。他们会通过心里活动的方式,使用信息武器进行伤害,这种伤害具有无形的伤害力和杀伤力。

还会影响到与精神相通的另外一个世界的痛苦,如果用过去的旧文化说法,就会形象地比喻为:给自己下"地狱"垫铺了道路。(几乎所有的宗教说都有"地狱"说)

其实,在我的中华心理学的范畴内,这些情况属于"意识系统"发生了病变,比如说,思维系统发生了病变,我给这种情况取名叫:"病变思维"。我的《太极慈光》一书中已有详叙。心神功能发生病变,我给这种情况取名叫"病变心神"。本能系统发生了病变,我给这种情况取名叫

第二讲 什么是心里

"病变本能"。这样一来,无论是哪一个人出了意识和心灵方面的问题,我们应该本着治病救人的大原则,来拯救那些心灵发生了病变的人,使这些人尽量不要下"地狱"。

《中华心理学》的诞生肩负着三项使命:

其一,为生存在地球上的人类,提供一种理性的、优良的思维方式和精神取舍,为引导心里活动进入良性循环的范畴提供帮助。让地球人达到真实意义的相互关心,相互帮助,提高每一个人的精神境界。

其二,拯救那些心灵发生病变的人,使之恢复健康,使他们不要下"地狱"。

其三,为全人类提供新文化、新知识、新观点、新理念、新方法,引导人类逐步迈入平等、和谐、高尚、文明、快乐、幸福的康庄大道——共产主义社会。

共产主义的特征是:共资,共产,共享。

心里活动是每一个自然人生存的基本保证,每一个人的心里活动都是大自然赋予的必备的意识功能。如果没有了这些,人就无法生存。所以,我们每一个成年人必须精心地呵护自己的心里活动,使自己心里活动在理性文化的指导下,也就是说让道理通过心理学的方式,来指导我们每一个人心里(内心)活动的内容。使自己保持良善健康的内心活动,并保养这种功能使之健康发展,使这种功能在自己的人生路途中健康工作,快乐生活。这样自身的一切本能程序就会有条不紊,使自己健康快乐地度过自己的一生。之后,还会有更好的生活空间等着你。当然这些都是后话……

下面我们就来总结一下,什么是心里。

心里是指人的思维、心神、本能活动的本性过程。

用俗语说就是指一个人的内心世界的本性意识和本性思想活动的内容。所有内心世界的意识活动都是从心里活动中产生出来的。我们

把这种心里活动的现象和能力称之为:"心里"。

下面我们通过生活中的现象来解读一下正常和不正常的心里活动,通过对心里活动的正常与否具体分析,让每一个人清楚的认识到思维方式,思维内容,思维路程,思维健康的重要性。

❖ 一、病变思维分析

首先,要明确一点人的思维来自哪里,人的思维来自于大脑。大脑受五脏六腑的支持而工作,又受心神的支配而确定怎么工作,同时还受本能的影响确定怎么工作和是否付诸行动。作为思维本身和身体的其他器官一样也会发生病变,思维的病变也会有器质性病变和功能性病变。这个问题是地球人的一项大空白,无论是在科学界、医学界、宗教界、哲学界等等,都是一样的空白。

当思维发生了病变,为什么不把它称为:"思维病变"。而称为:"病变思维"。"思维病变"和"病变思维"这两者之间本来是可以通用的,要是细分起来它们是有区别的:病变思维可以包括思维病变,而思维病变不能包括病变思维。

病变思维,是指思维系统本身发生了病理变化。(这句话很抽象,不太容易被人理解,要把思维系统具象化才可以。)由于思维系统本身发生病变,就会导致思维功能和思维内容发生异常,就会产生思维障碍,思维迟钝,思维混乱,思维恶化等等。

什么是思维恶化?思维恶化的全称叫:思维方式、思维过程、思维内容、思维结果的恶劣化。就是当人遇到事情时,思维总是构思坏点子,坏办法,甚至还会构思出十分恶劣的坏点子,坏办法来提供给心神,让心神选择与决策。

当思维系统本身没有发生病变时,思维功能和思维内容也会发生异常,这种异常可以独立存在。我把这种情况叫做:"思维病变"。

第二讲　什么是心里

我这样讲解不知大家是否可以听明白？这一段十分重要！对未来社会和人生解决各种矛盾有着重要的不可取代的指导意义。

病变思维可分为："自然属性"和"社会属性"两种。

病变思维的自然属性

在这里我先讲病变思维的"自然属性"：

自然属性，主要是指人的生理范畴内的思维方式发生了病变，这种病变表现为人脑在思考问题的时候，总是向坏的方向和内容展开思想，凡事总往坏处想，想事情总往阴暗处想，解决问题和矛盾时总用坏的办法去解决。在许多时候不往好处想，不往阳光方面想。思维是人生方向的瞄准器。当一个人面对人生需要解决问题的时候，心神首先向思维中心出发指令，单从有形物质看，思维是思想的第一原动力，我把思维的原动力称之为："思维力"。

思维力是每一个人都具备的天生功能，无论思维力的大小有多么的不同。但是，每一个人所具备的思维力都是一样的，所不一样的是，有的人的思维力大一些，有的人的思维力小一些。这些，一方面和天造有关，另一方面也和投胎的人（抽象人）有关。投胎人的思维力和品质高低都不同，智慧因此存在着很大的差异。

所以，我们谁也无法一下子就能改变这些，想要改变人们的思维力和思维品质，常常需要抽象人通过漫长的灵力修炼才能逐渐提高，这还要看自己灵力的智慧程度。总之，我们每个人思维力的大小是不能随意提高的。我们的文化水平可以通过学习来提高，思维力却不能。思维力的提高需要通过人生的艰苦磨砺才能有所提高，有一句俗话说："吃得苦中苦，正果才修到。"这里的"正果"首先指的就是："思维力"之果。

但是，我们的思维力的方向和内容以及方式却是完全可以由自己来控制的，也就是说我们整个人类或者每一个人，在这一生中要走什么样

的人生道路,却是由自己的思维方向、思维内容和思维方式来决定的。

例如:

在古代的早期人类,人们只是摘野果,猎食动物,穴居等等。这些都是他们那个时期的思维力,朝着那种思维方向、思维内容衍生出来的一种生活方式,那种生活方式其实就是他们在自己思维方式和思维内容的作用下,所产生的一种生存现象。

之后,人们的思维水平提高了,开始了种植业,熟食食物,建造房屋改变居住方式。这一切无论是社会经验的积累,还是智慧的提升,但它的核心却是思维方向和思维内容发生了变化!

乃至人类走到了近代和现代,无不是人类的思维方向、思维内容、思维方式发生了变化。我们单单从工业发展这一块来看,可以说人类的思维力、思维方式、思维内容、思维方向的变化是大大的提高了,这是毋庸置疑的。

但是,我们若从地球家园的整体环境来看,我们的这种工业化思维力的提高,却导致了人类家园的资源、能源和环境的枯竭与破坏,这样不得不迫使我们人类反思自己的思维力、思维方式、思维内容和思维方向。

因为,我们人类的一切现象的原发点就是来自于人类的思维,人类的所有思维活动内容都囊括于心里活动之中。

请读者注意:这里说的是"心里活动",而不是"心理活动"。

要解决人类因科技带来的灾难问题,乃至社会问题等等,都必须从解决思维问题入手和开始。要让心理指导心里,让心理管住心里,说简单一点就是让理管住心,而不是让法去管住心。只有让道理来管住心的时候,心在理的作用下才会秉公守法。因为,心是神的影子,神是大自然的影子,大自然有自己的规率,有自己的自我约束。大自然从来都不会接受,除了自身的规率之外的任何人为的法律约束。所以,如果没有理的参与单靠法制,永远也治理不好国家,这是亘古不变的真理。

再说简单一点,就是要让理管住心,而不是让心管住理。

我们每一个人都可以仔细的想一想,自从法制诞生的那一天起,到现在大约已经有几千年了,为什么《法典》越来越厚,国家却越治越糟?别不承认!都看看各自国家有多少个监狱,那里一共关押了多少人。每个国家还不知道有多少已犯法和有犯罪行为的人,还没有被绳之以法,还有多少以伤害他人为快乐的人未受到惩罚。这些伤害他人的人在家庭有,在企业有,在社会有,凡是有人汇聚的地方都有。

无论是政府还是老百姓都是在众口一词地说:"是现在的法律还不健全"。

同志们那!同学们那!请问:法制到哪一年才能健全那?!法制还需要几十年,几百年、几千年,甚至还要几万年才能健全(⊙o⊙)啊!!

我们想过没有是不是我们地球人类的治国思路出问题了?

病变思维的社会属性

这一部分是我在《太极慈光》一书中已较详细讲解过的内容。下面摘录《太极慈光》第七章:地球人的病变思维。

(一)人与体的病变

人是宇宙的宠儿。

人的可视身体由有质构成。其中有气血流动,濡养五脏六腑、四肢百骸、肌肉筋骨、皮肤毛发、归之总根为:"气"。

人的不可视身体由无质构成。其中有光、磁闪动,人的思维、意识、情感、精神等等皆源于此,归之总根为:"炁"。

有质人体有一个中心,就是心脏器官。心脏的功能是主管血液循环的动力枢纽,肉质的心脏器官本身不具备思维、意识、情感、精神等功能。

无质的人体也有一个中心,那就是心灵。心灵与心脏基本吻合,只是心脏的尖端部位过于偏左了一些。心灵的功能与心脏的功能绝然不同。心脏只主管肉体的生理功能，而心灵却主管着思维、意识、情感、精神等。心灵是以无我为中心的意识传感中心，他的正常健康良性意识会产生慈能，这种慈能量曦曦放出光芒。我们把这种光芒叫做："慈光"。

有质的人体还有一个中心，不在心脏而在肾脏，肾脏具有多元化功能，其中一元是大脑思维功能。它的主要功能是输入储存信息和思考输出信息，它的重要功能是组合信息，我们常说的思考其实就是各种信息组合的过程，是以自我服务为中心的思维传感中心。

无质人体也还有一个中心，那就是丹。俗称："下丹田"，它是无质人体的动力枢纽，也是真炁聚藏之地，是冲击心脏跳动的元始动力，它与太极同根，与天地同根。所以，其能量与空无同大，无增无减，无损无益。

为了方便研究有质体与无质体，根据两者的基本特性，把有质体叫："具体人"，把无质体叫"抽象人"，或把"具体人"叫体。"抽象人"叫人。以此来加以区分生命体的两大构成物。

长期以来，人类把人与体混为一谈，当身体（具体人）发生了病变，人们会很主动的去医院进行治疗，以期得到康复。

而人（抽象人）发生了病变时，人们就不知道自己生病了，因为人类还没有意识到思维也存在生病问题。因此，没有研究人病和人病医学的专业。所以，抽象人的病变就自然而然的无限蔓延。

然而，人又是一个自然人的行动指南，我们可以想象，当一个有病的人，指挥着自己没有病的身体去做一件事情，这件事情必然是一件病态事件。

如：占有、争夺、剥削、战争等。病态事件小则引起人与人之间的矛盾，大则引起团体与团体之间的矛盾，再大则引起国家与国家之间的矛盾。

人如果发生了意识病变，集中表现在脑的思维内容、思维方式、思维

目的和思维结果。然后再把这种思维结果和解决问题的方案传递给精神中心——心灵。

心灵的重要作用之一，是识别：好、坏。辨别：善、恶。做出取舍决定。

心灵的做功能力一旦发生病变就会发生，舍好取坏，舍善取恶，舍正确取错误。会给人类和自己带来无限的危害和灾难，这种病变轻则叫："病态心里"和"病态思维"，重则叫："病变心里"和"病变思维"。

心灵病变思维，大脑病变思维，本能意识病变，是长期以来没有被人类发现的意识病变。人体信息系统意识活动的内容、思路、方式、方法、认知等等，发生了劣变，最终导致潜意识病变。具体表现为自私、狭隘、嫉妒、两舌、虚伪、贪婪、占有、剥削、欺骗、敲诈、掠夺、杀戮、争战等等。

心灵思维的功能是悟思维，大脑思维的功能是忆思维，心思维遥控着大脑思维的内容，心思维一旦发生了病变，大脑思维必然也要进入病变的工作程序，把大脑这种病变的工作程序叫："脑病变思维"。大脑思维还受输入不良信息的支配，改变其正常的思维程序。

脑病变思维因其储存着大量的科学技术等信息。所以，为破坏自然平衡，滥用科学技术，危害社会，危害自己提供了条件。但脑病变思维并不是根源，它是为了维护和满足病变心思维的需求，而做出的本职反应。

所以治疗心灵病变思维是解决人类生死存亡的总根，是引导人类进入良性循环的康庄大道，是人类化痛苦为幸福的必由之路。

（二）什么是病变思维

1. 什么是思维？

思维是肾脏功能的重要功能之一，我认为思维是人脑的信息储存、信息编排、信息发布、信息传递、信息组合、信息推理、信息计算等程序的

一种表意识功能。中医学把脑称之为"奇恒之府"。之所以称为"奇恒",是指这里面有奇特的构造,有令人惊奇的功能,恒久不可被取代,恒久独立于全阳之首。

思维主要是意识活动的一种形式、一种方式、一种能力,思维具有接受指令的功能。它的作用就是按照心神(自己)的愿望而下达的指令目标、目的进行思考工作,它具有对待任何事物的分析、组合、分散、判断、区别、计算、推理等等的能力。

思维是大自然天赋给人类的一种思想和精神活动的工具,它可以根据外物、外景、外象、外声、外音、外触等信息,引动内觉、内感、内情、内需等需求。继而发生一种意识活动,我们就把这些现象和意识活动的过程称作:思维。

在这里有一点重要的提示:

"思维"与"本能",在人体中是一对儿既"对立"又"统一"的矛盾融合体。此二者共同归属于肾脏功能。

思维,是心神(自己)有想往、有愿望、有欲望、有需求时才通过心灵的无线信息功能,直接指令大脑的思维意识功能进行工作,思维就围绕着心神的愿望和目的进行思想和思考活动,大脑思维直接归属(心神)自己管辖。

本能,是大自然在创造人体的时候,就赋予人体一种为了维系生命存活的需要,在人体中孕育了一套无形的生命本能和生存本能功能,如:人体的心跳、呼吸等等,以及,食欲、性欲、情感等等。这种本能原动力和本能意识是一种潜在的功能,用现代西医解剖学无法查证它的存在,这套功能就隐藏在肾藏和下丹田处。我们把它称之为:本能。

本能意识也可称为:"潜意识",就隐匿在下丹田处,并且与肾藏有关联,它的源起来自于大自然!!

换句话说,生命的本能意识,就是天意的一种体现。

第二讲　什么是心里

我们人类常说的天意、天意,就是从这里开始说起的。

在儒家文化里常常说道:"天是有意志的"。如:天何言哉,四时行焉。天何言哉,五谷出焉。天何言哉,男女分焉。天何言哉,子嗣出焉。

它的意思是:

天虽然不说话,天下春夏秋冬四季轮转,就是苍天意志的一种展示。

天虽然不说话,大地生出五谷滋养人类,就是苍天意志的一种恩赐。

天虽然不说话,人体从阴阳而分成男女,就是苍天意志的一种珍别。

天虽然不说话,男女相合才会生出子嗣,就是苍天意志的一种延嗣。

留给读者一个思考题:假如苍天没有意志源,那么我们人类的本能意识和思想意识是从哪里来的?

天,在儒家文化里就是对大自然的称谓。

道,在道家文化里也是对大自然的称谓。

思维最容易接受外来信息的触动、影响和引导,然后就会干预引导人身本能的各种需求和愿望等等。

思维会直接干预人生方向、社会道路、社会结构、家庭结构、情感方式、生活方式、快乐方式等等、等等……

人生方向:人生向那个方向发展,向哪个方向前进。都是由思维来提供的,然后由心神来确定。

社会道路:让社会走资本主义道路,还是走社会主义道路,还是走共产主义道路等。都是由思维来提供的,然后由心神来确定。

社会结构:社会结构的含义很广,在这里就从经济结构方面来说,让社会使用个体经济还是集体经济、国体经济、世界经济(国际联盟经济)等,也就是说可以分为是私营经济和公营经济。都是由思维来提供的,然后由心神来确定。

家庭结构:是小型家庭,大型家庭,独立家庭,互助家庭等等。都是由思维来提供的,然后由心神来确定。

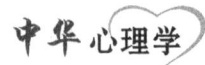

等等、等等……

总而言之,人生与社会的一切都是在思维的作用下运行出来的,尽管心神是一身之主,若是离开了思维,心神就没有了实用工具,思想就会落空。人有了什么思想就会有什么行为,有了什么思想就会有什么社会道路,有了什么思想就会有什么社会结构。

思维是思想的工具,是社会、文化、科学、技术的产生地,人类的全部文化与科学技术等,都是在心神的作用下从思维中产生出来的。

人与人之间的交往,实际上是思想与思想之间的交往。人与人之间的友好,实际上是思想与思想之间的友好。人与人之间的战争,实际上是思想与思想之间的战争。思维是战争的物理元始,但不是元凶,思想是战争的心里元始,战争的元凶是:"心神"。

2. 什么是病变思维?

思维既然是人体众多功能之一,那么它必然也存在着健康时与病变时。所谓健康时,是指思维系统的整个思维程序,是循着"阴阳平衡"与"阴阳相生"的规律,来思考和组合思维信息的内容寻找解决问题的优良方法。

比如,在生活中人与人之间发生了矛盾,此时健康思维会在自己的脑信息储存库中寻找良好的解决方法,在整个信息寻找中,本着仁慈与友爱的程序在寻找,最终会寻找到良好的方法呈献给心神(自己)。

这是我们中国人在对待国际争端时常用的一种健康的思维方法。

如果思维功能发生病变,无论是身体因素造成的,还是信息因素造成的,或是利益因素造成的,它都会进入"阴阳相杀"的思维程序之中。当生活中,工作中,社会活动中,国际争端中,以及人与人之间发生了矛盾与冲突。此时病变思维会在自己的脑信息储存库中寻找不良的信息,组合成恶劣的解决方法呈献给心神(自己),这些都和生理因素与心理因

第二讲　什么是心里

素息息相关。

地球人总是把人分为"好人"和"坏人","好事"和"坏事"。这样的分法是表象的、浮浅的、落后的、错误的分法。

其实人类只有"健康人"和"病变人","健康思维"和"病变思维","健康思想"和"病变思想","健康心神"和"病变心神","健康本能"和"病变本能","健康事件"和"病变事件"。如果我们能够认识到这一点,就是一个社会认知的巨大飞跃!这也是我写《中华心理学》的主要目的之一。

如果一个人,一个家庭,一个群体,一个国家,一个世界,乃至整个具体世界和整个抽象世界,如果都存在着意识中的病变问题的话,无论是个人还是群体都会发生错误思想,发生错误行为,甚至是危险的行为。无论自己走到哪里,自己的错误和危险就会带到哪里。无论自己是在做什么工作,自己的错误和危险就会带到该项工作里,在该项工作里发挥作用。这样就会给个人和大家带来难以估量的损失和危害。

我们人类走到了现在才被我发现了这个"病变思维"的生理问题和心里问题,思维和本能的病变属于生理问题,心神的病变属于心里问题。当我们把这些问题搞清楚的时候,下来我们就必须要解决病变思维问题。

无论是思维病变,还是心神病变,还是本能病变,都要逐一的来解决这个问题。因为这个问题已经深刻的影响到了人类的能源问题,生存问题,社会问题,家庭问题,人际关系问题,人文素质和道德修养问题,以及国家治理问题和国际争端问题等等。

解决这些实际问题最主要的是,需要国家政府积极的对每个公民进行心里检查,以及每个公民都应当对照《中华心理学》中提到的问题进行自我检查。特别是进入国家公务机关的人员,必须是思维、心神、本能都很健康的人,绝对不能是病变思维患者、病变心神患者、病变本能患者,这一点万分的重要！！

治理国家要先从治理人入手。治，在这里是医治的治，而不是惩治的治。医治人，要从医治思维入手，医治思维，要从医治信息系统入手，医治信息系统，还要从医治心灵（精神）入手，医治心灵要从正确的"理"文化入手，《中华心理学》的诞生，就是第一个用理文化引导人和医治人类信息系统病变的重要的心理学说。

理文化：

一方面是自然规率之理，一方面是社会规范之理。

（三）病变思维对社会的影响

人与人之间的关系在病变思维的作用下，化奉献为争夺，化仁慈为邪恶，化爱为恨，化和平为战争，这是人类史的莫大悲剧，是愚昧的标志。

人类用压迫和战争解决矛盾，其结果只能使矛盾升级，矛盾激化或者暂时的潜伏，以蕴生更大的矛盾和战争，凡是用战争解决矛盾的双方，无论胜与负，都是愚昧的俘虏。

所以圣人说："兵乃不祥之物，非万不得已而用之"。

当人类陷入自私、占有的泥潭中，无论人们的物质有多么丰满，生活有多么富裕，都不会有幸福的人生心里享受。

因为在病变思维的作用下，促使欲望膨胀，膨胀的欲望总是远远地超越他们已经拥有的一切，欲望每增加一分，痛苦就随之增加一分。

人生几乎每天都会产生愿望和欲望，只是愿望和欲望有着各自的大小不同而已、各自的内容不同而已。有的人认为愿望和欲望是有区别的。但是，说不清区别在哪里。有的人认为愿望和欲望是一回事，没什么区别。若从表面上看，愿望和欲望都是人的某种希望，应该是一回事的。

其实不然，愿望，是自己从自己的心灵中发出的向往，是自己心神的

意愿。欲望,是从自己的身体中发出的向往,是自己身体中根据生理的需要而发出的需求。这两者是大不相同的。

愿望,大多数都是因为社会因素催生出来的结果。

欲望,几乎全都是人体生理因素催生出来的结果。

无论是愿望还是欲望,只要它一旦产生就要满足它的这种要求,并且应该及时兑现。

愿望如果不能及时兑现,就会引起自己的心灵不适,引起自己的精神不悦。但是,这因为是人为因素引起的,心神会进行自我心理调整。不会对自己产生很大的心里伤害或者生理伤害。

例如:有一个小学生,她的铅笔快用完了,此时在她的心中就会产生重新买一只新铅笔的愿望。如果家长没有及时的给她买新铅笔,她也会因此而产生心里不悦,但是不会给她造成心里伤害。因为,那只旧铅笔还能继续再用一段时间,即便是没有了那只旧铅笔了,孩子也不会过分的着急。老师如果怪罪下来也是由家长承担责任。

欲望如果不能及时兑现,就会引起从心里到生理的极大不适。因为,欲望大多不是自己的主观愿望产生的。它是自然规率的潜在力量,通过人身体的生理本能而产生的。所以,它不能通过自己的心神进行调整,而放弃这种欲望。

当我们的身体产生饥饿时就会发出要吃饭的欲望,我们常把这种欲望称之为:食欲。

当我们的身体遇到寒冷时就会产生向火的暖欲,当我们的身体遇到外来伤害时就会产生躲避欲和逃离欲。这些都是人体的生理本能,它们都是不以人的意志为转移的生理欲望。

那么,心里欲望又是怎么样的呢?当我们人体的情感聚集到丰满时就会产生发泄欲的欲望。

例如:一个班的同学们由于升学、毕业、工作等原因,大家就不得不分手,各自走向各自不同的人生道路,有的同学情感浓一些的,就会产生依依不舍的依恋情感。有的同学情感淡一些的,就会产生小鸟出笼的快乐感。

问题是,有些情感会随着时间的推移就会越来越淡,甚至会被时间的力量消除殆尽。有些情感反而会在时间的作用下,使情感更加浓郁更加丰裕。在这些日渐浓郁的情感作用下,生活中就出现了大学同学聚会、中学同学聚会,甚至还有小学同学聚会等。提醒大家注意的是,这种情感是介于愿望和欲望之间。

凡是来自于自然的本能的欲望,都应该让他们及时的兑现或者尽快尽早的兑现。否则,人体就会受到伤害,这些伤害多数都是内在的,脏腑的,气血的,情感的,心灵的,精神的,心神的。总之,都是能够回向给自己的各种伤害。

有一种欲望是人为产生的,这就是占有欲望,简称为:"占有欲"。

这种欲望是属于人为产生的,不属于本能自身的。但是,占有欲也能给自身带来痛苦和伤害。站在生理自然方面的角度,以及社会方面的角度上,都应该减少或者消除这种人为的占有欲。否则,这种欲望的目标和目的不能兑现时,痛苦就会悄然产生,就会长期的隐隐的伤害着自己折磨着自己,为了消除这种折磨和伤害,病变思维就会悄然而至,心脑之间就会密切配合,心神就会指挥脑思维采取各种方法来达到目的。(这时的"心神",在旧社会称为:"心鬼"。)

现在我们就重点来谈谈病变思维对社会的危害。

人类的病变意识的起因大致可分为两种,一种是内因,一种是外因。从表面上我们可以把它分成"内因"和"外因"两种,实际上这两种情况可以归纳在一种情况之内,那就是社会结构不和谐引起的、工作关系不和谐引起的、人际关系不和谐引起的、家庭关系不和谐引起的、自我关系不和谐引起的等等。

和谐的最高标志是哲学意义上的和谐,哲学的最真解读方式是中华文化的核心理论:"太极阴阳"学说。在中医基础里面把它简称为:阴阳学说。

更简单一点说,中国的哲学就是:阴阳。

阴阳,在最简单的时候能够达到妇孺皆知,在最深奥时神圣尚不能知其全!

阴阳除了自身存在之外,它的自我关系就是宇宙运动的哲学关系。我们人类可以运用阴阳的这种哲学关系,来解决我们人类社会中所有问题和所有矛盾。

阴阳有两大功能:其一,阴阳相生。其二,阴阳相杀。

阴阳相生就是健康思维,阴阳相杀就是病变思维。

为什么人类社会中会出现阴阳相杀的病变思维现象呢?

我们可以从人类的生存本能和生存需求中找到正确的答案!人类从远古的野生一直到现在的文明社会,人类的生存本能一直都没有发生改变,而人类的生存需求和生存方式却发生了极大的改变……

是现代西方工业文明,用八国联军的枪炮把中国从农耕文明打进了工业文明!从此,一个被人打的千疮百孔的中华民族,带着身上淋漓的鲜血连擦拭的力量都没有了。但是,是中华民族求生存的本能和中华文化自强不息的精神,迫使中华民族的一部分精英们必须顽强的站起来走出国门,向西方列强学习他们的工业"文明"。

正如毛泽东经常思考的一个问题:"一个拿着竹筷子吃饭的民族,怎么会打过一群拿着铁叉和铁刀子吃饭的人呢!"这不仅仅是一个吃饭那么简单的问题,而是一个由物质影响到意识形态的哲学问题。所以,建国初期毛主席就首先提出了:"要大炼钢铁"。

为了让中国人民彻底的摆脱西方工业列强的侵略,是中国共产党带领中国人民,从此走上了工业文明的道路……

在发展工业文明的道路上,同时也衍生了许多副产品,诸如大量的浪费资源,大量的浪费能源,大量的制造污染,大量的减少耕地等等。把一个原本绿水青山的生息环境,变成了一个钢铁与塑料混合的世界。生息在这样的环境中的中国人能不生病吗?!

中国人的身体能不生病吗!越是大城市生病的人数越多,谁若是不信就请到各大城市的大医院里瞧瞧去吧,那里的求医者是如何的人满为患!

更可悲的是中国人的心里疾患者更多!有许许多多的人根本就不知道自己的心里早已生病了,还有一些人已经知道自己心里有病了,但是他们讳病忌医一方面不承认,一方面不求医,只有极少数的心里疾患者寻求治疗。

但是,在中国由于进入工业化时代的时间比较短,进入大量产生心里疾患的时间也比较迟。所以,中国在以前就不会产生心理学和心里医学。那么,西方心理学就被大量的引入中国。我在心理咨询和心里医疗的过程中发现,由于中西方文化的底蕴不同,用西方心理学的知识来解决中国人的深层次问题时很难奏效。

西方心理学最大的缺点是:不知道什么是"心"。所以,也就不知道什么是心理了。

无论是中国人还是外国人,只要是心里问题就可以用我的《中华心理学》中的内容,特别是病变思维学说对照与排查,进行心里指导,病变思维症是整个社会中一切不良因素和不良现象的总根。包括国际间的侵略问题都可以找到根源,如果人类没有病变思维症的存在,社会就不会出现邪恶现象,世界将显露出无限光明之本象,身心将发出无限之慈光。

当病变思维产生后,心中的慈光被病疠所笼罩,慈善被邪恶所淹没,邪恶充斥心间,社会发生质的变化而不自知。

一个社会的光明与黑暗,兴旺与衰退,不是取决于现代化的劳动工具和物质享受,而是取决于构成这个社会心能思维的正常与否。当这个思维循着奉献型发展,光明就照亮社会。反之,则走向歧途。

一个心中充满慈爱的人,其心中有一团元能发出毫光,象太阳一样照耀着自己光辉的一生。

这一团光受自己心性(念力)的作用,可以增加也可减少。当念力占有一分,光芒减少一分。念力奉献一分,光芒增加一分,小者光充其身,中者光照于人,大者光放于世,再大者光射无量。诚望人类自我把握。

如果人类执迷不悟,利欲熏心,继续膨胀占有和膨胀欲望,社会将在看似光明的黑暗中沉沦,能源将被贪婪耗尽,人类必然要在迷茫中永远倒下……

愿地球人病变而沉睡的心灵赶快苏醒,认清自然、认清社会、认清人生,认清自我,建立新的自然观,世界观,物质观,人生观,道德观。

愿人类心灵深处闪现光芒,照亮自我,照亮人间,照亮宇宙星河。

愿一个光明而永恒的世界及早诞生!让我们全人类携起手来共同努力吧!

(四)病变思维的发展与终止

脑病变思维是维护心病变思维的有效卫士,它直接危害人类自身的心里健康和生理健康,而不易被人类察觉和发现,它的发病条件和传播媒介,是依赖人类对物质商品和精神商品的占有欲来完成的,其病情的发展就是欲望的膨胀和加重。

由于人类经过了漫长的奴隶社会、封建社会和资本主义社会,在这些不平等的社会与社会发展过程中,社会制度为压迫、专制、剥削等病变的人生观创造有利条件,使剥削制度,专权思想,压迫心理合法化,合理

化,自然化。

因而使人类思维自然而然的接受了人与人之间的压迫和被压迫、专制与被专制、剥削与被剥削的社会病变现象。

这些社会病变现象被生存在这种环境中的每个与社会生息相关的人,储存到大脑的记忆思维中,并且潜移默化的输入到潜意识中被储存起来。

因此,人类被大量的病变信息和记忆所束缚,则人的观察事物能力、分析事物能力、判断事物能力、对待事物能力,就无法脱出病变思维的圈子,那么人类就会对社会发展的趋向做出错误的判断与决策。这样一来必然导致病变思维恶性循环的继续发展下去。

随着人类社会发展和科学水平的提高,病变思维对人类的危害就更加严重。人类只为满足物质享受而开足科技马力,挖掘脚下的矿藏,以填补人类永远也填补不满的病变欲望。结果使人类危机四伏。

如果人类不明白病变思维的危害性,那就难以抵抗物质商品与精神商品的刺激和诱惑,而扩大占有欲望,膨胀病变思维,在心病变思维的支配下,大脑思维进入病态思维工作程序进行工作。

大脑思维虽然在病变心神的支配下工作,但它的生理功能并没有病,它的思维功能和储存信息是在正常的、逻辑的、科学的轨道上运行。

所以它的隐藏性很强,感染力很大,表现形式很普遍,它的存在并不直接影响人类的衣、食、住、行和各种社会活动,它是前人一直没有发现的邪恶根源,前人把社会中所产生的各种罪恶行径斥责为:"魔"。

在魔(病变思维)的驱使下,发生了社会的各种悲剧。人与人之间为了满足病变思维的各种欲望,而相互掠夺争斗、欺压、剥削、残杀,地球人就这样世世代代甘心情愿的在这样的旋涡中轮转沉浮⋯⋯

今天我们人类终于觉醒了,我们不能再愚昧下去了,为了挽救人类的命运,挽救人类的心灵,挽救濒临枯竭的能源和日趋失衡的自然环境,

自我革命的时刻逼近人类,我们要努力化掉盘锯在自己大脑和心中的魔王——病变思维。

这是人类自救的唯一途径,愿全人类及早觉悟和觉醒,救世主不是别人正是人类自己。行动起来吧!所有的救世主!

(五)病变思维是犯罪的根源

当一个患有严重病变思维症的人,因其膨胀的欲望无法抵抗外界的各种物质诱惑。当其想得到不属于自己的物质或达到某种更高的欲望时,其大脑的病变思维马上根据所储存的各种信息,策划出一套达到目的地方案,呈现给病变心神。是否实施取决于心神思维的病变程度,病变较轻者,其正常心神仍占主导地位,就会否决这一套方案。反之,心神化为"心鬼",则实施脑病变思维提供的方案。现在的中国有许多高官腐败的始因都是病变思维惹得祸……

大脑具有记忆功能、储存信息功能等,它又是奉令指挥官,在实施计划的过程中,若发生阻碍或意外变化。它会根据自己多功能的特点敏捷的做出应急措施,而不经过心神传感思维的认可就进入执行程序,此时恰似"将在外君命有所不受"的道理,使心神思维没有权衡利弊的机会和间隙,被迫认可大脑所做出的应急措施并加以执行。

例如:一个人开始只是受心病变思维的支配,想谋取他人的钱财。这种不良病变心里愿望传递到大脑,大脑为了执行病变心里的愿望,就会马上配合病变心里的想法,马上就会启动思维程序。当然,这种思维的启动多数都是病变性的思维活动,为了维护病变心里的愿望,大脑思维就会制造出一套行动计划,传递给心灵。一旦得到病变心灵的认可后,就指令思维中心开始实施计划,在本能意识的配合下就会开始行动。

可是在行为实施的过程中,往往会被人发现而遭到阻拦与反抗,由于事情的突然变化,大脑的病变思维敏捷的采取措施,扩大伤害以维护病变心里的需求。结果将阻拦者或反抗致伤或致死,这一瞬间的行为可能超出了病变心里所认可的范围,但事实已经铸成,心思维只有被迫认可,事后又后悔,但法律是无情的。

后悔是心功能悔悟的一种意识现象,病变思维不具备后悔意识。

(六)病变思维的传播

1. 言传型传递

染上病变心里症的人,自己并不知道,就象精神病患者并不知道自己患了精神病一样。

病变心里患者有一整套以自私自利、攫取占有等为内含的处世哲学,做为最珍贵的礼物通过语言传授给下一代,或者是自己最亲近的人。

2. 伤害型传递

病变心里伤害到谁,谁就象染上瘟疫一般,在被伤害的同时产生报复心里,因此而染上病变心里,之后又去伤害他周围的人。

3. 遗传型传递

病变思维可以通过遗传基因,传播给下一代。就像智商一样可以通过血统一代一代传递下去,这是一种十分恐惧与可怕的传播……

(七)病变思维的危害范围

病变思维症内在的、直接的损害人类的心里健康、身体健康、社会健康,严重损害人类赖以生存的自然界健康。

1. 对心里健康的危害

当一个人发生了病变思维时,其思维路就会发生不良变化,多数思维内容都是以自私为核心地展开思维,这样的自私自利思维方式,时间

久了就会引起心胸狭窄,也会使欲望不断膨胀,占有心里不断升级。因此,对物质、金钱、名誉、权力、地位等等,发生非正常的浓厚兴趣。

凡是没有占有的一切,患者都会想方设法,挖空心思去谋取。已经占有的一切,任何他人不能侵犯,反过来却想占有和夺取他人的利益,在病变思维的意识中,争夺是自然界中的"正常"行为和现象。

在病变思维意识中,奉献、仁慈、无私都是那么的虚幻、无聊和不可思议。

这种人的心里大倾斜,使自己的心里健康受到严重摧残而不自知,反而却"理智"的采用各种"文明"的"温和"的方法外示于人,搞阳奉阴违来粉饰和装扮自己的真实面目——病变心里。

在这种自相矛盾的心态思维中,使其原本受损的身心又压上一座无形的大山。因而病变思维患者永远得不到真正的人生幸福,既没有真正的爱,也没有真正的友谊,一生只有痛苦的爬行在充满精神病菌的商品大潮中,寻求物质的不断丰硕来刺激自己,以满足自己虚幻的病态欲望,以求弥补自身心灵深处的空虚。

如果长期如此下去,在自然界的许多事物中有这样一个规率:凡事皆可由"量变到质变"。那么,原本健康的心神就会病变成"心鬼"。

……

2.对身体健康的危害

当一个人染上了病变思维症时,患者已经不能正确对待自己,不能满足已经丰富和良好的客观生存条件和生存环境,他的各种欲望受病变心里的侵害不断扩展,斤斤计较个人得失,索取心盘踞了整个心灵,而客观现实永远也无法满足任何人的无休止的物质欲望。

尽管如此,病变思维仍然会采取种种方式以满足病变心里的需求。哪怕是一丁点的占有,对其病变心里来说则是一种莫大的心里安慰和欲

望的满足。

但这种满足的安慰只是暂时的、短暂的,这种满足是忧而不是喜。

因为,其病变心里并不会因得到物质,而彻底满足。反而在这种满足的唆使和诱惑下,其病变心里再次扩大。因之而产生病变心里的恶性膨胀和恶性循环,使其永远陷入恶性循环的涡流,不满足心态却长期的折磨着自己,使肉体超负荷承受着由病态心里造成的各种沉重的精神负担和物质饥饿感,使长期的病态心里,通过心里与生理内在的生理联系,传递转化而伤害到肉体细胞、血脉、脏腑等,使身体发生各种病变,给自身带来许多不同的病痛之苦。

由于地球人类还没有发现思维系统存在着病变问题,所以医学界治疗因病变思维而造成的各种疾病,仅限于治标而未能达本。

因此,有很多疾病长期不能根治,再好的医药只能医疗病人的肉体(具体人)疾病,而不能使人(抽象人)的病变思维发生转变。

所以,病根没有得到控制,那么病情复发和蔓延也是必然结果。

病变心里症是一种隐形的顽疾,潜伏在人类的思维传感系统,它同我们人类一起劳动,一起工作,一起休息。我们人类却毫无察觉的忍受着由于它的存在,所带来的各种痛苦与灾难,它是人类失去人生幸福走向病魔与衰亡的元凶!!

而这个元凶不是别人,正是人类自己,是自己的病变心里。

生命的自然结构式,是由心里和生理媾合而成的。两者的关系如阴阳至密无间,永远也无法把二者合到一起,也永远无法把二者分离开来。也可以把这种生命构造的关系称之为:"神"。

心里和生理的关系,犹如阴阳互根,阴阳同根。所以,当心里发生病变必然波及生理,使生理发生病变。

生理发生病变也必然波及心里,使心里发生情绪、精神和思维方面的病变。这就是根病及叶,叶病及根的简单而深奥的自然真理。

病变心理症,外则危害社会,内则危害身体,合而危害自然界。

赶快清醒吧!至今还处在迷茫中的地球人类!!

3. 对社会健康的危害

一个社会的健康程度取决于组成这个社会成员的心里素质。在病变心里和病变思维的作用下,会使社会成员的心里素质发生劣变。

这种劣变达到一定的程度,一定的数量,就会改变一个社会,把一个健康的社会改变成一个病变的社会。随着漫长的社会发展和社会变迁,就逐渐接受了这种由病变心里和病变思维,所构成的社会意识和社会现象的人群。

而且大家都会觉得这一切都很正常,还会自觉自愿努力的适应这样的社会现象,就像精神病患者一样沉浸在那样一种特殊的精神病状况之中。并且更不会承认这是一种精神病。因为,社会中的许多人都是一样的啊!怎么会是精神病呢?

是啊,当十个精神病人聚在一起的时候,就"没有"精神病人。因为,大家都是精神病。所以,谁也发现不了自己和大家都是精神病人。

当这十个人当中有一个人是大夫的时候,那九个精神病人就是"正常人",这一个大夫就会是"精神病"。

因为,这一个大夫与大家不同,是绝对的少数,是九比一。

九个精神病人比一个大夫。

要改变这种现象只有一条路可走,那就是这一个医生,来一个一个的医治好这九个精神病人。

我就好像是这一个医生,要医治好许许多多的思维病变、心灵病变、本能病变的心里精神病人,何止是这九个人呢……

为了这样一个宏伟的目标,我一直在苦思冥想着,构思着医治人类心里病变的"良方",从我的《太极慈光》到《人生心理导航》又到现在正

写的《中华心理学》，不知何时才能完成这一伟大使命。

还是言归正传吧：

因此，人类社会中出现了各种各样的病态现象。

如：权利私有、财产私有、技术私有、知识私有等。

【权利私有】

权利私有;指社会各阶层把手中所掌握的公共管理权利私有化，他们的意识形态中就没有具备权利归属于人民的概念。

所以经常挥动手中的权利为自我利益而服务，甚至不顾国家的法律、法令、制度的强令禁止。

【财产私有】

财产私有;财产是指人类通过各种社会劳动所积蓄的各种物质财富。私有是指由分配制度导致的个人占有人均中位数以上的多得果实。在社会劳动中，由于社会劳动和社会生活的需要，而产生了不同形式的社会劳动。

如：工业劳动，农业劳动，服役劳动，教育劳动，科研劳动，医疗劳动，商业劳动，服务劳动，学习劳动等。

这些具体劳动与具体劳动之间，确实存在着很大的差别，由于机械化的参入，使劳动强度与劳动果实之间出现了反差。

由于工作性质以及工作条件差异的原因，致使一些劳动者付出了强大的劳动力。而得到的劳动果实却很微小，尽管他们的社会效益很重要，但经济效益却很微薄。那么，从事这项工作的劳动者的劳动果实大概也只能养家糊口，或还有欠缺。

相反的，由于工作性质(例如：企事业领导，从事商业人员等。)以及工作条件的现代化，使劳动者仅付出很简单的劳动，而得到的劳动果实却很丰硕，经济效益自然就增加。显然，后者所得到的劳动果实与前者相比就要丰盛得多。

这样以来由于具体劳动的差别,导致了财产分配的差别。财产分配一旦出现了很大的差别,那么,国家一再倡导的"社会劳动只是分工不同,没有高低贵贱之分"这一理论就无法从实质上体现出来。

每一个社会劳动者,在做具体劳动的同时,也在做抽象劳动,所以一个比较先进的社会,衡量一个劳动者的劳动标准和分配标准,是以抽象劳动为准则,以此来分配劳动和劳动果实。

如果脱离了这种分配方法,必然导致社会分配不平等,多分配果实的劳动者,他们一般不会把其多余分到的果实,自动奉献给那些更需要果实的人,更不会奉献给社会。

他们会把这些多余的果实,根据自我的意识形态来加以支配,或挥霍,或挥霍一部分,积存一部分。还会进行货币投资,把钱存入银行或入股,以取得利润,财产私有指的就是这部分多分到的果实。

这样以来,必然引起人为的社会矛盾,如此发展下去势必引起劳动者的暴力行为,这种暴力行为不一定全部都是揭竿而起,由于社会的发展它们会转化成暴力消费……

暴力消费促使社会环境遭到破坏,自然环境遭到破坏,心里环境遭到破坏,使人类社会偏离主航线驶向深渊……

【技术私有】

技术私有;人类自从诞生以来,为了生存,在长期的劳动实践中逐渐积累了一些生产技术,种植技术,医疗技术,健康技术等等,由于私心作祟,这些技术传到某些人手里,他就不再外传了,他们把前人用生命和血汗所积累的宝贵财富,掠为己有,本应该扩大流传的各种技术,就渐渐的缩小,甚至会失传了。

在有些家族里甚至还定下了"传男不传女","传己不传人"的世袭制度。因此,社会上经常可以见到以耻为荣的各种招牌:"祖传密方","祖传绝技"等等。

在社会工农业生产方面,更是鳞次栉比、屡见不鲜,大家共同生产同一种农业产品、工业产品、日用产品等,因为不是同一个生产厂家。所以搞技术封闭,将技术私有化,使先进的技术不能合理的充分的为人类服务,不仅如此,而且还能使那些比较落后的技术生产出来的产品滞销、积压甚至报废。

这样必然导致能源浪费、资源浪费,而地球人并不感到心痛,地球人似乎一点也不明白能源与生命的内在联系!

【知识私有】

知识私有:知识来源于劳动实践和智慧开发。自从本期人类诞生开始,人类就逐渐走上以劳动求生存的道路。人类在劳动中,逐渐开发自己的智慧,智慧开发一点,知识就增加一点。

人类通过繁衍,把积累的智慧传授给下一代,下一代把前人的知识接过来,再通过自己的劳动实践完善和增加新的知识。

然后再把它传给下一代,世世代代把文化知识和技术知识传播下去,以期改造人类的自我心灵和生存条件,最终达到升华人类生命的远大目标。

所以,知识不是任何一个人一出生就带来的,虽然我们今天的人类在知识的海洋里有所成就,有所发现,有所发明,有所创造,请您不要忘记您的成就是建立在前人智慧的基础上才获得的。

假如世界上只有某一个人存在,他会有所发现?有所发明?有所创造?恐怕他连生命都无法生存下去。

人生谁也没有从起跑线走到今天,人生就像接力赛,知识就是接力棒,它是人类在痛苦生存中,一代又一代传递下来的,它决不是任何人的私有财产,而是全人类的共有财富。

4.对自然健康的危害

(1)对地球气场的危害

第二讲　什么是心里

一个星球的健康与否,取决于包藏这个星球体的炁与气场的净洁程度,而炁与气的净洁程度又依赖生灵与生命的净洁程度,生灵与生命的净洁程度又取决于思维与觉悟的净洁程度。

凡是生活在我们这个星球上的每一个生命和每一颗生灵,都肩负着地球炁场与气场的健康和永恒的使命。

当我们每天清晨接受太阳光芒的沐浴时,可曾想到太阳光除了物质光之外,还有生物光,生灵光的沐浴。

生物光与生灵光来自何方?其中一部分就是来自地球上的生物与生灵。

一个有生命的物体,必然发射生物光,哪里有生命哪里就有生灵,哪里就有生灵光源。一个健康的生灵光源,必然发射慈光,为地球的炁场和气场健康提供潜在的能源。

如果一个病变的心灵,是不会发射慈光来维护我们这个星球的炁场和气场的。反而会发出一种不良能量来破坏我们这个星球的炁场,一旦病变的心灵达到一定的数量时,星球的炁场就要遭到毁坏,生物得不到良性的炁场与气场的濡养与保护,必然枯死。

病变心灵是通过病变思维来发出不良能量的,这些不良能量合到一起就形成一个强大的势力,它能破坏星球的生物场和生命场。

生命人类是由大自然的真炁和真气和合而媾成的,真炁,是人类思维、情感、信息、心灵等所依赖的负物质。负物质所含的能量,我给它起名叫:负能量。

真气,是人类身体、生命、物质、营养等所依赖的正物质。正物质所含的能量,我给它起名叫:正能量。

大自然的真炁与真气的净洁与健康,直接关系到人类心灵的净洁与健康,关系到身体的健康。

如果大自然的真气发生了劣变,它将直接影响到人类身体健康的循环功能,使人体发生自然的劣变。

如果大自然的真炁发生了劣变,它将直接影响到人类心灵健康的思维功能,使心灵发生意识的劣变。

真气的劣变是人类滥伐林木,破坏地质资源造成的。

真炁的劣变是人类心灵发生病变而产生不良思维和不良欲望造成的。

由于人类在不良的心态活动中,使构成心性思维的真炁发生劣质的变化,把心中光明无暇的真炁逐渐的污染。心炁与大自然的真炁相通,心炁与大自然的真炁同根、同体。

所以,心炁受到污染后,它可以把污染素渗入到大自然之炁中,使自然之炁污染变质。

被污染了的自然之炁又返过来污染人的心炁,使心灵加重污染而发生恶性劣变。

这种心炁与自然之炁相互污染的恶性循环是导致人类痛苦与灭亡的最大根源,其根源发生于人类心象思维的劣变。

人类如何才能改善自然之炁?那就需要寻找真炁之根,真炁之枢,真炁之灵。

真炁之根藏于无,真炁之枢藏于有,真炁之灵藏于心。

宇宙无限大,人类纵然使尽所有的力量,也没有办法改变大炁之根。

然而,人类身中有一宝,那就是灵。灵藏于心与大自然的真炁相通,人类可以通过灵的力量改善大自然的真炁。

因为,真炁之根、真炁之枢、真炁之灵三质一体,相互沟通。一良俱良,一劣俱劣,人以修正灵力,改善自我,改善自然之炁。

灵健则枢健,枢健则根健,根健则灵健。

人类的命运永远把握在自己手里,无论是幸福或痛苦,生存或灭亡,全部由人类的心灵所主宰。

（2）对地球能源的危害

人类运用自己的智慧,经过漫长的艰难困苦的劳动磨练,总结出一整套高科学技术,为人类自身摆脱繁重的苦役劳动做出了贡献。

然而人类在病变思维的影响下,不能满足自己已经达到的丰衣足食的生活状态,在病变心里欲望的迫使下,追求超能源负荷的高标准、高享受、高攀比。使人们物欲横流甚至达到了泛滥的地步。

科学技术为横流的物欲心灵创造了条件,人类一方面盲目的挖掘能源,另一方面无度的挥霍能源。在挖掘与挥霍的过程中,无情的破坏了自然界的自身生态平衡和养生生态平衡。

今天我们人类有了先进的科学技术,以及科学的劳动工具,我们这一代以及世世代代都应珍惜来之不易的人类的今天,它是我们前人的血和泪的凝聚,我们作为人类的子孙谁也没有权利滥用它、破坏它。

人类在长期饥饿困苦的生活中,思维系统积蓄了很久的心灵饥饿信息元,这些饥饿的信息元就会经常会刺激到心灵,使心灵被长期的饥饿所折磨,久而久之导致了心灵饥饿病变。

一旦人类的生活条件有了好转,残疾的饥饿心灵感,就会丧心病狂的来填补其长期处于饥饿状态的欲望。

所以,在现实的生活中,在今天的社会中,已经有相当一部分人,过去甚至是一贫如洗,现在已经从贫穷走向富裕。

他们似乎忘记了过去饥饿时的痛苦,现在却大把的甩钞票,肆意的挥霍,花天酒地,他们企图以此来弥补贫困时的痛苦心灵。

然而,可怜的人们哪里知道今天的因,来日的果,今天的挥霍为来日的饥饿种下了种子,自然规率会毫无情面的用新的饥饿与苦难兑现于未来。

如果每一个从贫穷走向富裕的人,都用挥霍来弥补自己贫困的过去。那么,大自然哪来这么多的能源与物质,供人们无度挥霍来弥补过

去心灵饥饿时留下的心灵空白。

人类如果不能自律,地球能源就会加速枯竭,人类必将再次倒下。

◆ 二、病变心神分析

写到心神分析这一节时,我感到有一种无形的阻力特别大,就好像我来到了宇宙的核心处,就站在宇宙的处女地身边,能不能进入这个处女神地,需要检查我有没有资格,所谓的资格,就是看一个人的"德能"是否丰硕。这里大概就是宇宙的内核所在,我很幸运……

宇宙的存在,生命的存在,其中最大的意义在于"心神"的存在!!

如果心神不存在的话,那么,生命的存在就失去意义,宇宙的存在也没有任何意义。难怪有许多宗教都在谈神,论神,说神,敬神。只是他们可能还没有认识清楚"神"的真相本质,被世人迷信化了。

在中医圣典《黄帝内经·素问》中说:"心者,君主之官,神明出焉。"在这里她很权威、很肯定的道出了心与神的存在,以及心与神之间的关系。

最关键的说出:"心者,君主之官。"在中国,所谓的君主之官。君主,就是帝王。官,就是皇位。君主之官在国家就是指国家的皇帝,是指一国之主宰。在部落为头领,在家庭为家长,在个人为心神。

每一个人的心神主管着自己的一切及周身之事,自己的一切思维,思想,思考,欲望,愿望,选择,决策,决定,行动等等,都是由心神来决定"是"或"否"的,大脑只有思维能力,没有决定"是"或"否"的能力,也没有这种权利。

心神是有意识的,是自己最高权力的主人,也是真实的自己。在一些佛教的寺院内,常贴着一张这样的标语"我是谁",其实他们自己也不知道自己是谁。

在这里我可以明确的告诉大家,我是谁? 我是"心神",我现在就住

第二讲　什么是心里

在我的身体内,我的身体就像一个有生命力,会行走的房子一样。我本无姓名,因为我的身体而得姓名,我叫:"某某某",就是你自己的名字。

我们人类认为自己的身体就是自己,这是一个错误的认识,也是一个错误的观念和概念,这也是由于"唯物论"的认知浅薄造成的。我们的身体就像我们居住的房子一样,我是房子的主人,而房子不是我的主人,房子不是我,我也不是房子。

我是人,"人"字本来不是代表我们身体的,在中国古老医学中,人字的一撇一捺代表,一阴一阳,也代表,一呼一吸,在中国古老的文明中,人字本应是心神的代表,心神的天能是"仁"。心神之仁,通过一种生命体征表露出来,这种生命体的最高形式就是我们的身体,我们为什么被称为"人"?

因为,"人",既不是单独的指身体,也不是单独的指心神,人是对身体与心神的合称,所以才称之为:"人"。人取仁之音,亦取仁之意。

仁的引申之意如:仁慈,仁德,仁道,仁智,仁爱,仁义等等,这是作为一个人本应固有的品质。可是现在的人们已经有许多的人把这些固有的品质丢失殆尽。不知有多少大慈,大德,大智,大爱之人,为之痛心不已。

幸有苍天不弃,蕴生新人张广汉,查出心神有疾,昭告天下世人。

这么重要的心神,一旦染疾生病而且还不被人们自己所发现,我们这个社会群体将会是怎样的不堪,社会将是多么样的混乱和危机四伏。一群由病变思维患者组成的这样一个庞大的社会群体,单从表面上看社会是如此的平静与和谐,若从各阶层人们的思想来看,那里充满了思维病菌和心灵疾患。并且像电脑病毒一样相互进行交叉传染。

从社会上层的脑力劳动者的官僚那里来说,那里充斥着贪污腐败,以权谋私等现象。以及有些官员思维能力低下,智慧能力低下,决策能力低下,并且与下层社会民众感情淡薄,甚至发生感情敌对,使官民之间

感情背离……

从社会下层的体力劳动者来说,那里到处充斥着思维、意识、行为的腐败,具体表现在体力劳动的种植业、饲养业、加工业、制造业等等,他们相互投毒、相互造假、相互诽谤、相互伤害。并且每个人都表现的那么心安理得……

从社会中层的服务阶层来说,腐败依然。那些以脑力劳动为主,体力劳动为辅的医疗界、教育界、工商界、金融界、演艺界等等,那里充斥着许多行业陷阱,行业欺诈,行业关卡,牟取暴利,掏取钱财,掠取豪夺的社会现象处处可见,甚至到了不可遏止的地步……

这些不良社会行为和不良社会现象背后的总根源是:人们的思维、思想、心灵、意识、本能发生了病变,产生了难以遏止的心里疾患,最终感染了心神,使心神发生了重大疾患。

这是我这一生中最重大、最重要的发现之一。

大家可以仔细的想一想,一群由许多心神疾病患者组成的人群社会,这样一群庞大的社会群体,能不混乱吗?能不潜藏各种国际矛盾,种族矛盾,社会矛盾,集团矛盾,家庭矛盾,人际矛盾和利益矛盾吗?在没有心灵医学诞生之前,心神得不到医疗,大多数人无法恢复健康。

看看我们地球人的各国政府是使用什么办法管理的,绝大多数国家通用的是:"法治"。能让法治展开作用的主体是法律规定,能有效的保护法律规定的实施,是依靠"刑法"来完成的。我们这个社会群体幸好有法治来平衡,来保护着社会的安定。但是,它不是最健康、最高尚、最文明的治理方法。

什么是法治?用最简单的最直白的理解就是,"以暴制暴",从历史上统治阶级那里来看一直都是这样的。

这不仅仅是国家,在许多家庭也是这样的,甚至超越了以暴制暴,家长常常以自己的是非观,来判定孩子行为的对与错,来对孩子施行暴力。

其实有许多时候孩子的行为根本就没有错,同样也会遭到家长的无情打击。

其实,社会的许多遗传下来的旧习惯,旧规定都是错误的,甚至一些旧思想,旧文化,旧道德都是违反自然规率的,都需要更新改进与提高。

在这里我不得不向世人提出一个重大问题:

刑法,能治好病变思维和心神疾患吗?

不能,当然不能,肯定不能,绝对不能。这是我的个人观点。

我在《人生心理导航》一书中,已经提出了治理国家的五种大法,这五种大法是根据中华文化的木、火、土、金、水、五行学说提出来的。我们现在国家所使用的法制,只是属于五行之一的"金制"。

因为,所使用的制法单一,得不到五行的相互配合。所以,有许多的社会资源问题,社会劳动问题,社会分配问题,家庭和谐问题,人际关系问题,人体健康问题,心里健康问题,心理教育问题等等,诸多的问题都得不到根本的解决。

在现实社会中,我们只能看到一个社会人与自然人合叠的身体,我们谁也看不到任何一个人的思维,思想,意识活动的内容,我们只能通过语言、文字、行为等信息,来了解与认知这个人的思维、思想、行为和目的。我们认为这种通过语言、文字、行为等,传递出的信息就是这个人的真实思想、行为和目的,在正常情况下确实是这样的,在异常情况下就不会是这样的。

其实,我们这个骨肉体结构的人体非常复杂,不是我们人类认知的那么简单,除了医学意义上的复杂结构体之外,还有许多复杂的结构与功能隐含其中,还没有被人类所发现,"心神",就是其中的一个。

打个比喻来说,我们的身体就像电视、电脑、汽车、飞机一样,要想开动使用这些,必须有一个和电视、电脑、汽车、飞机的机械构成无关的"缘由动力",来开动使用电视、开动使用电脑、开动使用汽车、开动使用飞机等等,哪一个不需要和这些机械组成系统不相关的"缘由动力"呢?这个缘由动力就是"人"啊。

我们的身体就像是复杂的机械电器一样,有一套天然完整的系统设备,对这套设备的使用确实是需要一个人来完成啊!这个人是谁呢?就是我们每一个住在自身肉体内的"心神"啊!

我把人体内的心神体取名叫:"抽象人",把我们的身体取名叫:"具体人"。

中国道家文化中常说的:"真人"应该就是与心神有关。

这一个具体人和一个抽象人在孕体初生的时候,被大自然的阴阳能力给合叠在一起了,古时候就叫:"投胎"。这样就形成了阴阳一体的自然人了,当阴阳二体相合时人就有了生命。当此二体发生阴阳离别时,就是人体生命的终结,肉体(具体人)化为尘埃归地,心神(抽象人)化为真炁回归自然……

有一点必须提醒大家,善人归善处,恶人去恶处。这是大自然自身的法则,谁也没有办法改变。

大自然创造人体的时候,在阴阳的作用下,造出了两种不同的身体。一个是女性身体,一个是男性身体,在不同的身体中充分的体现了阴阳的形象和阴阳的作用,男性身体和女性身体的作用是不大相同的。尽管有着男女的不同,在太极能的作用下,使阴阳二气相互补充,使阴阳二体相互补充,以此来维系身体的和谐与平衡。如果违反了这种规律,身体就会发生病变,心神也会发生病变。

当我们每一个具体人的心灵健康时,尽管人们生活条件和社会发展的程度还不是多么的美好,但是人们健康的心灵会给人们带来许多欢乐,许多快乐,许多幸福……

一旦我们人类的心灵出现了劣变,心里活动就会进入疾病状态,心灵就会产生一种无形的意识病毒,这样就会给自身和周围带来各种的隐形伤害。这种伤害会以多种不同形式表现出来,往往会通过语言、行为来伤害他人。

还会从我们每一个人的自身,到我们周围的每一个人,都会通过一个人体的大磁场,把人体中的病变思维,心灵疾患这种无形的意识病毒,通过身体行为和身体磁波传染、感染到周围的人。然后,这些人体再通过社会行为相互走动,相互传染,相互感染。甚至还可以通过人际交往的工具,如:互联网来传递人体意识的信息病毒。这种伤害在我之外还没有第二个人发现思维病毒的存在。

尽管我在1994年出版了《太极慈光》一书,在书中还重点的提出了"病变思维"问题,至今也没有引起大家和社会的觉醒!!!

不仅如此,人们的私欲、物欲已经高度膨胀,已经对我们的大自然达到了空前的大破坏,其核心原因就是人们的心灵发生了强烈的"工业欲"疾患。

所谓的"工业欲",就是指由现代工业给人们生产的各种生活用品、娱乐用品、交通用品、联络用品等等,五花八门。凡是一切用工业方法制造出的所有产品都是工业产品。人们对这些五花八门的工业产品,不顾能源的超耗,使心神产生超地球承受能力的享用欲望,我把这种欲望就叫:"工业欲"。

把我们心中原本拥有的许多欢乐,许多快乐,许多幸福从心灵深处,消除的荡涤无存。把我们每个人的"工业欲"给刺激的不断膨胀,使整个人类沉浸在弥漫的"工业欲"中。这是我们人类毁灭大自然的极大动力,也是人类自我灭亡的原始动力,是人类生存的死穴。

我们居于这个世界的每一个人,都不要认为这些与自己无关,心神发生疾患几乎发生在每一个人身上,应该说准确一点是发生在,每一个人的心灵深处的心神身上。

当我们每一个人读了《太极慈光》和《中华心理学》的时候,都对照一下自己吧,看看自己有没有"工业欲"疾患。如果有就赶快改正吧!!

不要以为"精神病"与自己无关,但是"心神病"几乎与地球上的每一个人都脱不了关系。

当"欲望"超界限的时候,就变成了"贪婪"。"欲望"是正常的,"贪婪"就是病,是心神之病。

那些国家的高级贪官们,其实,就是心神病患者,单用判刑的方法是不能根治的,也不能杜绝以后重新出现的新贪官们,要为他们彻底治疗心神疾病!才能解决实际问题。这是一项宏大的工程,天降大任于中华民族,天降大任于中国共产党。

在生活中我经常看到某人,昨天才买到的一件新衣裳,今天就不喜欢了,又想重新买一件更漂亮的新衣裳,只要手中有足够的钱。

好一点的情况是上个月才买的新衣裳,这个月就不喜欢了,没有人能够发现这是一种心灵疾患。每一个人都回家看看自己的储衣柜,一切就都明白了。

还有人才买了一款新手机,没有使用多长时间就不喜欢了,只要手中有足够的钱,就会重新买一款新手机。大家都这样,谁能发现这是一种疾病呢?!

说更准确一点,这就是一种"心里"范畴的"精神病"。它与"生理"范畴的"精神病"在表现形式上大不相同。

在心神的众多的疾患中,这一疾患是最危险的疾患!!!

因为,它可以摧毁我们的大自然,最终摧毁我们人类自己!!!

下面我们再来谈谈,在社会人际交往关系方面的心灵疾患,在社会人际交往中,心灵疾患有的已经严重到心灵残疾的地步了。

人类的心神疾患充斥了社会生活中的方方面面,通过一些实例剖析,就可以揭示出许多心灵疾患者的病态意识活动和病态行为。所有的病态行为都是在病变思维的作用下产生的,在我们的生活中发生的各种

实例，已经充满了社会的每一个地方，如果把这些事例都揭露出来，就会揭露出许许多多人的心里隐私，鉴于心理工作行业规范的要求，要保护每一个人的个人隐私。在这里就象征性的举几个比较普遍存在的社会现象，通过人们已经表现出来的不同行为的例子，来说明患有心灵疾患的人，会在哪些人际交往中，工作生活中，表现出哪些病态的甚至是残疾的思维和意识行为。

这种事例顺手就可以拈来：

【有恩不报型】

在现实生活中，这种事例枚不胜举，在此就拈沧海一粟来说明问题吧。

在某省城一家私营企业里，有一个来自某乡村的打工者，看上去此男一脸的忠厚憨实像，由于出身偏远乡村，文化水平也不高，常不被领导看重，也不被领导重用，在公司只能干一些出苦力的搬运工作，工资待遇也很低下。

由于公司内部改制，此男的工作部门换来了一位新主管，这位新来主管见到此男一脸的忠厚憨实像，家乡又在山区农村，经济条件十分不好。

就动了恻隐之心，想把他调到公司的营销部门做营销工作，这样就会有较为丰厚的经济收入。经过这位主管的一番努力，终于获得了上级领导的批准，此男就被调到了新的工作岗位。

从此，此男就开始走上了新的人生路程，事情并没有到此结束。由于此男在以前没有一点点的营销工作经验，他在营销市场转了一趟空手而归。为了把他培养成才，这位新来的主管亲自带着他做营销，把他带到各个客户那里，亲自教他如何做营销。灵活的运用了毛泽东时代"传、帮、带"的工作方法，带着他走市场，有时迎风冒雨，有时头顶烈日，有时寒风凛冽，有时大雪纷飞。就这样经历了一年多时间，终于把他培养成为一名优秀的营销人才,并得到公司法人的认可和好评。

可是呢,当此男被培养成功之后,并没有感恩这位新主管。而是在背地里暗自谋划,如何能把已经产生经济效益的客户独占到自己手里,为自己获取更大的经济利益,他在公司其它部门和领导那里散布谣言,标榜自己如何、如何的能干,开拓市场都是他一个人的功劳等等。

可怜那位新主管还一直蒙在鼓里什么也不知道,还在计划着如何培养他做部门主任,直到公司法人找这位新主管谈话,摆明了这一切时。这位傻主管当时一下就蒙了,脑子里浮现出了在小学课文里读到的"农夫与蛇"的景象……

什么是坏人,什么是心灵残疾,当你读到了这段小故事,你自己就有结论了。

【畏恶欺善型】

在现实生活中,几乎到处都可以见到一些畏恶欺善的人,甚至在一些人的意识里好像就存在这样一种思维"软件",他们企图通过欺善欺弱来显示自己的强大,甚至把它作为一种护身符。

我摘录一段,一位网友在网络上传的观点:"对待上等人(君子)可打可骂,以真面目待他;对待下等人(小人)要面带微笑,双手合十。"

哈,哈。鞠若礼佛!

在这样的社会里做小人居然有这么高的待遇,怪不得在我们的社会里小人越来越多。无独有偶,我在许多地方都听到过这样一句话:"宁可得罪十君子,也不得罪一小人"。是地球人都是这样?还是中国人是这样?这是典型的病变思维,典型的心里病态!!

小人不是天生的,也不是固定的,凡是持有这种观点的人,本身就是小人。

他们的观点是:

君子是高尚的人,他们有道德,有涵养,有包容。得罪了君子自己不

会遭到君子的打击报复,自己的名声、地位、身体、生命等等,以及个人利益不会受到君子的伤害。

小人是卑劣的人,他们没道德,没涵养,没包容。得罪了小人自己就会遭到小人的打击报复,自己的名声、地位、身体、生命等等,以及个人利益就会受到小人的伤害。

这样就给人们的潜意识输入一种心理暗示:善良人可以随意欺辱,好人可以随意打骂,君子可以随意伤害。这样一来好人和君子岂不就要遭祸殃了?那么,谁还愿意做好人?谁还愿意做君子?在现实生活中还真有这样的事:

先到学校看一下,在同一个班级的同学之间总有一两个"学霸"同学,总是享受着没有人敢惹的待遇。

再到单位看一下,不管是哪个工作单位,只要遇到什么同样一件事情,需要伤害一个人的时候,领导总是放过小人,先处理君子拿君子开刀。因为,领导也怕被小人报复。

再到街坊邻居看一下,邻里之间本应该是比较容易平等相处的地方,但事实却恰恰相反,仅在麻将桌上就可略见一斑,打麻将时经常发生欺辱善良人的情况,一场麻将打下来,强人没有人敢惹,平安无事。善良者与懦弱者,不知要忍受多少次"麻伴"的凌辱,从语言到行为都会受到品德低下者的欺负、恶语、讽刺、挖苦、打击等等。他们这些心灵精神疾患者轻松逍遥的游离于邻里之间,散播着思维病毒与精神病毒。

如果我们的这个社会,被这样的病态思想长期的影响下去的话,小人的队伍就会日趋膨胀和扩大,君子的队伍就会日趋萎缩和减少。如果是这样的一个社会结构,我们中华民族还有什么资格和颜面谈及道德、文化与文明。

【以强凌弱型】

在人与人之间一直存在着大欺小,强凌弱的社会现象,很少有人会把这种现象同心神疾病联系起来。因为这种现象太普遍了,太司空见惯了,而且早已经被不同阶层、不同社会地位的人们所接受了。

有人认为,人也是动物的一种,大欺小、强凌弱也是"森林法则"在人这个高级动物身上的体现。如果人们看了佛教里面讲的"六道"学说,人们就应该知道人类是已经脱离了"森林法则"具有高级灵魂的高级生命,人类应该遵守的是"农耕法则"。农耕法则的本质是"扶弱济贫",这就是人道法则。

这是人们早就应该掌握的文化知识和心理知识,那些错误的观点长期以来,没有得到正确的心理知识对人们进行纠正,使人们的概念发生了迷乱现象。

简单点说,人是有着高级心灵的高级生命,是脱离了森林和草原的社会人群体,应该遵守高尚的社会准则,应该是以大护小,以强扶弱。但现实是,以强凌弱的事情频频发生。就在我写这本书的期间,我在微信中就看到了几起,发生在中学生里的以强凌弱的暴力事件。

第一起暴力事件:

从录制的画面看,发生事件的地点是在某乡村的边沿处,那里偏僻无人。有几个男中学生正在毒打一名男同学,时而同时毒打,时而轮流毒打,无论被毒打的男同学如何的求饶,那几个男同学中没有一个产生一点点怜悯心,一点点只要一点点怜悯心,就可以挽救那个遭毒打的男同学一条生命,但令人遗憾的是没有!没有啊!!

那个遭毒打的男生,从头、脸、胸、肋、腹、背、腰、四肢被打遍了。用拳头打的较少,他们还嫌把自己的手打疼了,多数是用脚踢、踹、跺等,被打的男同学已经被打得躺在地下起不来了。就这样他们还觉得不满足,还跳起来利用身体的重量以及惯性,用双脚狠狠地跺下,重重的砸到那个男同学的腹部,就算是不被打死,那个同学的脏腑器官已经遭到极大的破坏,他的生命长度至少也要减少一半。

更可恶的是最后有一个恶男,又拿起一块砖头用力在那个男生的头上连砸几下,那个男生的身体一软就再也不会动弹了……

一个生命就是这样被几个同学活活打死了,一段令人撕心裂肺的画面。

第二起暴力事件:

从录制的画面看,暴行是在一处女厕所内发生的,看样子这些女同学也是中学生。这个被施暴的女学生身体显得矮小一些,也是被一伙女同学围着殴打,并且被扒光了衣服,胸罩被扔在厕所的地下,这伙女暴徒雨点般的拳脚,在这个赤裸的女生身上到处乱打,并且强迫这个女孩子自己在蹲便槽里吃屎。在女暴徒里有一个身材较高的女汉子,不停地把这个女孩子往便槽里推打,女孩子不停的哭泣哀求:别打我了,求求你们别打我了……

可怜,中国的教育居然连女学生,也没有在这样残暴的现场面前,生出一点点的怜悯心而住手。哀哉!哀哉!!

【强取掠夺型】

这种情况会发生在国际之间,也会发生在社会的不同领域和不同群体之中。最大的掠夺和最明显的掠夺是在国家与国家之间的掠夺。

例如,曾经八国联军抬着枪炮合伙掠夺中国,把中国的璀璨明珠圆明园抢劫一空,把中国的平民无辜残忍的杀害。强盗们用枪炮书写下了令中国清朝政府割地赔款条约,使中国的主权丧失,土地割让,白银外流。

直到现在强取掠夺的战火在世界多地仍在燃烧,实在可恶的是他们打着"仁慈"的招牌,用着善良的口吻欺骗着智慧低下、武器落后的人们。企图掩盖他们的侵略和掠夺实质。

在经济领域里,这种掠夺往往是利用手中的经济分配权利,以经济的形式掠夺企业职工的经济利益,掠夺打工仔的经济利益。

【嫉贤妒能型】

在社会构成中，如：企业、事业的国营单位，以及民营公司等等。因为管理结构的原因，形成了塔状的人事结构，塔尖由一个人主事，接下来就是高层领导、中层领导、基层领导，再往下面就是众多的各种不同的员工。就是这样一个客观的类似于物理的结构，把同一企事业单位就分成了像大雁塔一样的许多阶层，大家都处在各自不同的阶层和不同的位置，发挥着自己的能量与力量。

由于任何一种企事业单位的正常运行，都需要统一指挥，统一调配，统一行动。这样以来就自然会在各阶层的领导者那里产生一种权利。由于这种权利的在握，就给领导者的身上披上了权势的外衣，并且拥有了行使权利的地位。此时的领导者本应该更加谨慎的把握好自己，为大家的共同利益使用好在握的权利。

但是有许多的领导都不是这样的，如果我们每一个人只要细心的观查就会发现，当一个人身处平民时是一种心态，似乎没有贪婪、贪占、自私、盘剥。当这个平民有一天平步青云，步步高升的时候，就会暴露出另外一种心态，占有、自私、贪婪、贪占、忘恩、负义等等，都会随着社会地位的提高而提高。

他们的贪占思想就会通过经济分配暴露出来，以及强烈的盘占欲望，无论是从物质方面，还是从名誉方面，都会从使用人才方面和利益分配方面最大程度的暴露出来。

这种事例很多，随手就可以拈来一例：

在某处有一个濒临倒闭的民营企业，这个企业的老板，为了使该企业重新崛起，在社会的其他处聘请了一位高人，为其参与挽救该企业出谋划策。这位高人来到这家企业后，就在该企业原有企业人员中，深挖人才，培养人才，很快就发现了一位不被该企业任何人看好的，有开拓市场能力的一位"奇才"。

第二讲　什么是心里

这位高人就力排众议向该企业法人推荐,并形象地给法人指出:此人就是一匹"千里马",这种企业人才实不多见,必须委以重任才行。

那位企业老板心中忐忑不安的启用了这匹"千里马"。这匹"千里马"果然不辱使命,为该企业的复兴在市场上淘来了第一桶金。

之后,该企业中有许多市场难题,常派他去攻克一些竞争比较激烈的市场,他一路克敌制胜……

在《伯乐相马》中也提到,在饲养"千里马"和"普通马"的方法是不一样的,千里马首先食量要大于普通马。因为,千里马不仅能日行千里,而且速度和能力等都超过普通马。但是,该企业法人却违反了饲养"千里马"的大原则,有意克扣给"千里马"的食量。

具体表现在经济分配方面,暴露了企业老板言而无信轻蔑人才,把事先已经约定好的经济奖励,克扣下来不予兑现。严重的伤害了"千里马"的感情,严重的打击了"千里马"的积极性。使这样一匹"千里马"从此一蹶不振。

不仅如此,类似梁山泊早期嫉贤妒能的寨主,王伦,这样的人物在这家企业中再现。该企业老板看着自己亲自聘请来的高人,展现在自己面前,高人、伯乐和千里马汇聚一堂,心中惶恐不安。他立马设法撤了这位集高人、伯乐于一身的受聘者的官职,同时也很快的解除了那位"千里马"的官职。

小议:本来一个心灵健康的人,遇到了这样难得的高级人才,应该感到万分的庆幸,但是因为该人的心里不健康,遇到能力较大的奇才,就会从自己的内心深处产生,羡慕、佩服、妒忌、恐惧、愤懑、伤害等等,这是隐藏在一些人内心深处的一种心灵疾病,从表面上是一点也看不出来的,在常人看来,此人只是心胸特别狭小而已,其实不然,这是一种严重的心灵疾患。它的表现就是嫉贤妒能。

【贫富不济型】
……

【自私自利型】
……

【自私贪婪型】
……

【强弱背离型】
……

【官民对峙型】
……

【虚伪虚荣型】
……

【挥霍资源型】
……

以上这些类型，留给读者在自己的周围去寻找，这也是新型的互动文化形式。除此之外，还有许许多多的类型，不能一一尽表。

浪费罪比贪污罪大百倍，中国人正在犯着一种不可饶恕的罪孽，那就是大量的浪费与挥霍着有限资源却还不知心疼。

第三讲 什么是心理

当我们知道了什么是心,什么是心里,现在就要了解什么是心理。下面重点来分析一下什么是理。

我们先从"理"字的含意和结构进行分析,"理"字大家都明白,它是指道理。"理"字是由"王"字和"里"字组合而成,王字的三横(三)从上往下数,分别代表天、人、地三才。

上横(一)代表天,中横(一)代表人,下横(一)代表地。

古人用此三横(三)代表天、地、人的融合之道,并且以此来阐明天人合一的道理。并以此来昭示天地自然规率约束于人,作用于人,人离开了天地自然就不能独立存在。

同时在天地人之间,为了维护公共秩序而给大家树立顶天立地的行为纲纪,这一纲纪就是:"王法"。所以,在代表天人地三才的三横中,立一竖(丨)而变化为"王"字,用"里"字是向世人提示所有的人、事、物都囊括在其中,都囊括在这"里面","理"包含了自然法则与王法准则之合。

人类只有首先顺从大宇宙给出的自然规率才能健康成长,才能获得幸福人生,才能在自己的生命过程中受益。自然法规有其永恒不变的内在规率,自然法规在中国古文化中简称为:"道",道法如龙。

同时还要遵守王法,在现实社会里,王法就是国家的各项法令和制度,王法如虎,古往今来都是一样的。所谓的王法,它是人类社会根据自身政府体系和社会管理需要而人为制定的。

因此,王法也具有社会的合理性和社会的必要性,但是,王法具有变化性,不固定性,它是根据社会人类的文化、科技、民俗、品德,以及社会制度的结构等等的变化,而不断地修改王法的内容,这样以来王法具有时效性。因此,可以给自然法则和王法准则画一个"法像",可以得出这样一个结论:

自然法则具有恒定性,是一个定数,它不会发生改变。其法像为:"龙"。

王法准则具有变易性,是一个变数,它会发生改变的。其法像为:"虎"。

人生最难掌握的是让自己的生命体与生灵体顺从自然规率的运动、发展和变化。这就需要了解自然规率,掌握自然法则,只有做到了这些才能够合理的把自然规率与社会规律和谐如一,作为自己的人生、养生、长生的行动指南。

《中华心理学》的目的就是帮助人类,一方面顺应自然规率,遵守自然法则。另一方面顺应社会规律,遵守王法准则,让每个人牢牢地把握这双层规则和法则,使社会中的每一个人获得平安、幸福、快乐。

一、自然法则

自然法则可以从自然规率中获取,自然规率会从自然现象中表露出来,如日月轮转、四季更替、寒暑变化、动静起止等。

自然规率大致可以用循环规率、逆返规率、运动规率、变化规率等来概括。

循环规率:

循环规率来自于对循环现象的总结,所谓循环是指周而复始,如环无端,无始无终。

例如:地球绕太阳的公转,月球绕地球的公转,地球自身的转动,四

第三讲 什么是心理

季往复循环,水蒸气上升与下降的循环。饮食消化、吸收、泄泻的生理循环,血液动脉和静脉的循环,这些循环是显而易见的现象。

除此之外还有没有其他形式的循环,是否还有一些没有被人们发现的或者是被人们忽视的循环?在这里告诉大家肯定是有的,这就是心理循环。

人的思维在循环,意识也在循环,精神也在循环,甚至包括感情、情绪等,都在循环法则作用下做无休止的循环运动。

例如:一个人早晨匆匆地走出家门去上班,他要途经几条熟悉的街道,来到自己工作单位门前,进去之后在自己的工作岗位,重复着自己形成习惯的工作内容。下班后安然地离开工作岗位,在回家的路上再经过几条熟悉的街道,回到自己的家里。

看似非常简单的行为,其实一点也不简单。这个人的行为是在思维循环规律的支配下完成的,每个人的行为都受思维的支配,思维又受自然规率的约束与支配,精神和意识都不例外。

假如人的思维不受循环规率的约束,又会发生什么样的结果呢?

请看:一个人早晨匆匆出门去上班,随便地穿过几条街道,胡乱地走进一家公司,旁若无人地劳动一番。下班了他又随大家一起走出公司,又随意地穿过几条街道,随便找到一家房门走了进去……

大家一看这就是一个精神病患者的行为,实际上这是此人的思维和精神失掉了循环法则的支配而出现的错误行为。

但是在我们日常生活中,思维和精神失掉了循环规律约束和支配的社会行为时常发生,甚至就发生在自己身上而不自知,只是没有严重到连自己的家门也找不到了的地步罢了。

在生活中我们经常会发生这样的行为,在某处拿了一样东西使用完了,本应该放回原处,以便下次使用时能够及时拿到。但是,我们往往会下意识地随手一放,没有放回原处,当下次使用时却急忙找不到。我们

会认为这是一种坏习惯,有时候还会因此引起人际矛盾。其实这种坏习惯只是一种表面的现象,它的根子是思维循环系统的功能不规律、不规范、不正常。

逆返规率:

逆返规率的特征是原路往返,在沿直线、弧线等路径的运动中往返,而形成固定的模式化的逆返规率。

自然界的寒暑变化就是逆返规率的作用结果,这是由太阳光直射和斜射大地的变化而产生的结果,在地球的南半球和北半球,分别有阳光照射的南回归线和北回归线。当太阳光射至这两条回归线时,我们通常把此时叫做"夏至"和"冬至"。

当每一天的阳光从"夏至"逐渐向"冬至"每天一点点移动的时候,人体中有一条冲脉,在这条冲脉中有一粒真炁与这一自然现象相照应,这粒真炁就会从人体的巅顶"百会穴"处顺着冲脉,向人体的海底"会阴穴"一丝丝的移动。一直走到"冬至"的这一天,刚好走到海底"会阴穴"处。

当每一天的阳光再从"冬至"向"夏至"一点点移动的时候,这粒真炁就从"会阴穴"沿着冲脉向着巅顶"百会穴"移动。自会阴顺着冲脉上行至会阳(百会穴)至"夏至"这一天刚好走到"百会穴"处。

这条经脉下通生殖,中通心藏,上通大脑,是人体百脉之纲纪,亦可称之谓:"纲脉"。纲脉强则体魄壮、精神充沛;纲脉弱则萎靡怯懦。

据此,每当夜半子时,也有另外一股真气,一股能量自会阴起沿着冲脉缓缓而上,直到太阳升起走到日午天中的正午时,这股阳能刚好升到百会而止。然后又随太阳西行从正午时起缓缓而下,直下到夜半子时,这股能量恰好返回会阴。然后再从子时向上运行,如此无休止的往返于冲脉之中。这就是逆返规率体现于生理中的一种自然现象。

心理活动处处可见逆返规率的身影。例如,某学生有时学习的劲头

和欲望十分强烈,过了一段时间这种劲头逐渐地减弱,又过了一段时间又开始逐渐地增强。只是在强与弱之间往返,这是逆返规率在意识活动中的正常反应,是属于健康状态的现象。

还有一些学生在学习方面也劲头十足,过了一段时间这种劲头逐渐地减弱,又过了一段时间这种劲头没有了,这是逆返规率在意识中萎缩的原故,这是纲脉不充盈的现象,是属于生理或者心理某处出现了问题的表现。

逆反规率常表现于婚姻、家庭、夫妻关系等,更是如此。

在现实生活中,再恩爱的夫妻也会出现感情的潮起潮落现象。有一段时间夫妻感情特别活跃,情浓似蜜尽享生活快乐,随着时间推移,这种幸福与甜蜜,在不知不觉中悄悄地渐渐地淡化而归于平静。

只要夫妻双方能够平稳的渡过一段时间,夫妻感情就会再次悄悄地浓情蜜起。我在心理咨询过程中经常有人谈到过这个问题,人的所有感情都会像潮水一样有起有伏。

但生活中有相当一部分夫妻不是这样,他们俩根本不知循环规率和逆返规率在生活中的纲纪作用,而夫妻感情灵敏度却很高,夫妻双方一般都能感觉到,往日的浓情蜜语怎么没有了,我们的感情怎么淡化了,双方都察觉到了,却都不敢直言面对,婚姻生活中的感情低潮期,有好多人都不能顺利的通过,也没有人去总结它以警后人。

当夫妻感情处于低潮期时,丈夫在想是不是自己有什么过失之处伤害了爱妻,苦思苦想却找不到自己有过失之举。妻子也在想是不是自己有什么过错伤害了丈夫,苦思苦想也找不到自己有过错之处。

这样一来双方都以自己无过失的心态来面对对方,双方的潜意识中都会发生指责对方的意向,如此一来双方的语言、动作、行为都会暴露出内心不满的痕迹。制造夫妻矛盾的心理因素就这样悄悄地侵入恩爱夫妻的感情之中。

运动规率:

运动规率,是循环规率、逆返规率动能动力的内在规率,循环、逆返规率是运动规率的运动形式与方向。

运动规率反应在宇间万物、世间万物,都以各自不同的形式与形态作恒动不息的运动,没有瞬息的停止过。

因此在我们日常生活中,充满了运动现象,在维系身体健康、心里健康、家庭健康、社会健康都离不开对运动规率的深刻认识与把握。

假如没有运动,就没有现在的宇宙现象,没有人类也没有社会,一切物质处于静止状态。所以,我们也可以把研究人生定义为研究运动。

变化规率:

变化规率,植根于运动规率之中,如果没有运动就没有变化,运动永恒,变化也永恒,运动静止,变化就会消失。

变化可分为相对变化和绝对变化,例如,今天的太阳和昨天的太阳一方面是相对变化,一方面是绝对变化。

相对变化,我们每天看到的太阳是同一个太阳,所不同的是时间的差异,一个是昨天的太阳,一个是今天的太阳。

绝对变化,我们虽然看到的是同一个太阳,但是昨天接受到的那些光子粒,今天乃至永远再也不会出现,今天接受到的这些光子粒是新的。四季也同样,虽然年年有春天,春天年年不相同。

变化规率在人类生活实践中,处处都在展现自己的美丽,从身体到生理,从生理到心理,从心理到家庭,从家庭到社会,从社会到自然,无时无刻不以新的姿态展现于人。

二八规率:

也可称,二八规律。这个二八规律是自然规率中的一种现象,它常常反应于人类活动之中,形成了一种社会规律的表象,它反应于一切社会运动的比例分配,反应于生命力的比例大小,反应于思维能力比例结

构等等。要想解释清楚这一规律现象,首先从人体结构和思维能力的结合入手,比较容易使人们理解。

读者朋友,请你伸出你的双手,看一下你的十个手指,是不是二比八排列?两个拇指的排列是不是与其它八个手指的排列不一样?从每只手上看四个并排的手指是"偶数",一个斜杈长着的大拇指是"奇数"。这种排列法是大自然的"奇正"排列法,"正四奇一"。

当人要握住东西时,只用四个并排的手指是不行的,单用一个拇指更是不行的。必须是由四排一组的手指,对应一排为一组的大拇指,合力才能完成握、拿、抓、捏、掐、捻等手工动作,这是从手运动力学方面显象出了二八率。

我们人类的双手内涵了太极、阴阳、五行、宇宙、天体、日月、星辰、思维、智慧、意识、本能的全息密码。

二八率可以从每一个人的生命体中反应出来,比如,一个人的身体特别健壮,那么,这个人营养的80%就供给了身体,20%的营养供给大脑思维。可是这个只占营养20%的大脑思维,却承担着这个人80%的行为指导,反而占营养80%的身体只承担着20%的行为指导。这就是二八率的"逆差"现象。

这种"逆差"现象在许许多多的社会现象中都能表现出来。

例如,无论社会发展到什么时候,社会的体能劳动者要占80%,而社会的智能劳动者只占20%,最多是在二八线附近上下浮动。

社会中的穷人要占80%,社会中的富人只占20%。

在股市中更是如此,散民要占80%的人数,庄家只占20%的人数。

在股市博弈中,输家要占80%的人数,赢家只占20%的人数。

等等,等等。

汇总起来自然规率有一种潜在的力量,主宰着每一个人的思想和行为,用另外一种观察事物的方法,可以这样认为:每一个人就是一个由自

然规律展现出来的宇宙生命现象。

所以我们人类应该好好的来研究一下,宇宙生命存在的真实意义,宇宙生灵存在的真实意义,生命与生灵之间是什么关系,生命与大自然是什么关系,生灵与大自然是什么关系,这是我们人类早就应该研究清楚的人生课题。而我们人类很少有人真正的关心这个十分重要的人生课题,只有当这些人生课题都弄明白了,都搞清楚了,我们人类社会才会消除私心、消除占有、消除争夺、消除剥削、消除伤害、消除战争、消除恐惧等等。

这是我们人类认知必须要上升到用哲理的视角和眼光,研究宇宙,研究自然,研究生命,研究人生,研究社会,研究家庭,研究血缘,研究心缘,研究管理等等。这些都是凌驾于物理学范围的高科技之上的哲学范围的高科技。

这个高端的哲学区域,一直都被物理科技学界所摒弃,就像是小学生不愿意走入大学的校门,不愿意接受大学文化的教育。在有形物质与无形意识之间产生了对峙,产生了一条不可逾越的鸿沟。说得更直白一些,那就是西方文化抵触东方文化。现在的问题是,西方的经济文化和西方的科技文化,把我们全人类已经引导到了人类自毁的边沿,是苍天授命予中华新文化必须走出来拯救人类!!

我们地球人类已经被西方的某种文化推向了极端,尽管那种文化本身可能没有问题,但是被那些心灵有了疾患的人们所掌握时,问题就会成倍的反映出来。特别是在中国这样一个人口数量上的泱泱大国,把浪费思潮几乎布满了所有大中小城市,把肆意的浪费与正常的消费含混不清,使地球有限的资源加速的锐减。

因为,当代的中国人被某种文化引导认为,"人生只有这一生一世,根本没有来生来世"。

所以,国人就更加的有恃无恐,病变思维几乎已经波及到每一个

国人。

不仅仅是资源消费方面,在饮食行业方面,中华民族更是面临着灭族的危险,在私营经济兴旺的今天,有许许多多的老板为了追求更多的利润,不惜自我毁坏良心,在诸多的食品行业加工中投毒放毒……

综上所述,

运用自然规律来研究人体的一切,用自然规律来研究人生的一切,用自然规律来研究社会的一切,太极文化就是发现了二八率在运动中的妙用,同时也发现了二八率的美中不足,自然界的二八率是动态的。

大致可表述为:从二八转化为三七,再转化为四六,再转化为五五,再转化为六四,再转化为七三,再转化为八二,如此不停地反复。太极文化运用阴阳率使二八率逐渐通过人为的方式将其调平。

八……二,七……三,六……四,五……五,四……六,三……七,二……八。

二……八,三……七,四……六,五……五,六……四,七……三,八……二。

调出三七开,再到四六开,再到五五开,这时就达到了阴阳平衡的境界,如果能达到了这个境界,就达到了古人常说的,跳出三界外,不在五行中的精神境界。太极生活文化告诉我们,只有在动态时守住"中"才能平衡,才能达到阴阳平和,前人把这种情况就叫做:"善待"。善于守中,认真对待。

善待自己和善待他人同等的重要。但是,我们人类经常犯这样一种错误,当你善待自己的时候,经常忘记善待他人。当你善待他人的时候,经常忘记善待自己。

人生的真正幸福只能在善待自己和善待他人之间获得。这也是阴阳和谐率的根本法则。

让自己的思维、精神、意识活动顺应着自然规律来运行,用自然规律来指导自己的社会人生、家庭人生、生活人生,幸福必然光临!!

❖ 二、王法准则

生活在社会中,每个人遵守王法甚至比遵守自然法更为现实,王法是为维护公众利益而制定的社会规章制度。如果社会人失去了这样一项制度约束的话,人类还不知会混乱成什么样子,树立王法是民众的共同心愿。

王法,是对宪法、法律、制度、国家颁布的法令和法规的形象称谓。在我国古代为了教育子女遵纪守法,常采用形象教育法,所谓"形象教育法",就是把抽象的国家法律和制度的威严性,用一种物质形象的表示出来,让人似乎可以直接感知到它的威力。

例如:

用"龙"来表示自然规率的威猛,以告诫子孙自然规率,不可违背。

用"虎"来表示国家法律的威严,以告诫子孙王法规定,不可违背。

谁违背了自然规率,谁就必然要被自然规率所惩罚。

谁违背了国家法令,谁就必然要被国家法律所惩罚。

有时候是自然法规与国家法律同时惩罚。这两者经常同时发挥威力。

所以,古时常用"虎"来表示国法的威力,用虎头上的"王"字图形直接冠之"法令",古时民众很少用国法、法律等字眼,常用"王法"以自警,常用"王法"以警人。让人时刻检点自己的行为不敢撞着猛"虎"——王法。

我们现代社会特别是青少年犯罪率有逐年上升的趋势,现代化的教育工具未能降低犯罪率,其根本的原因是没有给人从儿童期进行"王法"心理教育,也就是没有运用"形象教育法"去启迪一个幼小的心灵。

儿童早期心理培养会给未来人生打下坚实的基础,可是,从家庭到学校都没有重视,家长只管养孩子的身体,学校只管给大脑里灌"知识",

空下心里没有人管,孩子的心里得不到良好发育和健康发展,使孩子的思维系统发生不良意识,落下了坏习气、坏毛病。对此学校指责家长,家长埋怨学校。

现代社会有相当一部分家长,只养孩子的身体,不养孩子的心里。对孩子的文化活动,不观察、不分析、不知道、不指导、不纠正等等,由于心理文化的落后,人们都还不知道对孩子的心里培养,甚至比对孩子的心理教育更加重要。

孩子长大了只是躯体长大了,心里并没有随之而同步健康成长,有的孩子较为幸运,脑子也被灌输到大学毕业的水平,有的才被灌输到中学水平,甚至有的只被灌输到小学水平,等到了一定的年龄,走向社会是每一个人的必由之路。

当每一个孩子随着年龄的增长,必然要走向一个既熟悉而又生疏的社会中来,当孩子们"独自"来到人生大课堂时。他们根本不知道自己的思维是否健康,他们的心灵是否健康,他们的本能是否健康,他们不知道什么是自然规率,什么是社会法规,甚至还不知道什么是"王法"。

尽管一些人也了解过法律条例,但由于缺乏意识基础,常以初生牛犊不畏虎的心态面对"王法",当他们被吃进"王法"肚子里时,才有可能意识到自己是一个"心理婴孩"。

好在"王法"是人为的社会行为,被吃进去的牛犊不像"龙法"那样,一但吃进去就不会再被吐出来。

王法常常显示人道,所以被"王法"吃进去的"牛犊"常常还会被吐出来,那就是:刑满释放。

即使有些人很"聪明",敢于和王法斗技,能够自如地在"王法"空档间窜跃,用一种侥幸心理走一条危险的道路,这是极其可悲的人生选择,一则自己随时会被"虎"吃掉。另一则自己已经开始被"龙"吞食,自然规率无处不有,无处不在,它会因人的行为不当而悄悄地吞食人的健康心灵,最终连身体一同被吃掉,这种被吃掉,指的是常因坏事做的多了会引起心灵、精神、意识的惶恐不安,因而影响到肉体健康,一旦人的肉体失去健康就会生病,从中医方面讲就会患上某种杂病,一旦染疾生病就比较难治。不像外感风寒,内伤饮食那样好治,有时候就会过早的丢掉性命。

所以,"中华心理学"的产生,是对整个地球人类的心里活动进行理性指导,同时给人类明确的指出了,心里与心理的明确界限。在此二者之间存在着功能属性与文化属性的巨大差异,存在着生理属性与社会属性的巨大差异。

在西方心理学中,把许多心里和心理的概念给混淆了,所以才导致了西方心理学家拿不出,"什么是心理"这样极其重要的定义。

什么是心理?心理是指人体信息系统的思维、心神、本能心里活动的理性化过程。

它的作用是发现、理解、使用自然的、社会的、家庭的、自身的道理,当人体心里意识出现问题的时候,我们就可以用心理认识来调整、纠正、指导心里的失误和错误。

这种失误和错误一方面可能造成自身的、家庭的、社会的、自然的行为伤害。另一方面又可以引发自身的信息系统的生理功能伤害,使自身的心里活动发生异常,这样就会发生思维、精神、本能方面的病变,最终会导致信息系统功能紊乱,就会出现烦躁、焦虑、恐惧、强迫、愤恨、自私、占有、贪婪等等,就会产生意识形态中的精神中心和思维中心的各种病症。

更可怕的是这些病症,长期隐藏在人体的信息系统中,它们会导致五藏六腑四肢百骸,以及各个器官的正常生理活动发生异常,最终会使人体发生医学方面的病变。同时,还会使自己的心灵发生意识方面的各种不同的病变。

第三讲 什么是心理

一旦心灵发生了病变,行恶太多,不管你是多么高的官,还是多么有钱的老板,在这里借一句宗教语言:未来下"地狱"那是必然的了。

假如你是一名高官,手中握有社会赋予你的很大权利,假如你的意识中已经发生了思维病变,心灵也出现了问题,心神产生了贪欲、占有、自私、伤害等意识方面的心里愿望,这样势必会发生贪污腐败行为等。这些不良行为就会如实的记录在自己的记忆生物钟内,当你走完了现实人生,自然率会毫不留情地把你吸入到古人常说的"地狱"中去。

假如你是一名普通人,手里比较有钱。但是,你的消费欲望很高,在你的人生中利用手中的金钱,大量的消耗了大自然资源,大自然的信息功能会如实的记载这一切,当你走完了现实人生,自然率也会毫不留情地把你吸入"地狱"中去。

所谓的"地狱"就是地底下的生存空间,那里黑暗、恐惧、痛苦极度。

这时,你会鸣冤:那是我自己辛苦劳动所得的血汗钱那!!!

是啊!我也这么想。

可自然率不这么想,自然率不认这个账!!!

你手中的金钱是人类社会制造出来的,它只有社会属性,没有自然属性。所以,自然率不认这个账。自然率,任何人都惹不起!!!

……

最后再把心理总结一下:

什么是心理?

心理是指人的思维、心神、本能活动的理性过程。也可以这样说:心理是指人的心里活动的理性过程。

换言之,心理是指人类通过长期的人生社会实践,发现了自身心里活动中产生了许多不良意识,而这些不良意识最终会导致对大自然和人类自身的伤害,为了解决这些不良伤害。从而引导人类将本性心里活动中的思维、心神、意识活动纳入到理性活动的过程中来。

简言之,就是让人从已经生病的本性的心里活动,通过理性指导,把错误的心里活动变成理性正确的心理活动,让劣变的本性心里活动转化成健康的理性心理活动。以期得到理性的结果,最终达到使本性心里回归健康状态。

这也是人类区别于一般动物的最高形式,人类不能仅仅的停留在用文化、制造等特征,来区别于与一般动物的低级阶段,还要向心理层面的高级阶段发展。如果人类社会发展中的一个高级层面,共产主义社会不能如期实现,人类的高尚究竟在哪里?我们至今也没有看到,社会中虚假的高尚却处处皆是!

……

综上所叙得出结论:

"中华心理学"所研究的心,是对心神、意识、思维的合称。并且首次向世人揭示,人体生理结构中有一套"信息系统"存在。它与神经系统、循环系统、消化系统、运动系统并立,而形成人体的第五大生理系统。

第四讲　心里与心理的区别

在讲述心里与心理的区别之前,还必须重新温习心的概念,在中华心理学中首先要给大家一个清晰的"心"的正确概念,中华心理学对"心"的所指包括:一、心脏,二、心灵,三、心神,四、思维中心,五、精神中心,六、本能中心。

中华心理学中所指的心,就包含了这六个方面的内容,是六心合一之心。

学习中华心理学时一定要牢记这一概念。否则,你就会把中华心理学与西方心理学混淆了,西方心理学为什么至今还得不出什么是心理这一基本概念,就是因为西方文化偏重于具体。所以,对抽象的心没有正确的认识,西方科技至今还停留在脑思维的桎梏之内,他们的仪器没有办法发现"心神"的存在。

心里,在这里专指"心"内的各种意识活动。心里在这里包括心灵、心神、思维中心、精神中心,本能中心的各种意识活动。可以暂不包括心脏。因为,这是个一表一里的关系,肉体的心脏是表,可以直接叫:"心表"。意识的心能是里,可以直接叫:"心里"。

心表归肉体管辖,心里归意识管辖,这是一个很重要的区别。

下面用图示法来加以区分:

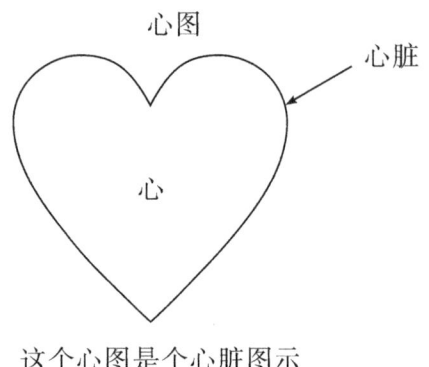

这个心图是个心脏图示　　　　这个心里是指意识活动的图示包括：
　　　　　　　　　　　　　　"心灵、心神、思维、精神、本能"。

心图　　　　　　　　　　　　心里图

　　在这里有一个重要提示,心和心里是一个整体,对于一个生命存活的人来说,是一个不可分割的整体。一个人只要有生命,肯定就有心里活动,这种活动是内在的,自发的,可以是合乎理性的,也可以是不合乎理性的。

　　而心理活动必须是合乎理性的心里活动才能叫作："心理"活动。

　　下面我们就来解释一下什么是心理活动。

　　要解释心理就要明白心理的关键词是："理"。所以,我们必须把"理"字的内含要彻底的搞清楚。否则,我们没有资格给任何人讲："心理"二字。理的概念很广大,设及的面十分广泛,有时候很宏观,有时候很微观,有时候很抽象,有时候很具体。大致包含以下几个方面：

　　一、首先是自然规率,一切自然规率是一切理的总根源。

　　二、社会规范之理,这里包括来自于人文的法律、民俗、民生、民乐、民居、民权、民务、君权、君管、君续、君需等。

　　三、君民各属的道德规范。

　　四、孜孜不卷的追求哲理、真理、道理的人生观和人文观。

　　五、人们还没有发现的某种道理。

我们把这"理"字包含的这五个方面用一个太极图来表示出来：
如图：

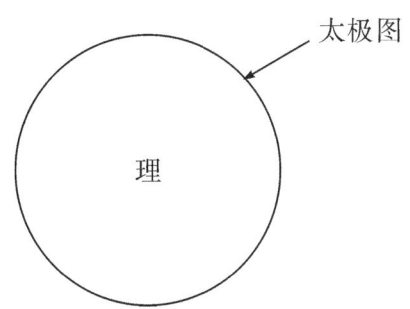

理的三要素：哲理、真理、道理。

哲理：一切人、文、事、物都是可以一折为二的,在同一事物中铸就着对立、统一,在对立中存在着千丝万缕的吸引,在统一中存在着千丝万缕的排斥。一切人、文、事、物都存在客观和主观的分析和运动发展的率律之现象。

真理：一切可以直观和直感的物质运动规率和人文现象。

道理：一切自然规率和人文的社会规范。

心理是如何产生的,心理是用理指导心意识活动的结果,也是用理指导心里活动的结果,这就是："心理"。

在太初时代人心无"私",无"病毒"。可以不用"理"来约束,随着生命的延续与发展,人心渐渐生出"私"来,在私的作用下又产生"病毒",自私又是所有邪恶的滋生地。病毒与邪恶是连体的。要消除"病毒"就得先消除"私",当"私"被消除了,"病毒"也就没有滋生的土壤了,也就无处着床了,"病毒"就会自然的消灭了。

人心是容留自己的地方,决不是容留自私的地方。自己的最大愿望是满足自己生存所需,自私是不满足自己已经具备的生存所需,有多吃,多占的占有愿望和占有行为。

人心本来如此：如图

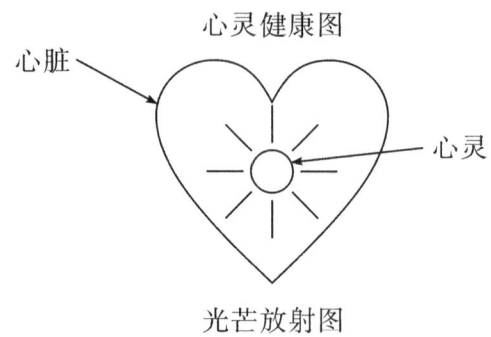

心灵逐渐劣变图：如图

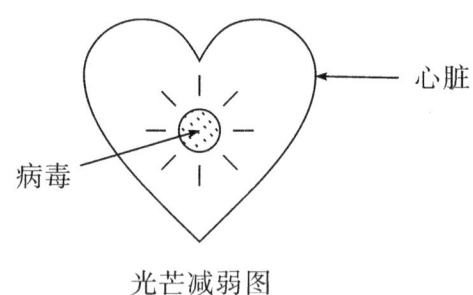

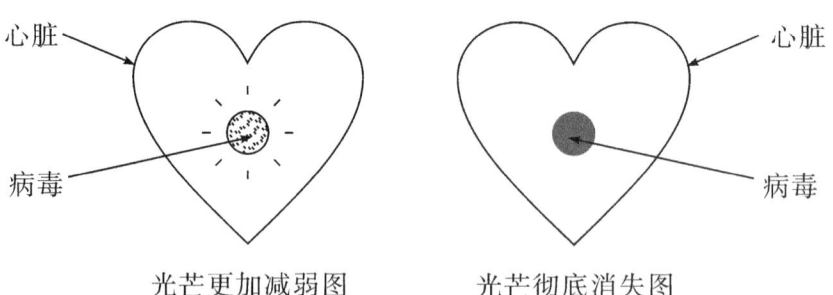

第四讲 心里与心理的区别

心理的正确解释用下面的心理示意图,一目了然的呈现给大家。

心理示意图:

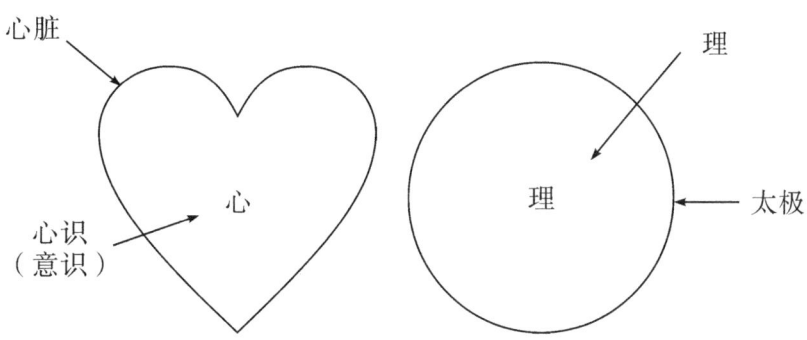

当心和理重叠、心和理溶合的这一部分才能叫:"心理"。

心理区域的大小,取决于心和理的重叠程度,取决于心和理的溶合程度。如图:

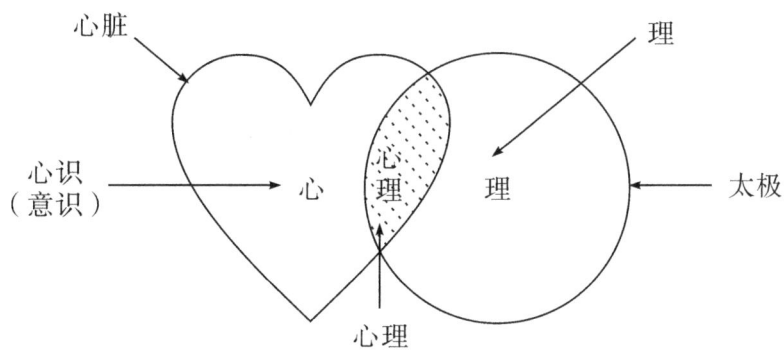

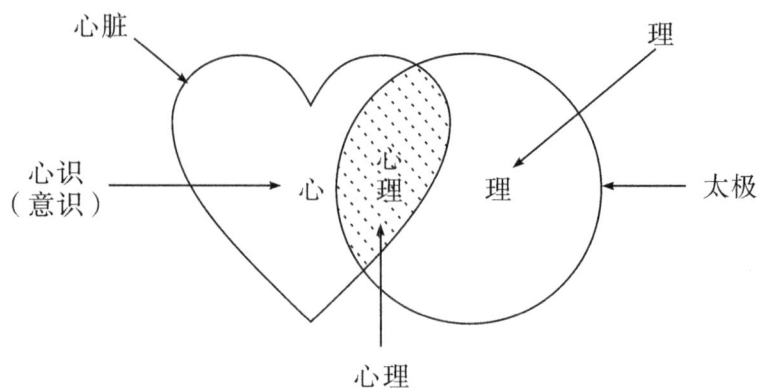

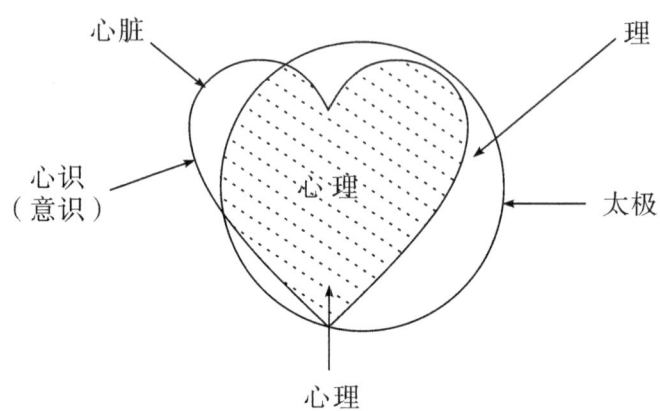

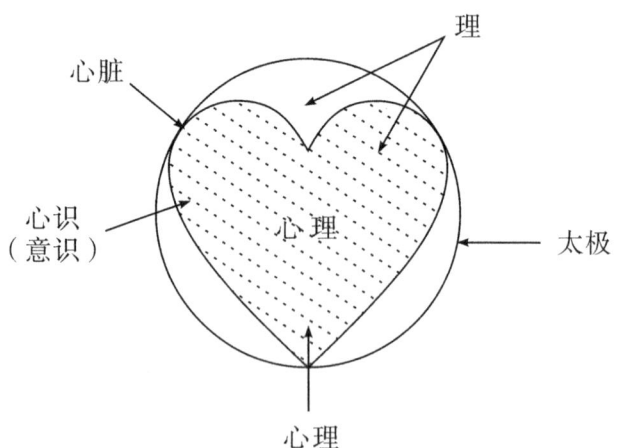

第四讲　心里与心理的区别

心里障碍与心理病毒的区别：

心里障碍示意图：

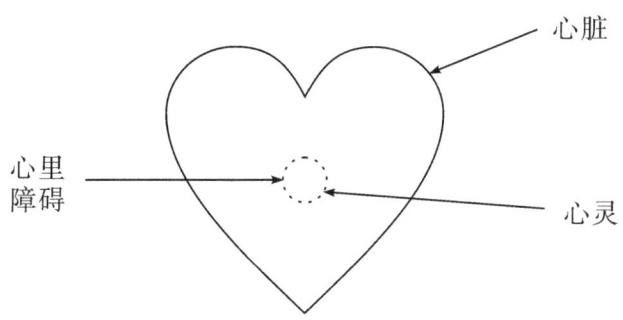

心理障碍并不可怕，可怕的是心里病毒，心里障碍只会影响到个人的意识功能，思维功能，本能功能精神的不健康，心里病毒会通过人际交往和社会行为对他人进行攻击和伤害。

心里分为健康与疾患两种，心里同时也存在亚健康现象；心里再健康也只是心里健康，它与心理健康与否无关，只有当心里接受了道理、哲理、真理的指导之后才会产生"心理"现象。

心里病毒示意图：

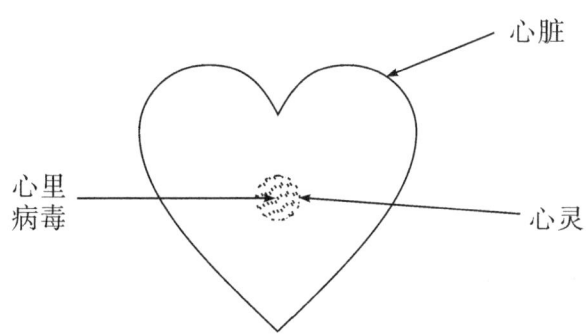

心里病毒是现代人群的一大危害,它在人与人交往的时候会互相传染,心里病毒是一切不良思维的根源,人的一切不良思维都与心里病毒有关,心里病毒就像电脑病毒一样,只要你与有心里病毒的人有社会交往,就很有可能被传染上,所谓的社会交往包括:语言、对话、人文交流、感情交流、行为交流等等,一一可以产生意识交流的行为都有可能通过人与人之间的生物信息交流而传递。如果只有普通的身体接触的不会发生心里病毒的传染。

解决心里病毒的问题的关键是"自醒"!!

有心里病毒的人,有一个最大特征,凡事尽往坏处想,思维经常给自己首先提供坏主意来伤害别人,当别人提出一种观点的时候,自己总是认为别人的观点来自于某种不良动机。当旁人说出一句话的时候,自己认为这句话中藏有某种不良意图。从表面上看去就好像是一种疑心病,其实,它的本质是有了心里病毒了。

可以这样给一个查知心里病毒大纲领:凡一切有不良思维、不良语言、不良行径等,都应首先考虑是否中了"心里病毒"引起的,其次考虑是否由脏腑生病引起的。

离心里病毒的人远点,再远点。它不仅传染,还会攻击与伤害人。

我以前经常说一句话:"人要凭良心做事"。所以也经常引起许多人的不满。曾经有人直接反问我:"良心多少钱一斤?"(我现在才明白这句反问就是由心里病毒衍生的),当时把我问的目瞪口呆,一时答不上话来,这一句反问,在我心里反复思考了三十八年。

良心是可以买卖的吗?良心有重量吗?良心怎样定价?良心是不是个有形的物质,良心到底存在不存在?现在我终于找到了答案。

良心,是良性心灵的简称,也是对心神的称谓,心神是意识的主体无形有象,良心的全称应该叫作"优良心神"。

当我们谈论心的时候,若不谈及神明,那只是触及到了心灵而已,心

第四讲 心里与心理的区别

灵只是一粒"灵炁"。在这个灵炁中宅居着一个"人",这个"人"具有优良意识时就是"神",这个"人"具有恶劣意识时就是"鬼",顺便提一下,在道教中认为"神"再往上修就是"仙"。居此理而推,在佛教中"神"再往上修就是"佛",只是佛教中更注重心佛说,这也说得通的,心为神之表,神居心之里(内)。

人体是由气物质构成,有形无象,形是实形,神体是由炁物质构成,无形有象,象是虚象。

心灵亦可简称为"心"。心灵每个人都有,尽管心灵是一种炁态物质,但是心灵真的是有重量的,尽管心灵的重量很轻很轻,轻到用克、微克、毫克来计算(中国以前称轻物或者称贵重物品时用戥子,戥子的最大单位是兩,其次是钱、分、厘、毫计重量,尽管心灵再轻总是有重量的)。有物质就会有重量,有重量必然有物质。

所以,那人问的"良心多少钱一斤"这种问法本身就不科学,卖良心又不是卖白菜呢,要论斤卖。因为,心灵粒子的重量只能用兩、钱、毫、厘计量。现在对贵重物品都是用"国际常用计量标准"。以"克"为单位,良心是维持生命升降、轮回的支撑物,正常情况下人是不会出卖良心的。但是,在社会交往中,还真有人愿意出卖良心,只要能得到金钱,出卖良心的人还是大有人在的。

既然这样就送给那些愿意出卖良心的人给一个卖良心的参考价:一毫克良心大约等于一千克黄金,(一毫克良心≈一千克黄金)。

在中国古代有"一诺千金"之说,可见良心在人文初期有多么高的价值。

卖良心不是在市场上用称来称的,而是在干坏事的时候必须要支付良心的,这个世上不知有多少人把良心卖了,也不知道有多少人把良心给贱卖了、给糟蹋了。

心灵每个人都有。可是,良心不一定每一个人都有,应该说多数人都有。有的人想卖良心,可惜的都没有良心可卖。现在有许多人已经把良心变卖成钱了。如果把自己的良心卖光了,再卖就透支良心了,如果透支了良心,再卖就是卖心灵了,谁把心灵卖了,谁就成了万劫不复了,在宇宙中就要灰飞烟灭了。

心灵是一世一世修炼出来的,从细菌、微生物、小虫逐渐到大动物,之后才能大到人世,进入到了人世才有更多的机会修出更好的良心,一世只能修出一点点,比黄金不知要珍贵多少倍!人生在世什么都可以卖,唯独良心不能卖,良心一卖的后果是心神变心鬼,结果是天堂路闭,地狱门开。

心里病毒就是一种吞噬良心的病毒。警惕吧,中华儿女们。

给读者留一个作业:

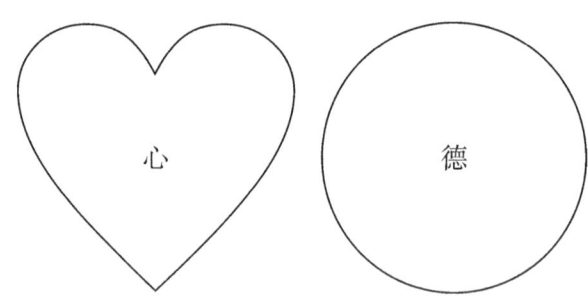

填空:

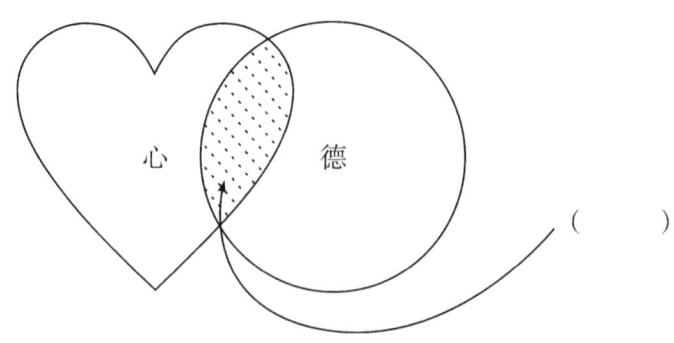

第四讲　心里与心理的区别

我们地球人类自诞生以来，苍天就已赋予了一套意识功能，这套意识功能的表现形式就是我们人类每个人都具备的"心里活动"，而这种心里活动是大自然赋予每个人生存的基本保证。

当我们人类从原始人开始，历经了千辛万苦走到高科技发展的今天，在远古时候人心淳朴，心里的各种活动，无论是思维、心神、本能都很健康。我们不妨再回过头来看一看，我们人类的先民们都在做些什么。归纳到一起先民们运用健康智慧的心里只做了一件事，努力改善提高生活水平。为了达到这一目标，我们人类先民从原始的远古时代起，就逐渐走上了以"科技"求生存的文化之路。

谈到这个问题，人们不禁会问，原始人类哪能谈得上"科技"二字。

不然！"科技"二字，是"科学技术"的简称。它的缘起含义已经很少有人知道了，人类社会一路走来，随着文化和技能的不断改良进步，改良提高，早已忘却了"科学技术"的原始含义。

最原始的"科学"指的是农耕禾稼种植，是研究如何让粮食增产丰收的学科。我们来看一看"科"字的组成，"科"字是由"禾"与"斗"字组成。"禾"，就是代表所有可以生长粮食的农作物的总称，也是包括所有粮食及农作物在内的简称。

"斗"，是古时候的人民专门用来盛装粮食的器皿、器具。这一点直到我们知青下乡时，农村社员还在使用木质方形"斗"具。当然，我在农村也经常使用过这种"斗"具。有三十六斤的大斗，也有三十斤的小斗。旧社会有一句话叫做："大斗进小斗出"。

古人巧妙地把"禾"与"斗"组合成："科"字，是古之先贤为了让人民永远记着，要让丰收来的粮食颗粒归仓，"科"字的发音取自颗，就用"颗"字的发音复制(福至)到"科"字上了。其目的就是让人民珍惜粮食，做到颗粒归仓。

"学"字的古字体是这样写的"學"。

"學"字是一个比较难解的字形,通过信息取象找到了答案。"學"字的构成是由上、中、下三部分组成的,上部分字形是取"囟"字演化充实而来,囟的古字是:"顖"。它的意思是"泥丸宫",亦称"囟宫",囟宫上面的那片骨头叫:"囟门",囟宫正是"思维中心"的炁点处,是思维活动的中心,人们学来的知识都寄存在脑库中。

所以,學字的"𦥑"是把"囟"字取过来,并且把"囟"分开成"𦥑",意思是给脑子里输入许多科技知识,而这些科技知识要传给孩子。并且还要保护好这些科技知识。因此,造字时取"囟"、取"冖"、取"子",三体合一就是一个"學"字,现在简写成"学"字了。"学"字的发音取自穴。

最原始的"技术",指的是"工业",说具体一点是纺织手工业,人生的第一需求是吃饭,第二需求是穿衣。第一需求吃饭靠农业,第二需求穿衣靠工业。

手工业首先凭的是手工技巧,"技"字的提手旁"扌"有了。然后,织布的时候在织布机上要编排出许多的支线,在每一支线间都要有清晰的间隙,这一纵向平面的排线,也叫"经"线。

然后,织布者坐在那里手拿一个织布梭子,这个梭子里面带着一支线,来回的在"经"线里面穿梭,这一支线也叫"纬"线。

我小时候大约十岁左右,回河南荥阳高村老家,在我大姑家学了一下织布,虽然我把线给弄断了,给我大姑引来了许多麻烦。但是,使我体验到了昔孟母"断机杼"的内涵。

上面说过,提"扌"旁有了。"经纬"线是由许多"支"线组成。

"扌"与"支"组合成"技"字。"技"字的发音,来自于织布机在织布时发出"叽、叽、叽"的响声。记得在课文《木兰辞》中,也有关于织布机发出声音的描写:"唧唧复唧唧,木兰当户织。不闻机杼声,惟闻女叹息。"所以,"技"字的发音取自织布机的声响。

为什么叫"技术"呢?"技"字的来源知道了,下面再来谈谈"术"字的来源。

"术"字的来源也与纺织有关,在织布中要经常梳理"经"线,防止"经"线发生粘连,梳理经线时要使用一个梳子,这个梳子也是木质的,经线是有许多行排序的,"木"质的梳子有小齿,造字时给"木"字上加一个"、"来代表梳子的小齿,把"木"字就变成了"术"字。用"术"字来代表"梳子"。梳子要插入一行行整齐的"经"线,这就把"行"字的中间插入一个"术"字,这样"術"字就产生了,那时候就把纺织技术的技能叫做:"術"。"術"字的发音取自梳。

现在又把"術"字简写成"术"字了。

希望大家珍惜这一段文字解读,这是我运用我体内三个信息中心的功能,联通大自然的信息库才能得到的,这不是白取的,是需要付出一定的"德"能和功力的。

为什么过去中国人经常说,做人一定要多积德,只是没有说清楚为什么要多积德。现在经过我的人生实践,才知道在宇宙中是要用"德",来换取了解大自然的知识和其它之所需的;而在社会中只是需要用钱,就能购买来自己所需要的商品,以及其他的服务等。

"科学技术"这一词组的来源现在已经给大家解释清楚了。

其实科技早已随着人类的诞生而诞生了。无论人类是从猿转化而来,还是人类本来就是这样的(我个人认为,人类本来如此。),这两种可能都不影响人类的智慧在自身双手的帮助下,走出一条区别于其它任何动物的生存道路来。

使用工具是人类具备的重要功能,如果人类不会使用工具,人类的智慧再高那也等于零。

使用工具的另一个条件是人类长着一双至巧、至妙的双手,我通过对易经的学习,才发现人类的双手,是宇宙全息功能以生物形式表露出来的状态,它是宇宙信息的玄玄缩影,也是一张宇宙以生命形式表现出

来的信息图,该图虽然分为左右两张对应而成,那是因为阴阳率的作用结果。

当我们人类运用意识通过大脑指挥双手运动的时候,由于双手不同动作和不同的运动,又会返回来使大脑增强和增大智慧,尽管这些现象只有那么微不足道的一点点的增强和提高,但是天长日久以后就会逐渐地显象出来。

我们人类祖先,最早是从采摘野果子开始,又到捕猎,又从捕猎到种植这条生存之路发展而来,就是从双手与大脑配合互动发展而来的。这些行为的内在根据就是由心里活动产生的,这些心里活动的原动力是生存欲望,生存欲望是生命本能产生的,生命本能是大自然创造人类时就不可逆转地造就出来的。

人类有形的身体生存,必须依赖无形的心里活动,如果离开了心里活动,人体就会因得不到动力保护而灭亡。心里活动是依赖生命活动的存在而存在的、生命的存续完全依赖心里活动的存在、这就像太极阴阳学中的阴阳互生,阴阳互根,阴阳互存,如果把它们分类的话,身体为阴,心里为阳,生命一词其中包括了身体与心里的两个方面。

心里活动从太初原本时期开始,就忠实地为人类身体自身服务了,心里活动具有自我服务的本能特征,也就是说心里活动无论是思维构思,精神取舍,本能行为,都是以自我为中心开始,又是以自我为中心结束的。

为了维护社会大家庭的需要,为了人类进入高自然规律的需要,我们每一个人都需要用中华心理学说,来辅助自己的心里活动,在自己心灵力量的帮助下,使人类意识中发展出"互为中心"的高尚意识。促使我们地球人类的心里活动合理化、健康化、善良化。

关键是善良化!

心里活动才是我们人类的意识、思想的基本活动,是原生态的生命

第四讲 心里与心理的区别

核心,具有最纯朴的心里意识和心里世界。这种纯朴的意识状态往往会受生命过程中的外在条件的影响而会发生改变,也会受知识和文化的不同而发生改变。在人类的生存和人类个体的生存过程中,无论是来自于大自然的,来自于社会构造的,来自于人与人之间的,来自于人体自身的不尽如人意的生存状态和生存条件都会使人类的心里活动发生改变,不良的生存状态会使人类心里活动发生不良的状态。

这种情况和现象我们似乎是可以理解的,奇怪的是有相当一部分人,明明生活在相对较好或相当好的状态下,也会使心里活动发生不良状态。

当人类的心里活动发生了不良状态,就会给自己,以及自己周围的人,甚至家庭和社会带来大小不同,情况各异的伤害。这些伤害一直侵蚀着人类原本健康美好的心灵,使原本美好的心里活动发生了不美好的、不善良的、不健康的病态的心里改变。

总结,什么是心里与心理的区别:

心里是指对人体的自然生理之内的心神意识活动的称谓,其中包括脑思维,心思维,本能思维之合。

心理是指对人的心里活动进行文化的,社会的,法律的和一切被人们认为是在真理、道理、规率和规律的指导下,让人们的心里活动应该遵守的规范和规矩。把这种内涵庞大的内容全部归之于"心理"。

中华心理学的目的是,要求人们的心里活动,必需按照"理"的指导来进行心里活动,把心里活动变成心理活动。也就是让每个社会人把自己的心里人变成心理人。这个过程需要每个社会人接受良性文化的哺育,才能实现一个由"心里人"提高转化成"心理人"的完美结果。

什么是心:心是指人的思维、精神、本能活动的元识灵体。

什么是心里:心里是指人的思维、心神、本能活动的本性过程。

什么是心理:心理是指人的思维、心神、本能活动的理性过程。

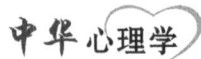

第五讲　人生心理培育法

　　人的心意识活动分为"心里"活动，与"心理"活动两大区域。心里活动是生命活动的自然本能形式，心里活动直接与生里运动息息相关，其实人体的生理首先也应该是"生里"。

　　因为，人体的生成、构造和脏腑气血的天然运动，都是天然的本能的与人的认识与认知没有任何关系，我们人类无论认识到了这一点，还是没有认识到这一点，都不影响身体内在的运动。身体的这种内在天然运动就叫做："生里"。

　　而我们所说的"生理"，是人类经过文化认知，医学认知，并且通过自然道理，科学道理，是以人为的理解方式，对人体天然的生里组成，生里功能，生里运动的理性认识的结果。我们把这种人为的，理性的，对人体的认识，才能叫做"生理"。

　　在过去和现在的医学界，一直都没有"生里"这个名词出现。所以，一直都把"生里"和"生理"的概念混为一谈。在研究心理学的时候必须把这个概念纠正过来，要彻底明白什么是"生里"，什么是"生理"。什么是"心里"，什么是"心理"。

　　心里受生里活动的支撑，生里健康时，心里会得到良好感应与连带，生里不健康时，心里会受到不良感应与连带。

　　心理是引导心里活动符合本能规率和社会规范，用自然规率和社会规范指导心里活动，让自己思想和行为与自然法则同频，与社会法规同

频。追求人生幸福是每一个人的美好愿望,如果自己没有掌握自然规率,没有掌握心理与自然规率之间的内在联系,所有的美好愿望就不能与现实有机地结合在一起,那也只能是一个泡影。

心理健康指的是人的思想行为符合自然法规,符合法律法规。心理健康可以给心里带来幸福和愉快,心里的愉快会产生一种能量,这种能量可以调整和提高生里功能。

人的心里活动是生命的基本活动,只要生命存在它就活动,它自身没有社会规律性,心理活动是心里基本活动的规范和升华过程。

研究生命最难突破的是对心的深刻认识,现在我们基本掌握了心与精神之间的关系。心里活动就是精神活动,过去总以为精神是一种虚空的、某种说不清楚的人生现象。当人们追求精神时,常常遭到一些物质派的嘲讽。其实精神不是一个虚无现象,它是有生里和生理作用的,精神具有判定和决定事物能力与作用,它是一种生里和生理的功能,他还常用爱与恨来表达自己的意愿。

当人精神饱满、愉快、健康时,他判断事物的能力就强,决定事物的意志就强;当精神萎靡、沮丧、病变时,精神的判断事物能力就差,决定事物的意志就差。

无论是心里还是心理,都十分的抽象,不像物理生理那么具体,那么形象,那么直观,那么直截了当。在书中尽管对心里和心理进行了许多次的文字表述,但是仍然不够形象。为了解决这个问题,我进行了长期的思考,琢磨,推敲。

最终发明了一种把无形的心里活动,使用有形的植物形象,来表述每一个人应该拥有的不同特点的优良心态。在这里将启用"形象教育法",给大家讲述一种心理培育的方法。可以通过这种方法给大家一个心理培育,为大家自我把握心里,自我把握人生,自我把握事业,自我把握命运,自我把握健康,自我把握快乐,为自我把握一切提供有效帮助。

这也是我在这本《中华心理学》中给大家,以及后世的人们留下的"心理金三角"之一。

在生活中植物一直伴随着人们,植物也很普遍,无论是大人还是小孩都经常见到,人们对植物也很熟悉,所以选择植物来表示心态是再合适不过了。

在生物学中把植物分成五大类:苔生植物、草本植物、藤本植物、灌木植物、乔木植物。

世有奇巧,人的自然生长期似乎就是按照植物的类型规律,从小到大,从弱到强发展起来的。

我把植物五种不同的生态与心里成长发育的过程联系起来,把人的不同年龄段应该具备的心理,运用植物形象地表示出来,再根据植物的生理特征,加以说明心理应该具备的内容。通过形象思维的方式走进理性思维,以期改善我们的人生质量,获得生命的愉快与升华。

❖ 一、苔生心态

人的后天心识活动从出生的一瞬间,已经开始活动起来,婴儿从先天母体环境脱离出来,来到后天大自然环境中,先天的脐带供养方式终止了。后天的鼻供养和口供养要同时打开,由于先天生理自然能力的作用,婴儿体内鼓足了一股气流,随着婴儿的第一声啼鸣,分作两支,一支气流从鼻腔喷出;一支气流从口腔喷出。哇!的一声新生儿诞生了。

婴儿由于生存环境的突然改变,心里产生恐惧而发出啼哭反应,先天体质好的婴儿啼哭的声音洪亮,先天体质差的婴儿啼哭的声音弱小。婴儿从出生起到三周岁之间,他们的心里状态就像苔生的植物一样幼小,所谓苔生的植物,指的是一种伏着在地面上生存的幼小植物。如图:

第五讲　人生心理培育法

　　这种植物的特点是微粒生存，没有很多的环境要求，有一点点水份和土壤就可以生存，只要能生存就是苔藓植物最大的满足。

　　这种苔生心态也是大自然给予生命的基本心态，婴幼儿只满足于吃饱肚子，只要能吃饱肚子其余的什么都不管。

　　这种天生的心态看似平淡和简单，但对人生变幻与磨难时的心理自救可是有着不可替代的重要作用。

　　我们每一个人天天都要睡觉，当你睡觉时自己的心态自然地调整到苔生心态，这时候才能安然入睡。如果心态不能调整到苔生心态，就会辗转反侧、翻来覆去睡不着觉。

　　当人的身体生病时，要想早日恢复健康也得求助于苔生心态来帮

助,苔生心态可以把人的工作压力、生活压力、人际关系压力等等,一扫而光,让人的身体,心里和心理卸下各种包袱和压力,恢复生里的自然活力,让身体快速的恢复健康。

婴幼儿期以心里活动和意识活动为主,在此阶段婴幼儿是用心意识和本能意识与外界交往,他们表达感情都很纯朴天真,婴幼儿的心里活动还没有受到外界社会模式的植入,所以婴幼儿表达出的感情和动作十分宜人可爱。

婴幼儿天生带来的苔生心态,做父母的一定要加以重点保护,不敢让不良的生活环境和不良的生活方式,以及不良的生活行为,及早地把婴幼儿天赋的心态给破坏掉。婴幼儿的心里活动很容易受到打击,一声猛然的巨响,一个能使婴幼儿畏惧的动物或动物玩具,一个能使婴幼儿畏惧的生人面孔,如此等等,足可以使婴幼儿的精神功能受到伤害。

有的婴儿经常啼哭,连续不断甚至彻夜啼哭,这是因惊吓而出现的精神狂躁不安,只有用啼哭来自慰精神和心态,来发出寻求呵护的信息,这一切都是人体本能的反应。

还有一种婴儿受到惊吓时不敢哭,也不敢出声,体态只做畏缩状,这是一种很容易被人忽视的精神懦弱现象,这种孩子长大后常会显示出极端内向心里与懦弱性格。

所以三周岁以前的孩子,其天性心态的保护程度,将决定其未来一生的命运。心态健康,精神健康,是每一个人选择良好人生道路时的内在保障。人,经常会走到人生的三叉路口,或者人生的十字路口。也经常会走到事业的三岔路口,或者事业的十字路口。此时思维会拿出几条不同的选择方案,甚至是相反的,矛盾的,相互对立的方案提供给精神来选择,如果精神的选择能力有限,就很有可能选错道路,选错方向而给自己带来不良的后果。

在保护婴儿方面中国人有其特殊的内涵和标准,尽管世态苍桑巨

第五讲　人生心理培育法

变,我们可以通过汉字让这一文化和思想重新展现在人们面前。

汉字与其他国家的文字有很大的区别,一般其他国家的文字只是代表某事物的符号。而汉字除了代表某事物的符号之外,还有由结构组成的表达式所代表的内在含意,这是汉字文化的独特之处。

婴,字又是一例,"婴"字,是由上面的两个"贝"字和下面的一个"女"字组成。"女"代表母亲,"贝"是宝贝的"贝"它代表着珍贵,世间哪个母亲不以自己的孩子为至珍,特别是刚出生的孩子,为什么一个孩子怎么会用两个"贝"字来表示呢？

一个"贝"字代表孩子的身体,另一个"贝"字代表孩子的心里,在"婴"字结构的含义和信息中,告诉大人们特别是婴儿的母亲,对于婴儿一方面要珍视身体,一方面要珍视心里,要让孩子的身心同时得到珍重与呵护。

在现实生活中,珍视婴儿身体健康的意识和行为一直被流传下来,珍视婴儿心里健康的意识和行为,却被人们逐渐地遗忘了。我们经常见到谁家有新出生的孩子,很多至亲至友登门道喜,这些心情可以理解。

但是,人来人往难免会发出较大的声音,有的人说话高音大嗓,有的人不慎撞倒物品,这样都会发出对婴儿来讲是巨大的声响。婴儿初到人世对新环境还不适应,畏惧心里特别的强,如果再有较大的声响刺激,很容易使婴儿的精神受到惊吓。(在中医儿科里面有一种病症叫做:"小儿惊风",其实就是"小儿惊声"所造成的病症现象。)

保护婴幼儿的心里,是提高婴幼儿身心健康的重要环节。应该引起社会、家庭、个人,特别是婴幼儿的父母亲的高度重视,为了让未来的婴幼儿在自己的人生道路上,能有一个健康而良好的开端,每对父母都应积极的尽到自己的天职责任。

苔生心态的培育,适用于治疗心情膨胀,心情亢奋,欲望大增,浅度睡眠,神经性失眠,精神性失眠,帮助各种身体疾病的康复等等。还能帮助老年人消除晚年心态迷乱,心态失落,心态恐慌,使老年人达到岁寒生春的心理状态。

苔生心态培育方法:

首先,你要到山水之间,河流之畔,寻找苔生植物的生息地。

例如,中国的龙脉大山:秦淮山水龙脉,又名:"太乙山",古名:"太极山"。以及三山,五岳,七岭,八水之中尽有苔藓生长。

此时仔细以心观察,苔藓的长相,要牢记心间,换想自己的心象就像一苗苔鲜。然后再细细地观察它的生长环境,再然后就拿自己的人生与你眼前的苔藓做一下生存环境对比。这个可以根据自己的个人情况,自由地展开自己的想象,进行自己的联想……

当你不愿意再想象的时候就可以停下来,然后再仔细地观察一下苔藓的长相,把它的长相牢牢地记下来就可以了。如果你记性不好记不下来也不要紧,只要有印象就行。在以后的生活中只要经常的把这一段经过回忆一下就行了。

心理案例分析:

曾经有一位六十多岁的男性失眠患者,他通过中医和西医治疗了好长一段时间效果不佳,有人建议他找心理咨询师试试。经人介绍他找到了我,据他自己讲,在他离休前就没有出现过失眠现象,现在连续失眠月余,心情十分焦虑不安,脾气非常暴躁。食欲减退。

经过询问了解到他以前是个干部,离休后在家闲置没有事做,感觉自己一天到晚很无聊,也没有帮助老伴儿做家务的习惯,整天的闲置在家渐渐地就睡不着觉了。

按照中医理论和易经理论,"动极生静,静极生动。"来推断,它是由于"阴阳动静"失衡造成的失眠。当他离休后一直呆在家里,既没有脑力劳动又没有体力劳动,吃了睡,睡了吃,长时间的既不运动又不劳动,使体内阳不生阴,才产生了没有睡欲而失眠。如此导致了阴阳能失衡,在

这里阴代表静能,阳代表动能。人体的动能量和静能量每一个昼夜都在相互转化,动能量和静能量分别代表着沉睡和清醒,沉睡为静能量,清醒为动能量。

人体的动能量与太阳的升起与落下同步,这一过程就是早上、中午、下午,是白天的全部。在这期间人体需要体力或脑力劳动来使用体内的阳能,使体内的阳能渐渐地消减,当人体达到黄昏时刻,体内的动能由盛到衰。此时,阳衰阴盛,阴能主令。阴能主静而生睡欲,此时的人们就会睡觉了。

人体的静能量与月亮的升起与落下同步,这一过程就是黄昏、子夜、黎明,是黑夜的全部。在这期间人体需要体力和脑力睡眠来使用体内的阴能,使体内的阴能渐渐的消减,当人体到达黎明时刻,体内的静能由盛到衰。此时,阴衰阳盛,阳能主令。阳能主动而生行欲,此时的人们就会起床了。

我把这一套分析内容讲给他听,对他提出了从明天开始必须进行体力劳动,只有通过体力劳动才能让体内自己产生睡欲,其次给他讲了心态对医疗疾病有很大的影响,重点给他讲了苔生心态的作用,让他自己以后慢慢的培养出苔生心态来。但是这样远水解不了近渴,我就引导他当晚回去睡觉的时候,意想自己的身体就像一颗小小的苔藓。外面喧哗的世界跟你没有一点点的关系。

果然,第二天他高兴的告诉我,他睡觉时想了一会儿就睡着了。我一再的嘱咐他一定要参加劳动才能完全的恢复健康。

这是一例十分成功的心里医疗的案例。

❖ 二、草本心态

小孩子从三岁至七岁之间,身体和心里发育的如同小草一样,这个时候的小孩子,有一定的身体独立能力和模仿能力,跌倒了再爬起来是

这一年龄段儿童的家常便饭。

这个阶段也是儿童心态培育的黄金时期,我们来看看草本植物的生理特征,草本植物与苔生植物大不相同,首先它比苔鲜大的多,而且已经形成一个独立的形态,风吹身摇动,雨淋挺而直,大有小青松的风范。

正如一首歌赞扬小草那样:"没有花香,没有树高。我是一棵无人知道的小草。从不寂寞,从不烦恼,你看我的伙伴遍迹天涯海角,春风啊,春风你把我吹绿,阳光啊,阳光你把我照耀,山川啊,河流你哺育了我,大地啊,母亲你把我紧紧拥抱。"

这首歌,借助小草比喻人生,把小草的灵气与人的心灵融为一体,把每一个人都应该具备的柔韧、顽强、刚毅、善良、平凡等性格表现得淋漓尽致。

小草的顽强品质是人生必备的健康心态,如果一个人没有小草心态做人生的心理支撑,这个人一定是脆弱的,经不起人生考验和生活环境变迁的打击。

我们生存在世间的每一个人,都应具备"野火烧不尽,春风吹又生"的小草心态,特别是儿童期正是培育这种心态的最佳时机。

人的心理心态如何培养,似乎是一种很难的事情,其实不是这样的。人的心理心态是在人的行为、动作、劳动中逐渐培养出来的,人的行为、动作、劳动又受心理心态的约束,一个人有了好的心理心态。才会有好的行为,好的人生,好的结果等,好的心理心态只能从具体的人生励炼中,在人的心中一点一点地培养和积累。

小草心态培育法

凡年满三周岁的小孩,只要身体健康,大人应该把那些高低不平坦的凸凹地或土坡让孩子练习走不平坦的道路,如果孩子走得很好,要给孩子一个鼓励,比如语言嘉奖或亲吻嘉奖。切记不可用物质奖励,那样是训练动物的方法。

第五讲 人生心理培育法

如果孩子不慎跌倒了，家长一定要稳住神，不要露出任何表情，注意观察孩子是主动爬着站起来了呢，还是左顾右盼寻找家长。如果你的孩子是主动爬着站起来的，那就要恭喜这位家长，你的孩子有了良好的心里素质，只要能得到良好的培养，长大后一定是个人才。

如果你的孩子跌倒后，并没有主动爬起来，而是左右寻找家长，这时家长应该急转身不要看孩子，主要是不要和孩子对眼神，可以用眼神的余光监视孩子的行动，如果孩子一看没人理，自己也能主动爬着站起来，这个孩子如果得到良好的培养，长大后也可以成才。

如果你的孩子跌倒后，最终只是哭着叫着希望家长来帮自己。这时家长应该鼓励孩子慢慢地站起来，不要急于把孩子一把拉起或抱起，家长的一个动作很简单,但是却给孩子种下了心理依赖的种子。这对孩子以后的心理校正设置了一大障碍。

即使是孩子如何受鼓励但也不愿主动站起来,家长也应和孩子多磨一会时间,给孩子一点心理暗示:家长不愿意拉自己起来,下次我就不依赖家长,我要自己站起来。因为年满三周岁以上的小孩,都有跌倒后自动站起来的本领。

家长应该经常寻找一些可以让小孩跌倒的游戏,让自己的小孩参加,前提是不会造成小孩的肉体伤害,公园里有一种彩球池,小孩一般都喜欢玩。许多彩球铺了厚厚一层,小孩一进去立即被滑跌倒,不停的跌倒又不停地爬起,在欢乐中抗争,在抗争中欢乐,小孩不因跌倒而觉得丢了面子,不因跌倒而心浮气躁。在无数次跌倒中,心理却无数次的越站越稳。

任何事情都不能太过与不及,锻炼孩子跌倒爬起,如果是人为安排的话每星期有一次就行,至少每个月应该有一次,也没有必要而过多的进行人为的安排。

如果是男孩子(女孩子也可以),在七岁左右还要让他们练习摔跤,更重要的是让孩子体验,被对手摔倒后那种挫折感的感觉,培养孩子在受到挫折和打击的时候,能够让自己快速的站起来。运用这种行为锻炼法,就是为了通过理性心理,培育本性心里,使本性心里在未来的人生道路上,无论受到什么样的打击都能顽强地承受,无论在哪里跌倒都能以最快的速度坚强地站起来。让那些抑郁症、忧郁症、压抑症、焦虑症都见鬼去吧。

小草心态主要是树立孩子的平凡心、柔韧心、不屈不挠心、永生不灭心,孩子长大后无论走在顺境还是逆境的人生之路,都会有坚定的心理心态来帮助他。如果你真正的深爱你的孩子,你就赶快帮助你的孩子培养出小草心态吧。

一个人的官职无论有多大,地位有多高,学识有多深,财产有多丰,都离不开平常心的支撑,离不开小草心态的滋润。

特别是人生之路遇到从高走低,从好走坏,从高潮走向低谷时,全力依赖小草心态来承担,小草心态会保护自己渡过人生中最艰难的历程,为迎接人生新曙光积蓄能量。

小草心态自我培育法:比照"苔藓心态"培育法即可。

小草心态适用范围:适用于人生,身体,生活,家庭,社会、工作过程中,受到了各种不同情况的打击,这中间可包括:经济低迷,身体生病,生活困难,家庭矛盾,社会打击,工作压力,社会关系对你的伤害。以及官家、领导、上司等等对你的打压,这些无不需要以你自己的小草心态来保护你自己。使你能够安全地渡过本不应有的灾难,这才是真正的心理学,给你提供了真正的帮助。

❖ 三、藤本心态

孩子从七岁至十四岁之间,是培养藤生心态的年龄,藤本植物是一种不能独立向上生长的植物,它必须附着在其他高大的树木、墙壁或竹竿等物上才能生长,它具有攀岩、依赖、升高、顺从、吸附、缠绕、向往、向上、易弯曲等特点。

七岁恰好是孩子入学的年龄,这个时候也是攀附心态的开始,从心理学意义来讲,文化是人生中最高大的一棵树,所有的孩子到了七岁时都应学习文化、攀岩文化、依赖文化、顺从文化,只有这样才能充实自己,提高自己,壮大自己。

这个年龄段的孩子,正是锻炼攀附能力,攀附欲望,借物登高心理培育的良好阶段,藤生心态的培育为孩子热爱学习,渴望知识,为将来处世社交,友爱朋友,夫妻结心,热爱事业,蓬勃向上等,提供不可替代的动力动能。

藤生心态培育法

如果自己的孩子在上学之前,还没有听说过王法这个名词的话,应该由孩子的母亲告诉孩子,我们这个社会为什么这样平安有秩序,就是因为这个社会有一个王法在管理着大家,要把抽象的法律概念,用形象的动物概念,比如老虎,把法律比作老虎。给孩子讲:法律就是王法,它就象老虎一样很厉害,谁如果违犯了王法,那王法就会咬谁,如果谁顺从了王法,那王法还会保护谁等等。

这样讲的主要目的是让孩子从幼小的心灵里产生王法不可违的意识,意识的产生与引导,有时比思维的作用更加重要。每个孩子从小启迪与自身、家庭、社会有益的意识教育是十分必要的。

（一）攀岩锻炼

七岁以上的儿童要经常进行攀岩的身心锻炼，像公园的一些假山、土丘等，在家长的保护下让儿童锻炼爬高上低的本领，一方面可以锻炼身体，一方面可以培养心理，在爬高的过程中攀附、依附、缠绕、向上、顺从、向往等心态被同时调动起来。上低可以让儿童爬上不太高的平台，让儿童站上高台，儿童会产生攀高成功的感觉。

攀岩锻炼是最完整的藤生心态培养方法，它可以加强肌肉韧力，活跃神经系统，培养毅力，产生攀附向上的心态。缺点是不小心会跌伤，家长一定要多加配合，避免不必要的伤害。

（二）藤缠锻炼

藤缠锻炼比较容易，找一棵合适的树木即可，让孩子用四肢裹住树干，然后换手向上爬，不需要爬得很高，只要经常地多爬几次即可。

还有一种藤缠行为的心理锻炼方法，当孩子有一种行为要求时，你本想决定答应孩子的要求，但先不要立即答应也不要表示坚决拒绝，让孩子多磨一会时间，设法让孩子缠着自己答应他的要求，如果孩子没有为了达到目的而缠人的习惯和要求，这说明孩子还不具备藤缠心态。这也表明孩子心态发育不全面，要尽快培养藤缠心理，藤缠心理是幸福人生不可缺少的心理之一。

父母二人一个扮演大树，另一个扮演鼓动者，鼓动孩子去向父亲提出要求，比如要求出去玩一会儿，还要拿上乒乓球拍等方法，父亲假装不允许，母亲用使眼色等方法鼓励孩子缠着父亲继续提出要求。最终要达到在没有人鼓动的情况下，能够自己主动地缠着家长满足自己的要求，当然其先决条件应该是合情合理的要求才行。

(三）顺从锻炼

顺从心理是藤生心态的重要组成部分，也是一个人能不能被社会接纳的衡量标准，如果一个人没有健全的顺从心理，这个人就会性情孤僻自傲，不易与他人交往，脱离大家，脱离社会，自己往往会产生一种错误的人生观念，以为这就是真正的自我，特别是我们现今这个时代，是独生子女普遍偏多的时代，许多人不了解人生的真实内涵，都以自我为中心来面对和观察这个社会和这个世界，这是很危险的错误观念。

如果一滴水不与另一滴水融合，也不与河流、海洋融合，那么这滴水很快就会蒸发掉、消失掉。生命也是一样，一个人就像一滴水，怎样才能永恒的保全自己，请仔细玩味一滴水中所诠释的人生哲理。

顺从锻炼的机会充满了生活中的各个角落，这不仅仅是孩子们的事，它包括我们人世间每一个人，当然现在主要是在讲如何培养孩子。

当孩子第一次背上书包走进学校的大门时，顺从锻炼就已经开始，学校要求每一个孩子都要爱护公共财物，上课时间要遵守课堂纪律等。家长只需要鼓励和支持孩子能够积极主动顺从学校的一切规章制度就行，如果孩子到了小学毕业时，仍然不能积极主动顺从学校的各项正确要求，那么你的孩子"顺从心态"发育不正常，这是家长对孩子心理培养的严重失职。

在谈到教育方面我很想多说几句，对于孩子的教育，家长与学校有着十分清晰的界线。孩子学习水平的高低取决于两个因素：其一，孩子的智力能力所发育的程度；其二，学校老师自身的文化水平和正确教学教导的方法。

在教学方面老师首先应具备博爱的心理素质，同时具备良好的教学方法和文化水平。小小教杆，重如千钧，三尺讲台，内含大千世界，稍有疏忽则误人子弟。

家长的责任是培养孩子的学习愿望,让孩子深刻认识到知识的重要性。培养孩子渴望知识,家长可以通过讲故事来诱导孩子,使其渴望学习文化。对已经上学的孩子,家长不宜直接给孩子辅导文化学习,家长只要培养出孩子渴望知识的心理和欲望就行,让孩子到学校去吮吸知识才是正确的方法。

现在经常有一些学校的老师们,把自己的教学任务派现给家长,一旦学生的学习成绩差就把家长叫去大加训斥,搞得家长与老师之间产生感情隔阂,这是一种极不道德的做法,也是一种极不可取的方法。

孩子的学习成绩上不去,作为家长哪个不着急?老师请家长是责任心的外现,双方都有可贵的积极因素。双方应该就学生的学习情况与平时活动情况寻找孩子学习成绩上不去,是心里问题还是智力问题造成的,如果是心里或者是心理问题造成的,家长应该从心理方面加大力度,培养或者校正孩子的心理。

如果是智力跟不上,家长就要让孩子加强体育锻炼,促使智力发育与年龄发育同步。同时设法让孩子多开眼界,启动孩子的好奇心,这样有助于智力开发。

各位家长请牢记:如果你发现自己的孩子确实比同等年龄的孩子笨一些,切记不要给人说自己的孩子很笨,更不敢指责孩子说,"你咋这么笨呢"。这样一方面会伤害了孩子的上进心,更重要的是给孩子了一个极为不良的心理暗示。

很有可能在这种心理暗示的作用下,孩子的学习愿望和学习欲望就会萎缩了,即便以后孩子的智力发育又超过了同等年龄段的孩子,这时孩子有可能已经不愿意学习了。拿孩子自己的话说就是,"我现在没心学习",实际上是孩子的学习欲望悄悄地萎缩的结果。要想让孩子重新启动学习的欲望单靠家长的力量是远远不够的,一定要求助于心理咨询师的帮助。

假如你发现自己的孩子确实比同龄段的孩子聪明许多,切记不可喋喋不休地夸奖赞扬孩子,这样容易给孩子造成心里误解,以为自己什么都行而放松了学习,聪明与拥有丰厚的知识对于每一个人来说都是两回事,我们常可以发现有许多看上去很聪明的孩子升学率反而很低。本来这些孩子天资很高,大多是在人们不经意的夸赞中,洋洋得意而不思进取,误以为自己什么都行。没有把文化当作高山,对待文化高峰没有攀登欲望。也没有把文化当作汪洋大海,只是把文化当作路边的小溪,自己只是蜻蜓点水而已,最终落得自己造诣很低。

藤生心态的良好发育是帮助孩子学习文化,掌握人生技能的良师益友,是改良人性、幸福家庭、健康社会的无量法宝,所以塑造孩子的人生和未来就是从藤生心态的培育起步的。

……

◆ 四、灌木心态

十四岁至廿一岁是少年时代向着前青年时代发展的时期,这个时期是人体的生理和心理逐渐走向成熟的时期,是人生中的多事之秋。正如灌木丛生的形态一样,有许多根既不能成为栋材,但又各自独立的主干,预示着人生有多种并立存在的并存事物。

实在没有更好的自然生态,能比灌木更好的来形容这一年龄段的生理和心理现象。芳龄十四正值学习的升帆时期,少女少男们的生理问题接踵而来……

人体的自然生理现象不以人的意志为转移,自然规率只按照自身的内在规率在运动,我们只有揭示自然奥秘,让人们根据自己的情况,正确的合理的掌握因生理因素的变化,给自己带来的许多新问题。

《黄帝内经》说:"女子二七而天癸至,壬脉通,太冲脉盛,月事以时下。丈夫二八,肾气盛,天癸至,精气溢泻。"

第五讲　人生心理培育法

　　不管是女孩子还是男孩子,都被"月事"或"精气"的出现搞得十分尴尬,一个小有文化水准的少女少男们,总觉得这种事情的出现,不是自己意愿中的事情,惊恐、无奈、厌恶等不良心情困扰着孩子们。不知是文化的原因,传统的原因,生理的自身原因,孩子们被一种无形的力量所束缚,谁也不敢向谁请教,谁也不敢向谁表白,每个人只能暗暗的与之抗争……

　　我们可以想象中学时代的学习课程是多么的繁重,在这个最艰难的时刻,自然规率又无情地给少女少男们加重砝码,无奈的生理现象和心理问题,毫不留情地塞给少女少男们。这是一个十分重要的问题,在这个时候有的学校只给少女少男们,讲一点简单的青春期生理卫生知识,这是远远不够的,这个问题放在后面设专题讲解。

学生们大多数到了中学时代,逐渐地有了独立思考的能力,尽管这种能力还很弱小,但是追求理想中的目标,似乎越来越明确:憧憬未来从事什么样的职业,选修什么样的专业课程,寻找什么样的梦中那一位,人生中许许多多的问题就像灌木那样,模模糊糊的林立在意识之中。

对灌木心态培育之目的,就是为了培养人同时能够应付诸多同时出现的许多问题,并能运作自如地驾驭自己,提高驾驭人生的本领。

灌木心态培养法

这个时期主要是培养一心多用的最佳时期,这里有一个大原则,每个人首先要牢牢掌握住毛泽东关于学习方面的一句名言:"学生以学习为主,兼学别样。"

怎样才能做到以学习为主呢,这里提供一个方法让大家参考,首先把自己的有效精力和有效时间提取出来,每个人由于自己的身体健康程度不同,有效精力也不同。每个人的家庭状况不同,有效时间也不同。

所谓有效精力指精神充沛、思维活跃、心情愉快。所谓有效时间,指专门可以用来学习的时间。作为学生如果能把有效精力与有效时间,调整到同步那是再好不过的,这样学习起来一定会得到事半功倍的良好效果。

自己如何调整才能使自己的有效精力与有效时间同步呢?首先是让自己的心经常保持在一种相对平静状态,过去人们把心静理解成"心若止水",这是极端错误的,我们可以观察一下大自然,寒冬的水,止而不流必然结冰,暑夏的水,止而不流必然发臭。人心若水,止而不流必然会发生异变。

心静若水,如溪如泉,缓缓流动,不要把心态纵起波澜,烈如野马这样就无法降伏,调精力实际就是调精神,调精神实际就是调心态,凡人可以自调心态者,必是贤才大器。

第五讲　人生心理培育法

在学习文化课之外,运用精力低潮期做一些人际交往、感情交流、体育锻炼和社会观察等活动。

人际交往要注意点面结合,有的同学只与少数几个同学交往甚密,这种交往方法也属正常交往,但是氛围太小,与自身未来发展开拓心理空间还不够广,应该从广交朋友中,学会开拓视野、积累知识、丰富经验,从而可以给自己的未来打下坚实的基础。

情感交流是灌木心态的重要心理活动,它可以通过感情这一纽带连接一人与多人之间的友谊,如果你交结了许多朋友,这些朋友和你的关系十分冷漠,那是因为你们没有成为真正的朋友,主要原因是双方没有付出一点感情,感情与真诚是形影不离的,在平常的人际交往中情感伴随着真诚在人与人之间相互流动。

人类自有文化史以来,一直被一个难而未解的人生之迷所困惑,只有所问没有所答,这就是积在人们心间的共同问题——情为何物,在这里我给大家解开这个千古之迷。

情是人体脏腑功能的一种产物,在五藏功能互相协调运动中从肝藏孕生出来,情,是生命活动不可缺少的一种润养生命的特殊能量,它以自己特殊流动方式在身体内流动。它首先濡养肝脏,其次润养心脏,又其次养脾,养肺,养肾等等。

情能,在体内运动有时可以感觉到,如身体内会产生一种轻松愉快的舒适感觉,使自己的身体得到一种特殊的滋养,让自己产生一种幸福感来。

由于自然规率的作用,情能,还有一部分需要通过人体的信息系统与外体互换和交流,各自把自己身内蕴生出情能的盈余部分发放出去,注入其他(她)生命体内,同时接收其他(她)生命体内送出的这种能量,我们可以把这种情况简称为:"易情"。

在生活中人们常常说到"交情"一词,这个"交情"其实指的就是"易情"。是人与人之间的天性的,没有商品属性的"情能交易"。

在人际交往中,情能,几乎是天使,人际交往之所以能够美好延续,有相当一部分的力量是来自于情能的相互交流,在朋友之间相互欣赏着对方美好的一面,如健谈、品德、知识、像貌、身体、美感,现在常说的性感也在其中等等。

特别是恋爱时的异性之间的情能交流更加深刻,凡是经历过恋爱的男女,大概都不会忘记自己是如何欣赏意中人的,自己如何地扑捉恋人身上有形和无形的美丽之处,同时又如何地修饰或扩大自己身上的美丽或帅气。通过相互欣赏,情能在恋人之间高频交流,这样同时给双方相互送进或接收新鲜的情能,就像吸进新鲜空气一样,使生命增加了活力,产生了快乐维护了健康。

生命还有更奥妙之处,这就是性能,性能也是人体脏腑功能的一种产物,它在五藏功能互相协调中从肾藏中孕生出来,与情能相比有所不同,情能不分男女产生出的能量从质量到作用都是一样的。性能却大不相同,女体可以产生一种大量的男体几乎不能自生的阴性能量,男体也产生一种大量的女体几乎不能自生的阳性能量,这两种对立的能量只能从异性身体上(内)得到,这是大自然给人类的巧妙安排,因此男女双方的生理特性决定了相互需求对方的特性能量来补充生理需要。

所以,异性间本来就潜藏着一种互求的动力。当把这些生理奥秘揭示出来后,人们就应该理智的掌握情能,不要太自私,感情积滞不与他人交流,这样对自己也没有什么好处,一方面得不到新鲜能量注入自己的生命,另一方面感情久滞还会生病。情滞则气滞,气滞则血滞,血滞则经络阻、肌肉痛,百病渐生。性滞也是一样的。

异性间的感情交往有时自觉不自觉的带着特性能量相互注入,自然规率总是利弊互存,再加上人们的"一头沉思维"很容易把人引入感情涡流。所以人们才会发出"问世间情为何物,只叫人生死相许"这样悲壮的

歌声。

　　体育锻炼一方面增强体质,另一方面磨练意志,强化心理承受能力,体育锻炼应根据个人体质决定锻炼方法,体质强健的可以选择一点耗氧运动,体质一般化的要选择增氧运动。不管体质强健还是一般,都应参加游泳和太极拳运动。

　　游泳是放松身心的极佳行为,不管是生理还是心理承受压力过重时,都可以通过游泳来解决,走进游泳池自己马上会感到大自然的原始气息,阳光蓝天,白云笑脸,碧水泛泛,男的女的,大人小孩一张张春光般的笑脸,伴随着嬉水的笑声,不管是谁来到这里,都会把自己立即溶进这幸福的海洋,一次次的游泳不仅仅使你的身体健美,更重要的是对疲惫的心灵进行一次免费补氧。

　　太极拳不仅仅使你体健心安,更重要的是让你掌握人生道路上的方向盘,体悟人生坐标在生活中的定位。太极拳在平衡中求变化,在变化中求平衡,世间万事万物看似繁杂多端,但都没有脱离"阴阳"二字,没有脱离阴阳学说中的平衡与变化,培养灌木心态始终离不开"太极拳"这位重要的老师。

　　社会观察在市场经济大潮涌动的今天,越是显得十分重要。在社会中每一个人都有与其他人个性不同之处,观察社会结构,了解经济动向,在学生时代就应提前探索,要把自己的个性与社会的共性相对比,与之符合的个性部分保留与发展,绝对不能把自己的个性与健康的社会共性对立起来,把自己的属于错误的个性部分应当有所限制。

　　学生之所以辛辛苦苦地学习,其目的是为了将来走向社会能够运用与发挥所能,如果学生不提前观察社会,也不了解自己的个性,更不知道及早的为自己选定努力目标,这是极不可取的。

　　如果你有一个特别爱好,你很希望把它作为未来事业去发展,那么你首先要观察你的这种爱好在市场中有没有一席之地,最好是有较大市

场,如果没有市场你就应该放弃这个爱好,另行选择其他有市场的爱好作为事业去努力。人的爱好是由思维偏差来引导的,通过心理可以调整思维方式,思维方向,思维内容,人很快就能爱上新的事业。

青春期一定要正确处理好性生理现象和性心理引导,女孩子生理成熟期早于男孩子。当进入生理成熟期的时候不要惊慌,首先要找一些人体构造方面的卫生知识书籍,详细了解有关生殖器官的名称、部位、作用等。

把它当作文化课来自修,不要简单的读一遍就了事,每个人天生都有好奇心,满足好奇心是维护心理健康的重要环节,大多数少女和少男并不知道好奇心与心理健康之间的密切关系,经常压抑好奇心,用自己的毅力去克制它,好奇心是比较容易克制的。

但是,无法克制的是性生理和性心理对学生的困扰,有的学生憎恨自己,有的学生鄙视自己,有的学生辱骂自己,还有极少数同学伤害自己。这些都属于自虐心理和行为,是不对的,如果长期发展下去学生的心理和生理会遭到不同程度的破坏,甚至会影响到未来的家庭生活。无论是学生自己还是学生家长都必须引起高度的重视。

我们面对自然现象,面对生理现象要依赖正确的心理导向,进行疏通与引导。绝对不可采取围、追、堵、截等错误方法来伤害自己。

围,把自己封闭起来,不与异性同学交往,采取回避等方法,把自己的心塞进一个类似于围城的里面去。古人有句诗说的很好:"妩媚春光锁不住,一枝红杏出墙来。"本来想围住自己往往会发展出相反的结果来。

追,有少数同学被生理现象所俘虏,不惜放弃学业。放弃学业对一个学生来说,就意味着放弃通往未来幸福生活的金光大道。有的表现为早恋,确定一个目标,追求虚幻,在对虚幻追求的同时,有效精力被消耗了,黄金时刻被掠夺了,把自己从人生赛道的中途牵制出来。有朝一日

当自己清醒过来的时候，才会发现自己的路走错了，时光不会为任何人倒流重复。

堵，主要是指心里心态的正常活动被堵塞，异性间在青春期经常出现一种仰慕心里，对异性有一种视觉感应，但是有少数人因心理问题不敢正视异性的容貌，时间长了这种不正常的心里活动堵塞了正常的社会交往时应该具备的视觉神态，在社交活动中难免要与人谈话，特别是与异性谈话时，眼神不敢直视对方眼神，而是看着旁边的空间或者是某个物体，给人一种极不尊重对方的感觉。更有甚者，有的人因心里紧张不敢抬头和异性谈话，眼神下意识地定位在对方身体的某个部位，这样会给对方造成更大的误解。

截，主要指心理青春活动的美好景象被自己从中途截断，人到什么年龄出现什么样的心理活动，这是正常生理在不能进行生理兑现时，往往通过心理兑现来调整生理机能的平衡与补充，有时还是通过梦境与异性寻欢来进行调整。

常有一些青春少年，偶尔因某种因素引起自己与一位翩翩少女或英俊少男相处在一起的心里活动时，因为这是内心意识活动，所以享受到一种轻松、愉快、甜蜜的感觉，这种良好的感觉可以帮助自己，满足青春期心理特性的需求，同时又是开发想象思维的大好时机。

可是这种想象常被自己从中间截止，尽管想象中的动作和行为不是真实的，特别是将要突破异性界线时，在意识中又会产生另外一种力量，诸如文化之类的力量，其中包括道德、羞耻、谴责等因素，使一次具有双重意义的内心想象力被截止。

这在常人看来是一件好事，但从心理学角度来看并不乐观，一个人的心理到了什么季节，就要萌生什么样的心笋和心苗，如果人的心苗一次次被截断，势必导致思维畏惧和意识萎缩，接踵而来的就是自卑心和自懦心，自卑心与自懦心经常与内向性格为伍，这会影响到想象力的开

发和精神认定。

所以要从长远的利益着想,让自己的春心展开自由的翅膀,在自己的内心世界自由翱翔,心里能量得到补充才会平衡健康,心理平衡健康了才会精神倍增,学习起来才会精力旺盛,想象思维是学习知识的重要组成部分,一定要珍惜。

我们再来了解一下什么是"道德"。关于道德一词大概最早出现在老子的思想中,老子给后人留下了亘古巨著《道德经》。关于"道",在《道德经》一书中已经用最简略朴实的语言,深入浅出的对自然,对物质,对宇宙,对规率,对人体,对人生,对人事,对认识,对社会,对国家,对治理给予了最简明最清晰的叙述。

前人对道已经有过许多解释。我把"道"总结成一句话:"道,就是自然规率,生命规率,人文规范,社会规律,社会规矩的总和"。道,也可以一言以蔽之:自然规率。

在《西游记》中,太上老君的住所就称作:"兜率宫"。老子以此向世人展示,自己把自然规率已经尽囊在兜。所以才称作:"兜率宫"。

在《道德经》中也有许多关于"德"的论述,道与德是两个不同的区域,是两个不同的概念。

道重以言物。德重以言心。

道,常循自然规率而动,自然规率永恒循环往复不变。故而恒久。德,常循人心而变化,人心常随社会而变化,因而使人德变化无常,故而不恒。

所以在社会中只有"道教",而没有"德教"。

无论在任何一个国家,任何一种社会,任何一种文化,任何一种民族,任何一种宗教,无不重视人文道德。

但是,又有哪一个社会,哪一种文化,哪一种民族,哪一种宗教,能把"德"解释得很具体,很透彻,很清楚呢?

下面我来诠释一下"德"字的真实内涵：

当地球人类走到了高科技突飞猛进的今天，使地球人已经知道、知天、知地、知人、知科技、却不知德，这个空白是不是留的太大了点儿？！地球人有没有感到自己"德"不配位？对"德"的研究和定位，地球人已经启动的太迟了，确实太迟了。

德，至今还没有一个共同认识，不同的文化对"德"有不同的认识，不同的内涵，不同的要求和不同的解释。要想诠释"德"字的真实含意，还得从中国文字结构式入手，中国文字上取天之象，下取地之形，中取人之意。

德，本来是：天之布，地之托，人之行。

从"德"字的本身入手，来诠释"德"字的旨意，是参透"德"字的不二法门。下面我们先把"德"字拆开来看，"德"字是由："彳"、"十"、"四"、"一"、"心"构成。

"彳"偏旁代表许多人，也可以代表众人，还可以代表芸芸众生。"十"和"四"在中国古代的文章是竖排列，不像现在是横着排列的。"十上四下"很明显是数字十四的竖排写法，那么，这个"十四"就应该代表的是年龄。

因为，"德"字的起笔是"双立人"，这个"十四"数字就很顺章的联想到人的年龄，它代表每个人的年龄，也就是说直接定位在每个人十四岁的年龄。

"一心"代表众人一心。这就是说所有的人，当年满十四岁时，就要完成万众一心的"德"治心理教育。

什么是德？就是在每一个人的心中，都要装着天下所有的人，也包括自己在内，这就是德。

德，还有一种含意，那就是恪守，恪守于"道"，是谓："德"。

在德能的福荫下，人与人之间才会相互关心，相互爱护，相互帮助，

德盛则刑衰,德衰则刑昌。

在中国文化中最具代表"德"之内涵的,是由仁、义、礼、智、信,这五个方面来展示德之内涵。这也是中国儒家思想关于品德的核心部分,简称为:"五德"。

仁,常用于君对臣,官对民,上对下,大对小,强对弱,刚对柔的关怀与爱护。

义,常用于平等关系之间的相互关怀与相互爱护。

礼,常用于对待上级,长辈。以及平级,平辈之间的礼仪礼貌。

智,在这里把智慧列入五德之一,是古人把品德与智慧和合叁。古人认为,智慧与品德是一对阴阳关系,就像男女合婚一样不能独立成人。在中华文化中对待一切事物,包括宇宙,天体,自然,人体,人生,社会,家庭,事物等等,无不运用中华文明的祖根,"阴阳"学说,来指导中华民族的人文思想和行为规范。

信,在这里主要是自我具备语言信用和语言信誉,要具备为自己说过的话去努力兑现,能够长期做到言而有信,古人有一句成语叫做:"一言既出,驷马难追。"还有"一言九鼎"之说。可见古人对坚守信用是多么的重视,因而把"信"字列入五德之一。

其实"德"字的内涵甚广,像"忠孝节义","慈悲为怀"等等,都在德字的范围之内。因而使德性广布,无法以一言以概之。所以,迫使我用"德"字来直解其意,才得其精髓,解与世人。可以使后人用一言以解什么是德。

再重复一遍:

什么是德?万众一心是谓:德。也就是在每一个人的心中,都要装着天下所有的人,也包括自己在内,这就是德。

我们可以想一想,如果一个人心中能装着天下所有的人,这个人是不是已经成佛了。佛者,德也。德者,佛也。

德,还有一种含义,那就是恪守,恪守于"道"是谓:"德"。道者,仙也。仙者,道也。

心系天下为:天德。

心系大众为:大德。

心系一族为:中德。

心系一家为:小德。

心系自身为:微德。

心无所系为:无德。

那么,积德对自己有什么好处呢？这是许多人都想问的问题。也是许多人最困惑的问题,提起积德,行善,做好事,绝大多数人都愿意。假如人们做了许多好事,却没有得到好的因果回报,那么愿意继续主动积德,行善,做好事的人就会越来越少。

其实,积德和攒钱是一模一样的道理,人们都知道攒钱,把自己挣来的钱或赚来的钱,一部分留下支付生活所需,将盈余的那一部分钱存入银行。因为这一切都是物质世界的行为,是在我们眼前可以直接看见的事情,是最直截了当的现实,直接摆在我们每一个人的面前,再笨的人都会这么做。

积德为什么会和攒钱一模一样呢？我们就来解析一下这里的原理。我们人类生活中的钱是从哪里来的？是从人们的各种社会劳动中得来的。当我们参与了社会中任何一项有偿劳动时,都会得到相应的有价劳动报酬,支付这种有价报酬的方式是——钱。(薪水)

而发钱者是,"社会人"。这又是一个新概念。

如果,我们参与了社会中的任何一项无偿劳动,无论你是积极主动的还是被动的,也都会得到相应的有度的劳动报酬,支付这种有度的报酬方式是——德。(功德水)

而记德者是,"宇宙神"。这又是一个新概念。

每一个人所积之德,都会记入"宇宙库"中。同时每一个人所积之德都可以在自己身上查到。就像人们持有一张银行卡一样,可以查到自己在银行里还有多少存款一样。

怎么查,我不能讲的太清楚了,(在写这段文字时,我握笔的这只手一直在抖,一直在抽筋。)这是天意。这又是一个新概念。

每一个人所积之德,都是用水的方式来记载的。因此,我们经常把"德"形象的称为:"功德水"。如果去过楼观台的人们可能还会记得,在楼观台老子庙的大门前,有一个"功德池",那就是给人们的一种无言暗示。

在过去的社会中,人们把攒钱和积德看得同等重要,而现在的人只把攒钱看得更加重要了。下面我说一些社会现象的变化,就可以说明这个问题了。

在以前无论是在城市还是在农村,只要谁家准备盖房子,在城市就会有许多邻居或者朋友来无偿的帮忙盖房子。如果是在乡村,那也更会有许多情绪高涨的,积极踊跃的乡党或者乡邻,来进行无偿的帮忙盖房子。我曾经在城市和乡村都进行过这种无偿的、帮助别人盖房子的劳动。

可是现在呢,几乎已经没有人再愿意这样无偿的帮助邻居或者乡邻盖房子了。有人会说这是社会发展的结果,也算是社会的一种进步。其实不然,现在的社会确实已经走上了以金钱为核心的道路,以劳动换金钱,以金钱购买劳动力。这也不能完全的说这种方法不好,这种方法不对,它既然这样存在了就有这样存在的道理。

但是,这样子长期发展下去就会出现人们的钱积攒得越来越多,德积得越越来越少,这样一来就很麻烦了,我们大家都知道人生这一世,无论自己挣的钱、赚的钱、贪的钱、攒的钱再多,等到了要离开这个世界的时候谁也带不走一分钱。

第五讲　人生心理培育法

可是,德就不一样了,德是自己走到哪带到哪,任何人都拿不走自己身上的功德水,除非是你自己愿意主动转给别人,那就另当别论了。如果自己积有丰厚的功德水,当自己离开这个世界时候,这些丰厚的功德水就是自己选择未来去向的基本保证。

到那个时候你就会真正的明白,多余的钱真的就是一张废纸。我也苦口婆心的就说到这里吧。希望人世间的人们要把握好自己的人生,也把握好自己的未来。

如果,在家庭,在学校,在社会,在企业,在领导,在干部,都能进行德能教育,使每一个人都能做到心装天下人,我们的社会制度能不进步吗?德能教育才是我们这个社会真正的"正能量"。只有高尚的品德才有资格配套高科技时代,才能达到节约能源,保护资源,保护家园,保护地球人的伊甸园。

只有人人自觉维护平等,才能消除野蛮的剥削思想和占有思想,而这一切的一切都需要通过德能教育来获得。拳头、刀剑、枪炮、核弹等,都解决不了这一思维和精神领域里的问题。这是文化领域里的事情,只能运用文化领域里的思想革新才能奏效。否则,一切胜利都是暂时的成功,最终又走向失败。教训是十分的惨痛的!!

在学校也常用德育来教育学生。但是,谁能真正说清楚什么是德?一旦提出这个问题,含糊其词的有之,牵强附会的有之,避而不答的有之,用近义词搪塞的有之,这只能误人子弟。

曾经有一个大文豪就被一个几年级的小学生给问住了,这个小女孩儿很真诚的问道:"作家伯伯,我想问您一个问题,可以吗?"

那个大文豪很愉快地回答说:"可以呀,你问吧。"

那个小女孩儿很高兴的说:"请您给我解释一下,什么是,道德。"

那个小女孩儿满怀希望的等待着那位大文豪的解答。可是,那位大文豪却被问住了。他踌躇了一会儿,对那个小女孩儿说:"这个问题很简

单,回去让你们带课老师讲给你就行了。"

那个小女孩儿很失望的低声说:"好吧。"

那个小女孩儿一定是,她的老师把"道德"一词讲的不清楚,才会见了大文豪时想起提出这个问题的。而那个大文豪也不能用自己的语言把"道德"一词解释清楚。所以,他一脚把这个问题踢给了那个小女孩儿的带课老师。

❖ 五、乔木心态

二十一岁至二十八岁是青年走向成熟的阶段,是一个人成长骨气、浩气、正气的重要时期,用乔木来比喻这一年龄段的心态形成,是有其深

刻的喻意和象征的。

一个婴儿经过二十一年的生理成长和心理成长终于迈进了人生成熟期,这也是家长和孩子共同期望的目标。最后的人生心理培育冲刺更显得无比重要。

二十一岁的青年们,步入身体强健阶段,此时的身体,该健壮的健壮、该丰满的丰满,从体力到毅力,从生理到心理都步入强盛区域。

有部分青年已经告别学生的校园生活。在每个毕业时期,学校和家长都应积极主动地关心孩子的心理变化。许多孩子将要和朝夕相处的校园、老师、同学分离之际,都会产生撕心似的心里疼痛,坚强一些的孩子会咬着牙忍受着内心的巨痛,稍弱一些的孩子会暗自流泪、暗自伤心,甚至会使一些孩子失声痛哭,多年的人生相处在人与人之间会产生依依感情的。

这些都属于正常心里的必然反应。虽然是必然反应,但给孩子的心里打击和情感打击确是十分沉重的,这样会给孩子内心造成潜在的不良后果而不自知,孩子天真可爱的性格逐渐消失了,积极主动向上的进取心渐渐地削弱了。在现实社会框架的作用下,取而代之的是被迫竞争的不良心态,在心里充满了被迫感,为了自己的生存,为了自己的人生,为了自己的未来等,不得不被迫地进入充满病态的,以人为制造的压力为动力,在恶性竞争的社会之中与同类拼杀争斗。

的确,社会发展首先需要动力,对于物质生产只要有动力就行,不管是主动力还是被动力。但在精神文明的取向上,主动力与被动力确有天壤之别,一个劳动者若能积极、互助、主动的为社会为人类努力工作,这是身心健康的双重表现,是人类精神文明的核心力量。

人类社会的全部意义在于心灵的良性塑造。

我们必须承认在我们现实的社会中,还存在着许多不良思维,不良意识,不良行为。这些社会的各种不良问题,都要寄希望于思想纯洁的

学生们,拥有优良品德的知识青年们,让清洁的思维逐渐取代污浊的思维,让优良的品质逐渐取代不良的品质,让优良的心灵逐渐取代不良的心灵。改造不良社会是未来知识青年们的永恒史命。

可是,我在现实的工作中看到的现实情况却恰恰相反,在工作单位中每年招聘来的大学生,当他们工作了一段时间后,他们原本清洁的思维,优良的品质却染上了污泥浊水。这种现象怎么不令人痛心呢!泪奔!泪奔!!

这种情况的发生一定是教育环节中哪里出现了问题。例如,学生在学校里没有接受到这方面的教育和指导,他们并不知道在社会中存在着思维和意识方面的病变,所以就没有思维和意识方面的免疫力。现在我们已经找到了这些问题的症结所在,就要从这里入手,从学校入手,把病变思维问题作为一个独立科目,传授给学生们关于病变思维的心里科学知识。让每一个有知识的青年都能做到,纯洁入世,遇尘不染,"时时勤拂试,莫叫染尘埃。"就像朵朵莲花出淤泥而不染。

我有义务把毛泽东讲给我们的话,转讲给未来的青年们:"世界是你们的,也是我们的,但是归根结底是你们的。你们青年人朝气蓬勃,正在兴旺时期,好像早晨八、九点钟的太阳。希望就寄托在你们身上。"

从现在起,无论是社会、学校、家长和学生自己,都应重视,关注,培养每一位学生的心里健康和心理指导。

在这里需要明确指出:

  心理存在着,心理合理或心理不合理。
  心里存在着,心里健康或心里不健康。

在西方心理学中,常把"心里"与"心理"的概念含混在一起。所以,

常把心理咨询工作者称为："心理医生"，这种称呼是不对的。所谓的医生主要的是医疗疾病的，而心理主要是在讲道理，或者合理，或者不合理。

因此，心理咨询工作者应该称为："心理讲师"或者"心理导师"。只有在谈到心里问题时，才会牵扯到医疗问题，只有这个时候才可以谈到"医生"这个称呼。这个准确称呼应该叫："心里医生"。

心里医生，主要是解决，强迫症，抑郁症，忧郁症，焦虑症等。解决和处理具有医疗成分的心里问题。（用中医针灸治疗效果很好）

病变思维问题主要依靠心里自省和心理导师的指导。心里病变内容涉及很广，最普遍的是感情受损，爱心缺失。在这里重点谈谈感情受损问题。

凡是一个身体健康，心灵善良的人，都有一个共同的特征："注重感情，珍惜人生"。在学生时代绝大多数同学都已经先后进入感情丰盛期，而伤害感情的最大社会行为之一就是——分离。

是学生都离不开升学，毕业，分离，这三部曲。问题是升学和毕业给每一个同学都带来了幸福和快乐。可是，分离又给许多同学造成忧伤，这种忧伤就会给情感造成伤害，这种伤害是直接波及心里情感区域。会直接伤害到心灵，因为它是一种潜在的，隐形的，人们无法直接发现这一看似平淡的一种心灵杀手。

凡人都有天能五养：即养情，养爱，养欲，养悦，养性。

情，占五养之首。所以，必须在学生时代就要受到社会各界的保护，特别是应受到教育界和所在学校的重点保护。

如何才能有效保护学生的心里健康，安全渡过一次无异于情感大地震的毕业分离期，首先要在毕业的前一个学年进行有关学生毕业前的情感心理指导。先让每一个同学都清楚的知道，保护感情就是保护情能、保护肝脏。情能正常可以养护肝脏，情能一旦不正常，或者是情感受到

伤害,就会影响到肝脏功能的正常发挥,或者发生病变。

下面给学校提供一些具体的做法:

比如某班高中三年级学生,应该在该班高二第二学期放假前,进行毕业心理指导和心理模拟毕业教学。就像学生迎接高考一样,各学校都会做许多次模拟考试,让学生适应高考的环境及心理准备。

这个时候,学生很可能嘻嘻哈哈觉得很可笑,就让学生放开怀的去笑吧,就在学生大笑的同时,心理暗示随着学生的笑声输入意识之中。真正上高三时就再别提这件事,因为学生临近高考不能分心。

当学生们真正要毕业时,才能体验到当初心理模拟毕业教学的真实含意,尽管学生心理不可回避的要承受心里阵痛,好在意识中已有所准备,再加上老师们和同学们之间的相互鼓励和相互安慰,使每一颗心灵缓缓地慢慢地,渡过人生道路中的急转弯。

切忌学生刚一毕业,学校和老师对待学生的态度与制度实行一刀断,让学生感觉到心灵上和心理上的失落与孤独,这对学生的心里发育和健康会造成极大的伤害。对刚毕业的学生,学校应该实行周返校日,逐渐变为月返校日,常年应设立年返校日。学生在社会,单位,家庭,人生,方面遇到什么事情都可以向曾经的班主任或者其他的老师交谈。对于学生来说,老师是自己另外意义上的父母,我们的祖先留给子孙这样一句话:"一日为师,终生为父。"

社会发展了应该这样讲:"一日为师尊,终生为父母。"

作为学生自身首先应该明白,毕业分别只是形式上的改变,自己想老师可以到学校去看老师,想同学可以和同学约会。树大分枝是自然规率的必然性,同时常把前面学会的小草心态调动起来,以保护刚刚成熟的灌木心态。

逐渐地渡过毕业心里情感困难期,迎接乔木心理培育期的到来。

灌木心态培养方法:(参考苔藓心态培养法)。

灌木心态适用于：逐渐脱离开藤生心态的那种不能自立的特点，无论是从心里，心态，思考，学习，情感，生活等，都要具备像灌木那样能够自强自立，不再依赖和依附他人，学会与他人平立。同学们一定要看清楚是"平立"，而不是"平等"。这个世界只有平立，没有平等。你可以观察一下大自然就知道了。

怎么？你不知道怎么观察，我给你举个例子吧：你可以找一片相同物种的树林，看看它们是不是都长得一样高，肯定不是的。了不起他们只是大致一样高。看看它们的形态是不是都长得一样，肯定不是的，了不起它们只是大致相仿而已。

乔木心理培育法

如果你已经走上工作岗位，就应该在工作中培养乔木心态，何谓乔木心态，看看高大的劲松，迎风斗雨，冒严寒顶酷暑，直挺不屈品性刚毅韧拔，四季长青，从不凋零。人生道路没有一个人是一帆风顺的，每个人的人生之路，都是由顺境和逆境组合而成，如果世间每个人稍不注意，就会跌倒在自己人生之途中的顺境区或逆境区。

在工作中锻炼独立工作的能力，一开始工作不太熟悉需要一段学习期和熟练期，一旦掌握了技能就要像完成作业一样去完成自己分内的工作，只要不超越自己体能的支撑警戒线，每个劳动者都应积极主动地热爱工作，这样你收到的不仅仅是工资报酬，还有更多的是心态培养，虽然劳动了一天，但身心特别愉快，这种愉快的心情来自内心深处优良能量的分泌，此时心态获得报酬：即有益身心的愉快感、进步感。

如果一个劳动者被迫的干工作，每天的工作照样还得干，情绪很消极，每天只能换取工资报酬，但是心态报酬一点也没有，如果心生烦恼，此时心态获得负面的心态报酬，内心深处还会分泌不良能量，久之则损害身心。

在工作中要模仿劲松，顶天立地，克服困难，完成工作任务，特别要养成独立工作的能力,独立思考的能力,把自己融进工作中逐渐培养出乔木心态。

有的同学已走进大学校园,大学生培养乔木心态尤为重要,现在的大学都要求学生住校,大学生可以利用离家独立生活的良好时机,自我培养乔木心态,首先要从自己的饮食起居入手,以前可能有许多事都是由家长代劳,无意间家长给你培养出了依赖心理,有的大学生半夜醒来还叫:"妈妈开灯。"

大学生应把难得的一点体力劳动的机会(洗衣、铺床、叠被子等)精心做好。

大学生更多的是脑力劳动,体力劳动的机会很少,有人说体育锻炼也算是体力劳动,这种说法是不对的。体育锻炼虽然由身体直接参加,但心理经常处于松弛状态,心理没有进行负重锻炼。而劳动时一方面身体直接参加,另一方面心理也要同时参加,心理负重是培养乔木心态的必经之路。

心能锻炼要与身体锻炼结合起来,我们的大学生如果只有文化知识,而没有健康的心理和强壮的身体,就不能算一个合格的人才,即使是研究生或者是其它更高学历的人,在社会中尽管文凭很高,但由于身体和心理的懦弱,所以很难正常发挥自己的特长。

什么是人才

人才,是指知识成材、心理成材、身体成材,这三材合一,才是真正的人才。

中国有句俗语叫做:"三十而立",过去祖先们是这样安排孩子的人生,七岁习文,十年为期,过去常说"十年寒窗苦,方为人上人。"这里所说的"人上人"应该理解为有知识的人。十年习文期满年龄到了十七岁,这时有两件大事要做:一件是考功名,用现在的话来说是选择事业;另一件是谈嫁娶,用现在的话来说是找对象。

再通过十余年的事业磨练,生儿育女磨练,这些磨练过程就是一个人的心态负重过程,到了三十岁事业小有成就,儿女也到了学习文化的年龄,自己也可以独立撑门立户,所以古人育子立世的标准年龄定为三十岁。那个时候还没有心理学问世,而只在培养心里支撑能力,并没有把它作为人生的重要环节,也没有提出心理学说,来作为重点培育的对象。

社会发展到了高科技时代,对于体能的需求逐渐降低,对于心能的需求逐渐增高。如果我们不赶快提高心理支撑能力和心理承受能力,迟早有一天我们会被社会淘汰。中华心理学就是为提高人文心理素质,开拓社会发展的新思路,更新世界观,跟上新时代,提供全新的理论指导。走上人类统一的康庄大道。

❖ 六、五种心态运用

每个婴儿与生俱来都带着苔生心态,这是大自然赋予生命的本能,如何使先天的本能,在后天培育中茁壮成长?这应由父母首先承担起心态养育责任,再逐渐的过渡到孩子自我培养心态,使五种心态完整与成熟。

苔生心态完整的人,一般都比较朴实,在日常生活中大部分时间心里比较平静,做起工作力求安稳,这种心态常与生命的频率同步,用这种心态养生是其他心态无以比拟的。

假如一个人因劳累而身患各种疾病,除了药物治疗外,一定要求助苔生心态协助身体及早恢复健康,苔生心态的产生会使患者放下人生所有的负重,让自己的心里产生一种平静安稳的状态,这样让自己的身体运用意想之法,使自己似乎又回到先天自然状态,人体的本能只忠于健康。只要自己的方法得当,身体的生物能和生物钟,会自动的忠于职守而使身体恢复健康,人体生病大多数都是自我伤害和人我伤害的结果。

小草心态完整的人,一般都比较顽强,善于交友,平易近人,朋友较多。在日常生活中不受荣辱的干扰,置身于生活之中既不自傲也不自卑。由于心态柔和而易于接近众人,走到哪里朋友交到哪里,美誉就留到哪里。小草心态是人一生不可缺少的心理卫士。当你平步青云的时候,小草心态会提示你高处不胜寒,要谨慎做人,无论官职有多大职位有多高,那是社会结构的需要,是一个自然人身处社会的临时社会地位,人决不因为身处位置高低不同而发生身体变化,只是心理会发生变化。自然规率和社会规律不会让任何一个人永远处于同一个位置,或者同一趋势的走向,而总会向相反方向发展的,所以当你要从高处走下来的时候,小草心态会扶着你平稳着地,如果你的心态由于当初上行时不遗小草,那么下行后就不会有较大的心理倾斜而产生痛苦,仕途应像登高山旅游,上去时喜悦,下来后快乐。

人生难免有不如意时,只要"小草"不离身,什么艰难困苦、疾风暴雨,都对拥有小草心态的人没有办法,小草百折不挠的精神,演绎出一年又一年的,"野火烧不尽,春风吹又生。"的不灭襟怀。小草心态会帮助你挨过艰苦岁月,只要心中有"草"必然会芳草报春。

不管自己的人生之路走在顺境,还是走在逆境,都不要忘记我是一棵与众人平立的小草。

藤生心态完整的人,一般都有较强的上进心,敢于攀登高峰,甚至还会孕育出"青出于蓝,而胜于蓝。"的信心。这种心态的人有善于学习,热爱自然,勇于忘我,见贤思齐等优良性格,往往造就出道德家、发明家、科学家、思想家、教育家、政治家、军事家等尖端社会人才。

藤生心态另外还有一个特性是缠绵,缠绵一方面为攀升提供了稳固的保证,另一方面为人生提供粘合力和附着力。特别是在夫妻关系方面,藤生心态中的相互缠绵、相互凝聚的力量显得万分重要。

青年男女在热恋中,相互憧憬美好的未来,美好的婚姻家庭生活,有

的海誓山盟,有的海枯石烂,一但双双走进婚姻殿堂组成家庭,稳定的家庭生活让热恋急速降温,海誓山盟像投进情海中的一粒石子,泛起的涟漪渐渐平静下来。

许许多多的涟漪平静下来直至销声匿迹,情海中的石子在积累,而真正炼成金刚石的有几粒？家庭解体的有之,诅咒婚姻是爱情坟墓的有之,貌合神离的有之,真正潜下心来寻找自己过错者少之又少。

婚姻降低一点来谈,它是人类生息繁衍的社会形式,是异性间生理调平的私有巢穴,是维持生理平衡、身体健康的必要条件。

婚姻升华一点来谈,它是人类精神情操的试金石,一个人的所有品质与秉性都会在婚姻生活中充分的暴露出来,把一个人的优良品质和不良品质淋漓尽致地写在婚姻簿中。

缠绵心态是夫妻双方稳固婚姻、凝聚感情、融合心灵的保证,也是升华精神浓密情意的能量基础,诚望夫妻们一路相扶互助,以期得到精神的幸福升华。

灌木心态完整的人,一般比较宽容、大度,容纳性很强,在灌木心态中找不到个人利己主义的踪影,公共林立意识特别强烈,团队精神、集体主义思想常为灌木心态的外现,意识联合、力量联合是人类发展、社会进步的先决条件。一个国家、一个民族、一个企业、一个家庭,是否可以走向繁荣与发展,首先要看组成这个集体的自然人有没有完整的灌木心态。

灌木心态常运用于事业和家庭,每个人都应本着灌木心态从事自己的工作,对待自己的家庭。在工作中把自己当作广厦一木,努力完成自己份内工作,不要随意的越位去做工作界外之事,这样会被同僚们认为侵犯他人的权利范围,同时会给工作、事业、自身造成伤害。自己的能力无论有多大,只要自身所处的位置在广厦的椽木位,就应努力发挥椽木作用,如果处在檩木位置,就应努力发挥檩木作用,如果处在梁木位置,

就应努力发挥梁木作用。只有这样才能在事业上稳步发展,走出自己的人生之路。

在同一事业上大家各展身姿,共同营造事业辉煌,事业和生命本来就是相互依存的,你中有我,我中有你。大自然本来就给人类制造了一个共同的命运:根深叶茂,叶茂根深。同盛同衰,同强同弱。

在家庭生活中灌木心态是最重要的幸福支撑,家庭成员不论辈份的高低、劳动能力的强弱、工资收入的多少,都能共享平等待遇,所谓平等待遇,是指根据实际需求进行家庭合理调配,维护家庭和谐,在家庭生活中只有平等没有平均,家庭就是共资、共产、共享制度的缩影。哪里有共资、共产、共享、哪里就有祥和,幸福,快乐。

平等是维护家庭成员健康生存的基本保证,长辈因年老而衰,宜少劳而多助。晚辈因年幼而弱,宜多育而养。青年因年壮而强健,宜多劳而益。能者多劳这就是家庭、是爱的场所。

家庭中的分配原则与现时社会的分配原则恰恰相反,家庭中往往是多劳者少得,少劳者多得,这种相反的分配原则却给家庭带来了温馨与幸福。有人说这是血缘关系的作用,这种说法正误暂且不说,如果在家庭分配中改变一下分配原则,多劳者多得,少劳者少得,不劳者不得,这个家庭决不会因血缘关系而温馨与幸福。

所以谁的家庭能维护平等,谁的家庭就幸福和谐,谁的家庭人格地位和谐,幸福必然会光耀门庭。

乔木心态完整的人,一般都比较有主见,有独立工作能力,并且善于运用自身的才智和他人的特长,乔木心态是领导者必有的心态,如果一个人仅仅只有知识,而没有乔木心态作支撑,那么这个人的知识就只像一个有生命的书本,不能发挥强大的作用,就不是一个可以发挥应有作用的人才。

乔木心态具有领导风范,因其有一本散而为万殊,万殊归而为一本

的生性特征,就像一棵大树主干向上分出许多枝干而叶茂,大风吹来叶枝尽摇,随风摆动,唯主干直立不与风随。

一个人不管你拥有哪一方面的文才或武略,只要你能给自己培养出健壮的乔木心态,你的文才或武略都会加倍的发挥作用,使你发展成为一位成功人物。

乔木心态运用于生活更加普遍和重要。人生经常面对重大选择,如:事业的选择,人际关系的选择,婚姻的选择等。

当自己面对某一项新事物进行选择时,有来自内在思维的多条思路设想,有来自外在亲戚、朋友、同事的多条建议和设想,这时自己很容易被纵横交错复杂的思路和设想所困惑,使自己在众多设想中迷惑茫然,假如你已具备良好的乔木心态,这时你就会很清楚地透视每条设想的生命力,准确做出最佳选择。即使选择发生失误,也能独自承当起相应结果。

如果你确实还不能做出选择的话,不妨试试运用乔木心灵选择法,当你在诸多设想不能用思维做出判别时,不妨暂时关闭思维,排除思维干扰自问自心,这时心中只有一个设想或愿望出现,这个设想或愿望往往是自己的最佳选择(一定要记住这个方法)。如果心中仍出现二个或二个以上设想或愿望,那还是思维干扰的结果,不是心能的作用,心能只守一,不分二。人常说"一心一意"就是指心能一次只认定一事或一物。

思维与心能却相反,思维:常一分二、二分四、四分八……

当分到了极限,又反合回来:……八合四、四合二、二合一。

什么时候合到了极限再分,分到了极限再合,如此循环往复不止。

思维与物质运动规率同步,所以善变而多姿,令人扑捉而运动不息。如果人类要研究心理,必须先要明白这一道理,如果不明白心能与思维之间的关系、思维与物质之间的关系,那你永远都是门外汉。

对于人际关系的选择,婚姻嫁娶的选择都可以求助于乔木心态为自己把关,除非自己心理心态不健全,那只能依赖思维单方面的力量去选择人生之路,思维往往被外物所牵,又受文化的导引,如果你接受的文化教育使你的思维与自然规率相和谐,那么你的人生选择一般不会出大错,如果你的思维与自然规率相违背,那么你的人生选择多数不会正确。

所以,完善自己的心理心态是人一生中都应积极努力的生命核心,心理心态的健康与健美会给自身生命补充无尽幸福能量,其中的好处用笔是写不尽的,让我们携起手来健美身姿,健美心灵,品尝生命的幸福与人生的快乐。

第六讲　心理守恒论

人类自脱离原始生活方式以来，文明与文化也日臻完善，崎岖的社会发展道路给人类提供了提高文明、校正文化的动力基础，使人类在正确与错误之间不断地校正文化提高文明。把人类的发展从生活到身体，从身体到心理与现代信息化时代有机的结合起来，在物质化蓬勃发展的时代，人们的追求形成了一股强劲的社会趋势，在这种趋势的作用下，几乎每个人都在赶往争取物质富有的路途之中。

物质需求是每个人所必需的，追求物质也不应该受到过多的责备，但是把自己的毕生精力都瞄准在物质目标上，那就大错而特错，人生的全部幸福是在物质享受和精神享受之间，来回变化的过程中获取的。

在现实生活中，人们为获取物质利益而大力投资，人们绞尽脑汁，使精神纯粹成了竞逐物质利益的附庸。忽视了精神利益的获取。

所以，有许多腰缠万贯的大富翁，大富豪，当他们真正被物质淹没时，才会发现自己是一个精神乞丐。

相反，我们生活中也有一些人极端的追求精神，使自己沦为一个物质乞丐。单纯的物质富翁和精神富翁共同犯了一个极端思维错误，这种相同的两极分化思维是什么原因造成的？

原因很多，但是有一个最根本的原因——人类自身本能中存在的单向极端思维在发挥作用，在指导人们的思想。

人类的思维具有类似物理的特性，当一个物体向着一个方向运动时,假如没有阻力的话,这个物体会一直向前运动。人虽然是一个多变的自由体,可是人的思维活动受自然界各种规率的牵制,比如逆返规率的作用于自己的思维。可是自然界的逆返规率是有限度的,它不等发展到极端就已自动返回了。可怜人类不知就里,常常是人即悬崖尚不知勒马,头碰南墙还不知回头。

为了解决人性中的弱点,以免给自己、给家庭、给社会、给人类造成不良伤害,我们应该运用大自然赐给我们的"太极阴阳"法则,来校正自己的思维和行为,让社会、家庭、自己和全人类获益。

自然现象千变万化,生生不息的根本原因在于规率守恒。我们人类社会也在千变万化,能不能生生不息就要看人类的思维,思想,行为能不能遵守自然规率,心里意识和心里活动能不能顺应自然守恒定律。为了帮助人类做到心理守恒,在这里提供一种方法,供大家心灵自救,认真思考,细心学习,矫正行为,自我挽救。

❖ 一、心理天平

人自初生之日起就会吃会喝等,就有自我意识和自我本能,这不是自私而是自能,说大一点这是天性,说小一点这是本性,任何时候都不能把自私和自能混淆。也就是说自私和自我本能,是根本截然不同的两种性质,自能是一个自然人的独立特征和独立意识。

自私是一个人的思维,思想只为自己谋取利益。在谋取利益的时候从不顾及他人、集体、大家的利益,其思维,思想方式和特征在私心的作用下,只是单向的,极端的,只顾自己的利益,这是一种自私自利的意识形态,这种意识形态所表现出的偏极行为,我们可以认定为:"自私"。

小孩子的天性中只有自己,自我,没有自私。后来为什么产生了私心,这是由社会构造等,多方面因素造成的。由于小孩子不懂事,当自己饥饿时只知道食物可以吃,其它的社会分配等一概不知,他们并不知道

第六讲　心理守恒论

自己已经走进一个什么样的社会机制。小的时候衣来伸手,饭来张口。稍大一些有活动能力时,小孩饥饿时就像猴子一样,见了食物会拿起就吃,也不知道是自家的、人家的、商店的。这时所有的家长都会给孩子讲哪些东西是别人的,哪些东西是自家的,别人家的东西不能随便拿,也不能随便吃,小孩子在家长的教导下慢慢地懂得了物质是有归属的。这在大人和社会看来都是正确的。可是小孩子并不理解这是怎么回事,有时候还要被打一顿。

小孩子原本混沌的意识被"一分为二"了,小孩子每当有什么要求时,便努力分辨区分面前的东西是不是自家的东西,是自家的东西才拿着吃或拿着玩,是别人家的东西自己宁肯"忍饥挨饿"也不会去动一下,渐渐地形成了分属物品的习惯和意识,与此同时也把人际间亲密的感情随同分割物品一起给分割开了。

小孩子一天天在长大,物质归属意识一天天在加强,似乎人人都在为物质利益而奋斗,争取物质逐渐变成了人生的全部核心,人的思维渐渐地朝着物质利益的方向不停地走下去。我们地球人类就是这样一族只为自己,只为自我,最终发展到"自私"的社会道路上来了。

我们地球人类就是这样一代又一代的传递着,由上一代遗留下来的人生社会模式。由于资本,权利,智慧的参与,使原本朴素的和谐社会发生了物质和精神大倾斜。

向大自然索取物质是大自然赋予人类生存的能力和权力,大自然赋予人类生存的能力和权力本来是平等的,但是由于人类后天能力的发展,破坏了大自然原本平等的安排,使人类的思维环境、精神环境、意识环境遭到严重破坏甚至发生病变,由于这些内在的心里环境遭到长期的破坏,才导致了大自然生态环境的严重破坏,猛一看,人类的心里环境和自然环境是风马牛互不相及,其实其中有着千丝万缕的内在联系。

人类要想挽救自然环境,一方面要采取有效措施绿化山川,以治其标;另一方面要采取有效措施绿化心灵,以固其本。标本兼治是我们人类的唯一出路。

人类的病变心里是错误行为的核心,所谓病变心里是指精神、思维、意识活动失去平衡,失去健康,是一种反自然规率的心里活动。

每个人从小就受到单向极端意识的刺激,最终使自己成为单向极端思维者,什么是单向极端思维,它是指人的思维、精神、意识活动的方向和目标只朝着一个方向发展和运动。

如图所示。

用"〇"代表思维",用"——"代表思维方向

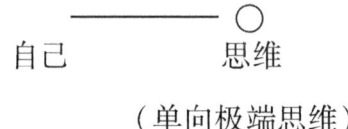

（单向极端思维）

每个人都有着自己的心里运动模式,而以单向极端发展者居多,尽管有时为掩盖自己的私心发展而常常示人以无私的自白,有时人们似乎也能意识到自私心里是不正确的,但是改变思维模式是一项十分艰巨的生命工程,一方面要依赖生活实践;另一方面要依赖理论指导。只有这样才能更正单项极端思维的漫延,才能减轻和消除对人类自身的伤害。

还有一些人辛辛苦苦任劳任怨,一生不知为个人谋利益,思维中只有他人的利益得失,这种人正是社会所崇尚的人、社会所需求的人,但是这种人由于各种原因只能得到社会的精神认可,却得不到社会的物质保护,而自己又没有重视自己,最终因物质不济而失去自己。尽管这种人很高尚,但其思维方式也属于单向极端思维,虽然其无私的思维方向与自私的思维方向相反,终因其违背了平衡也脱离了自然法则。

第六讲 心理守恒论

如图所示。

○────────
思维　　　　他人

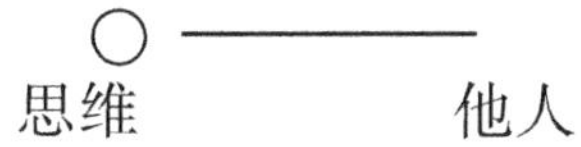

（单向极端思维）

从图面上一看就很清楚,这是与自我反向发展的思维模式,也属偏极现象。

人常说,善有善报,恶有恶报,但为什么世间常有许多利他者、行善者英年早逝?

有一些总是兢兢业业的劳动者,奉献者,常常得不到身心的保护。这也是一种失衡现象,解释这个谜团的关键在于对单向极端思维的认识上。单向极端思维是制造悲剧的原因,自然规率是不说话的审判者。

当我们今天发现了这些思维奥秘,懂得了思维平衡造福于人类,我们有什么理由不与大家分享呢,我们为什么还不尽快调整自己的思维方向呢,我们把原有的单向思维调整成双向思维,就像我们人人都有两只手一样,为什么我们只锻炼和保护其中的一只手,而不理睬另一只手。就像把一个西瓜切开将一半抱着走,把另一半扔掉一样愚蠢。

人类离不开物质追求和精神追求,物质追求是补充身体的需要,精神追求是补充心灵的需要。追求物质是向左方向的思维延伸,追求精神是向右方向的思维延伸。

只有同时双向发展自己,才会享受身心健康,才会蕴生出幸福的人生,自己在人生之路才不会跌跟头。在这里我要清楚地奉告大家,人生是升华生命的起点,而不是终点。

如果谁把人生当作生命的终极点而轻视,那是自己对宇宙认知的极

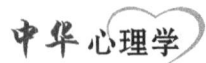

端错误。是自我毁灭的开始。

正确的心理应该是平衡的,当自己追求物质的时候同样要追求精神,当自己追求精神的时候同样要追求物质。当为自己谋求利益的时候,同样要为他人谋求利益,当为他人谋求利益的时候,同样要为自己谋求利益。这才是真正的"道"与"德"。

这是我们遵循自然法则的平衡心理公式,也是做人的基本原则,人生的幸福与痛苦取决于心理平衡与失衡,希望大家努力掌握自己平衡自己。

心理平衡图。

```
————————○————————
自己      思维      他人
```
（双向平衡思维）

❖ 二、心理坐标

人生在世有许多人虚度人生,似乎心中没有纲纪,要么己随人,要么人随己,糊糊涂涂渡过人生,这是不正确的人生观。人生始终被一种力量所操纵,这种力量有时把人生推向一个又一个高潮,有时把人生拥向一个又一个低谷。被推向高潮时兴奋、愉悦、欢乐,被拥入低谷时悲观、痛苦、失望,我们自己不能自主,一直是个被动者。这种力量就是自然界的周期率在与我们人类开玩笑。

怎样才能使自己成为一个主动者,首先要搞清楚是什么力量在操纵着我们,操纵着我们的这股力量,原来是自然界中的周期率在按照自身的规率做运动,当它行至高处我们似乎被推高,当它行至低处我们似乎被推低。我们似乎全然没有能力改变它,但我们却有能力改变自己,也只有通过改变自己,人类才能平衡稳步发展。

第六讲 心理守恒论

当自然规率把人类社会推向高潮时,如当今的高科技时代,我们人类应该慎之又慎的掌握好这个时代,否则的话自然规率会把人类再次抛弃,把人类抛入生存底谷。

世界沙漠不是正在现代化工业的掩护下,悄悄地向着我们推进,尽管它还不能直接吞食掉人类现在丰盛的物质待遇。但是我们人类的子孙会不会送进它的咽喉,这是谁也不敢断定的,我们的子孙是我们自己生命的延伸,他们的痛苦会折射到自己的灵魂深处,在自然率的约束下一个人也别想逃脱。

我觉得我们人类还是应该老老实实做人,恭恭敬敬地对待自然规率,把自然规率的威严永远竖立在心中,把自然率的上行用天来表示,把自然率的下行用地来表示。

所以用天地代表自然规律给我们定出一个心理坐标是非常重要的,我们每个人都应有这样一个心理坐标意识。

心理坐标图。

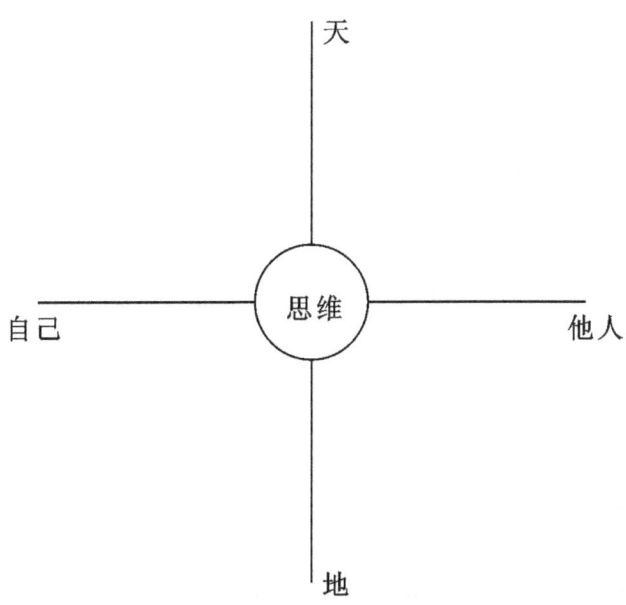

当一个人心里有了自然意识的时候,体内会产生一种浩然正气,这种浩然之气能给自己生命补充元气,可以健康自己的身体,可以增加自己的能力,可以校正自己的心理,可以为人类维护大自然。

❖ 三、心理阳光

生活在人世间的每一个人,都有自己的父母和子孙,这是人类繁衍发展的自然规率,也是每个人应该妥善面对的人生大事。无论从血脉和感情上对待父母和子女都应该是以平等待之,但是人们在单向极端思维的驱使下,有些人偏向于重视子女,对子女提出的要求无论合理还是不合理都会尽自己最大的努力去做,把自己的亲情全部倾注到子女身上,这是人类最容易犯的一个极大错误。

甚至有的人把子女当成另一个我,倾注极大的物力投资、极大的感情投资、极大的文化投资等,想在子女上挽回自己的梦想,特别是独生子女这一代的父母,父母二人都想把自己不成功的人生,在自己的独生子女身上得到挽回。

因此,望子成龙者层出不穷,他们画家梦破灭的给孩子背上画板,音乐家梦破灭的给孩子背上乐器,科学家梦破灭的给孩子戴上高度近视镜,如此等等,等等。

全然不顾孩子的身体承受能力和精神承受能力,他们把孩子当作自己的附属品,而没有把孩子当做一个自然独立的人,也从不尊重孩子的人格,尽管孩子还很小,但是他们有与成年人平等的人生自主权。

有的孩子天生喜欢音乐,家长送给一种乐器是比较正确的,有的孩子根本不喜欢音乐,家长硬塞给一个乐器,这时孩子一次要背两个包袱:一个是物质包袱;一个是精神包袱。物质包袱有时背有时还不背,孩子还有个喘息的时候,可恶的是精神包袱就一直压在孩子心上,父母总算把自己多年来一直压在心里的包袱找到了"替罪羊",一下子给甩出去

了。甩给了自己的孩子。

从表面上看父母是多么喜欢自己的子女,两人把自己的全部精力无私的奉献给子女,这是人世间多么伟大的母爱与父爱。岂不知这里包藏了多大的自私与可悲,孩子一个人要扛着另一个人甚至是两个人的破灭梦,走在自己的人生道路上,还要说这个孩子幸福极了。

在现实生活中确实有许多人只关注子女,而不关注父母。无论是从经济、感情、时间都倾注在子女身上,对父母打过门、走过场、意思一下就行了,全然暴露出单向极端思维在生活中对父母感情的极度轻视,这样一方面伤害了父母的养育恩情,另一方面伤害了自己的品德修养,对自己从人品到心神都有极大的腐蚀作用。偏激地关注孩子那是表面现象,如果经过仔细推敲就会发现,实际上还是在偏激的关注自己,孩子只是自己的另外一个躯壳而已。

有一些人却相反,他们特别注重父母的养育恩情,把精力物力重点投入到报达父母恩情上,而把自己的子女看的很淡,给子女各方面的投入较少,这也是不对的,是另一方面的极端错误,子女尚小他们需要父母的关心与照顾,他们需要感情浇灌和心理培育,不只是吃饱穿暖就可以了,他们除了身体成长之外,还需要心灵成长。

作为自己一定要努力克服偏极思维的束缚,一生都要关照好上中下,上是父母;中是自己;下是子女。根据轻重缓急合理调整,只求平等不求平均,比如父母身体不好需要多加照顾,子女急需时及时呵护,自己需要时多多保重。

总之,在自己的意识中要有父母和子女的双重意识,只要你心中有了双向思维意识,一切生活问题都会经过权衡之后得出正确答案。

如图所示。

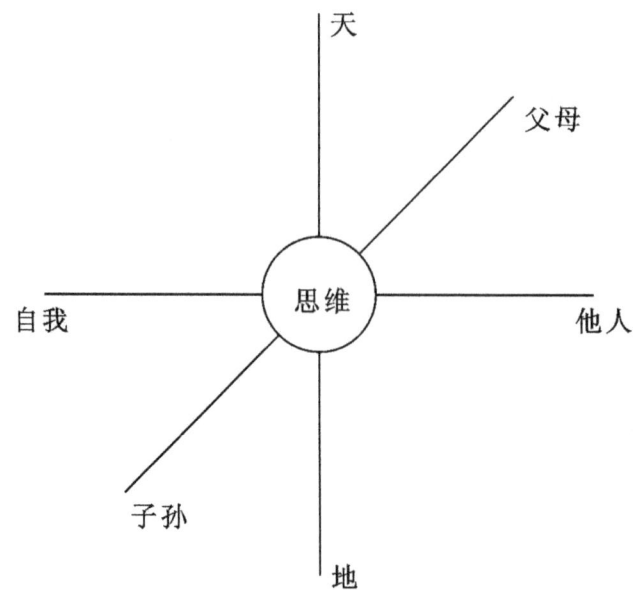

再来谈谈家庭与社会,家庭与社会是人类生息活动的重要场所,也是矛盾交织、重叠、激化、反复的生发地,处理好家庭关系和社会关系是人生一件重大要素。有许多人在家处理不好家庭关系,在社会处理不好社会关系,还有一些人处理不好家庭与社会之间的关系。这里重点讲解家庭与社会之间的内在联系。

由于自私心理形成了一种顽固的病态偏激意识。社会中有许多人只倾心关注自己的家庭,而不用平等的方式去关注社会。

家庭与社会是同命同根的整体,家庭是社会的缩小形式,社会是家庭的放大形式,关注家庭爱护家庭是我们应该做到的社会责任,关注社会爱护社会是我们应该做到的家庭责任。

社会与家庭是一个不可分割的整体,家庭是社会的内涵,社会是家庭的外延,自然法则永远都不会改变其同增同减的客观规率。

也有一些人只关注社会而不关注家庭,只在自己的事业中发挥个人专长,甚至心里已经没有家庭观念,最终导致后院起火,造成自己与家庭不必要的双重伤害,有时会严重到了伤害社会的地步。自己还觉得自己很委屈,为了搞事业投入了全部精力最终落了个浑身的不是,无论我们做什么事情都不要忘了阴阳规率。

客观的讲这种行为本身就是偏极心理在社会中的表现,如果人人都把全部精力投到事业中去,放弃家庭不管,那么还不如把社会和家庭交给机器人,人类自动退出生存舞台。

人类的偏极单向思维意识,把自己经常引入歧途,这是十分危险的,所以我们应该经常校正自己的思路,经常反省自己,经常把自己的思路向相反方向引导,尽管心里一时半刻还不易接受,但慢慢地就会接受,让自己的心理向着平衡方向发展,向着理性方向发展,并与大自然的规率同步,完成光辉心灵的人生使命。

当自己面对人生所有事物时,都能理性地从相反的两个方面去思考,去维护,去发展,那么你的精神、心灵就会象太阳一样放射光芒,智慧的光环就会出现在你的生命之中。

如图所示:心理阳光图。

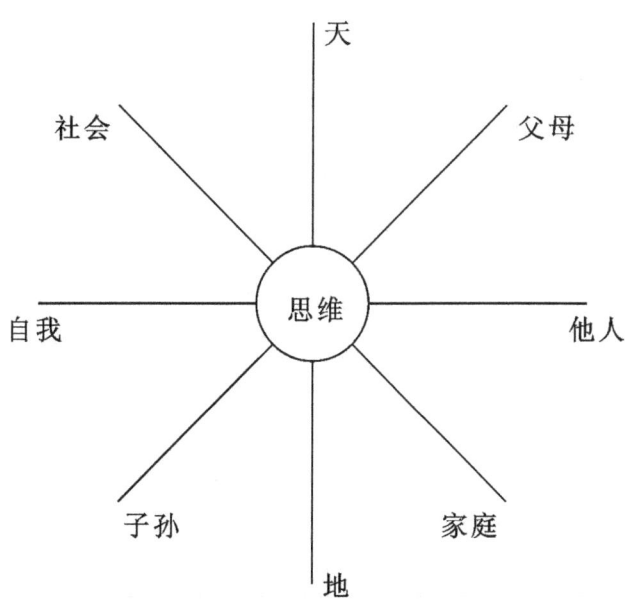

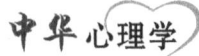

第七讲　心理养生法

人体由五大脏器互相配合,各司其职协调运作而健康发展,这五大脏器分别由肝脏、心脏、脾脏、肺脏、肾脏来主管生理功能和心理功能,在五大脏器之中各自都有自身独特的司命功能,因此,每个脏器都隐藏着自身护命法宝,五脏之间谁也离不开谁。所以,古人常把五脏称为:"五藏",这种称法有其深刻的涵义。

❖ 一、肝脏

在中华医学中肝脏的生理功能为:藏血、主筋、主疏泄、开窍于目,以树木为其形,以春天为其象。

肝脏是人体的血库,当人运动时它把净化后的血液输出供人体活动时使用,当人体睡眠时它把血液回收,利用人体休眠时间对血液进行净化,消除和化解血液中不利于营养身体的成份,以保证人体的正常需要,肝脏就像树木一样,一方面吸收浊气(二氧化碳),一方面释放氧气。

肝脏还主管身体中的韧带,就是具有弹力的筋,筋的伸展与收缩、摆动与弯曲主要是由肝脏柔韧功能作用的,如果肝脏失养就有可能引起抽筋现象或缩筋现象(如:宗筋回缩)。

肝脏主疏泄,指的是它有疏通生理机能的作用,像人体中各个循环系统的畅通无阻,即呼吸系统、消化系统、血液系统、神经系统、信息系统等它们的畅通运作都依赖肝脏的调配。

第七讲　心理养生法

肝脏忠于职守不停运作,难道肝脏就没有什么能量需求和补充吗？有的,它一方面需要物质补充,另一方面需要精神补充。物质补充可以通过饮食和呼吸来完成,精神补充是怎样一回事,又是用什么方法来完成的。

五脏各自都有自己的信息功能,因其类似于无线电波,发之则有,收之则无,隐匿性极强,属于各脏的精华部分。因其收发无定,所以把五脏的一种特殊需求借用"精神"一词给予命名。

肝脏深藏着的护身法宝其本质是什么暂时不予讨论,但是它的表现形式作为每一个人都应该掌握,肝脏可以蕴生一种可以表达自身意愿的信息来,这种信息是一种特殊的生物能量。当肝脏舒畅时,它发射出的信息能就是"情"。

情,是由真炁构成的一种物质。

因为肝脏开窍于目,所以,它的发射窗口常常是通过眼睛表达的。情既是自身肝脏能量的外输物,又是外身肝脏能量的内收物,这是人身自体与外体或外物能量交易循环的特殊功能,肝脏经常需要把自身内藏的特殊能量与外物或外体的内藏能量交易循环,以保持肝脏旺盛的生理功能。

所以,善于养生的人经常观赏花草树木、鱼虫鸟禽,这些有生命的动物和植物都可以成为肝脏发泄,调剂,吸收,情能的良好对象,在日常生活中人与人之间,时刻存在着这种能量的交易与循环,特别是外向性格的人受益颇丰。外向性格的人,从身体到气质都优于内向性格的人,其原因就在这里。

情,作为一种能量在生命与生命之间传递、润泽、互补,给自然界增添了美丽春姿,在生命与生命之间架起彩桥,为自然增添丰姿神韵,为人类和谐起着十分重要的纽带作用。

当肝脏的舒畅状态被破坏时,它会发出一种不良的信息,这种信息一般都是带着信息病毒的,一方面毒害自身,另一方面毒害他人,其发出的信息病毒表现为"怒"。故而中医有"怒伤肝"之说,前人只发现了情绪

伤人,却没有发现情绪养人。

在心理学方面,情不仅仅是人体的现象,更重要的是把这种能量用来调剂人体脏腑的平衡与需求,以确保身体的健美与健康,合理的运用与保养情能,是摆在每个人面前的新课题。

现实生活中能够正常运用情能的人不多,主要是没有这方面的文化引导,所以造成一些生活中的不协调。

情能就像水一样是需要流动的,有时如泉涌,有时如溪水,有时如河流,有时如海洋,有时如瀑布,有时如浪潮,不同的环境、不同的情绪、不同的对象,运用不同的方式交易情能。

面对花草蜂蝶之类,常用情感如泉似溪,这种情感也多用于婴幼童孩。花草蜂蝶香色宜人,自然春色,如粉如饰,真情舒畅,鸟语花香。情动如水,似溪涓涓,肝得情以自如舒展,丰姿如华。肝喜条达顺畅,常以泉溪之情滋养,柔其姿,韧其质,华其颜。

人常不知此理,见花草不知施情,见婴幼无动于衷,自己俨然自傲像一块会运动的石头,岂不知这是你肝脏信息功能不健全的征兆。有肝脏无肝藏,有肝无宝行尸走肉,这就是心理不健全的症候之一。

逢久别至友,情如河流。入熙攘之人群,情动如海洋。乐善助人,情动如瀑布。夫妻入室,情动如浪潮等。

情,因情况不同而运用流动的方法也不同,相互不能错用,如果错用了会浪费能量,得不到预期的效果。比如你见了一个可爱的孩子,上前去逗他玩,正常的情感把握应该是涌泉流动,如此小孩就会和你逗乐玩耍,如果你错用河流情感,一来小孩没有同样的情感付出,自己没有得到相对应的情感回流,二来小孩会被你过分热情吓跑。

又如当你乐善助人时,常用瀑布情怀,所谓瀑布情怀,是指能量施出不求物质交易,也就是说不求物质回报,所以这种能量流动就像瀑布泻下有节有度,就像瀑布泻下可以尺寸度之,不似河流远远流长

无以度量。

特别是夫妻入室用情不可错乱,否则会影响夫妻感情质量,这是维系夫妻关系的重要纽带之一,唯独夫妻入室可以一次全部连贯交流分享情能。平时人的交往所用情能,或涌泉或溪流或河流等,每次只用一种有利有节,使人得到正常平缓的情绪滋养,但是长期的平缓流动也会使感情"缺氧",所以情动之中就具备了浪潮和瀑布情怀,来为情能加氧,以增加情氧来维持平时情流的清澈舒畅。有阶段的使用浪潮情和瀑布情,可以给情能增氧,这一点很重要。

特别是浪潮式情交流,专用于夫妻入室做爱时才能运用的一种交流方式,平时人的礼貌有节,难免有时让感情受到压抑而呆滞,夫妻通过特殊的交流活动,同时也调动了浪潮式情交流,汹涌的浪潮刷新了礼貌的内涵,身心健康需要小溪也需要波涛。

夫妻入室做爱,心交流、情交流、性交流三交合一同时运动,其交流顺序依次为:泉涌——溪流——河流——浪潮——瀑布——海洋。此时之情是调动异性生理相求之情,与平时的情交流有着质的区别。

平时夫妻交流应以友谊之情为主,应该有礼有节有度,常以溪流之情为准则,溪流清澈透亮见底,夫妻情往如溪水流动,夫妻情谊绵长全赖涓涓溪流多姿咏唱。

浪潮式情交流有时也可在国际足球比赛中见到。且看,一脚射门成功!球迷们群情激昂、手舞足蹈、高声呼喊、旁若无人地发狂与发泄情绪,真像汹涌澎湃的浪潮一浪高过一浪……

二、心脏

心脏为五脏中最主要的器官,它是人体生命活动的动力中心,心脏自身跳动的动力能量来自何处,对人类一直是个谜团,故而才有"心藏神"之说,这里的神是指精神和动力能量。

神有伸展的意思，人心属火，火源于日，太阳在天空放射光芒，光芒是太阳的物质延伸，人体似小天地，心是太阳在人体中的代表，故而心似人体中的太阳。心和太阳一样也会有物质延伸，我们常常说的精神就是心阳在体内放射的一种光芒，并通过行为体现出来。心中虽然没有忆思维，但却存在着"悟思维"，古人的一切谜团留给后人，期待后人揭开谜底。

研究心理如果揭示不了心的奥秘，一切都是空谈，如果我们不付出心血，来仔细研究探索这个问题，恐怕这个万古之谜就很难揭示出来。心太奥妙了，太抽象了，又太具体了，心脏，心藏，心灵，心神同居一处，单用现代科学技术恐怕永远也解不开这万古之谜！！

祖国医学认为：心主血脉，藏神，开窍于舌，以火为其形，以夏天为其象。

心为人身之君，主周身内外之事：内以指令脏腑谐调运作；外以指令大脑思维分析。

心脏有主血脉之职能，血液是营养周身的重要载体，心脏把增过氧的血液从动脉输出送及周身脏腑，把耗过氧的血液从静脉输入进行增氧，然后再从动脉输出。如果心脏失养一方面会精神萎靡；另一方面会供血无力，而影响全身脏腑器官的旺盛运作，失掉健康的体魄。

心脏的营养与保护尤为重要，生理营养与心理营养分担着心脏的健康，这里重点谈心理营养，心脏与其他各脏器不太一样。

因为心脏本身在不停地跳动，自然率的动中寓静，静中寓动，动静互依，动静互使的规律造就了心脏需要静能来促使动能不息。

所以心脏需要清静不宜骚扰，人在生活中时常发生矛盾而发生伤害现象，这些伤害现象时常先由肝脏承受化解，之后由脾脏、肺脏、肾脏等承受化解抵御。当外来信息伤害的压力过强时才会突破各脏腑中的某些防线而袭击心脏。

第七讲　心理养生法

如果心脏承受功能很强就可以承受外来信息伤害，同时会调动各脏腑的能力进行抗击。

前面讲的乔木心态培育及小草心态培育，就是通过心理培养增加心能抗击能力、心理承受能力的化解能力。

如果心脏功能较弱，当外来信息袭击心脏时，心脏没有承受能力，只能给心脏造成心理压力。

如果伤害再继续，压力就会再增加，这样就会给人造成心理障碍，使人的精神、意识、思维发生病变，一方面会转化成生理病变；另一方面会转化成行为病变。原来这个人是个好人，现在就有可能变成个坏人；原来这个人很珍爱自己和他人，现在很有可能去伤害自己和他人。所以我们每个人都应谨慎自己的言行，不要随意伤害周围的人。

心脏虽喜清静，但是其中也藏有至秘法宝，这个法宝也是以信息波的方式对外交流，心虽开窍于舌，可是心属君火，在天为日，在人为心，心宝能以独有的方式表达意愿，心可以从人身的各个部位和多种方式放射人生至宝——爱。

爱，是生命中至尊至贵的能量，它可以内养自心，外养他心，有时爱能来自大自然，通过人心施展予人，爱能的求取密码——施。

爱能常以多种方式在人世间传播，有单施方式，有互施方式，有施众方式，有定施方式等。

单施方式：自己单方面发自内心的爱他人，不一定是张三，也不一定是李四；不一定是老人，也不一定是小孩；不一定是男人，也不一定是女人；不一定是花草，也不一定是彩蝶；不一定是美，也不一定是丑。

互施方式：来而不往非礼也，如果发现有人给自己施爱，千万别忘了以内心响应回报，不是非要给一个什么物质才能做到，关键是心中回应，别忘了心中回应时自己的内心会产生优良能量，它能濡养自己的心脏和身体，如果此时你用个什么物质表示一下自己的心意效果会更好。

众施方式:发自内心的爱众人,这比较难一些,一大群人我一下子爱的过来吗?你可以把众人看成一个人去爱,只要自己心里有爱就行,也可以带着爱心很愉快的去做一些公益事业,有付出必然有得到。

定施方式:有定向的爱多数是指自己的配偶,自己的配偶不是自己的附属品,而是自己生命的另一半,谁让你是个男人,生命不完全,谁让你是个女人,生命不完整,不给配偶易爱,你其他所有的爱就没有神,没有活力。

爱能的施与受要有节奏与节制,所谓节奏施爱要根据自身的频率有起伏、有节拍,爱能从内心发出时,有时似闪烁,有时似流淌,有时似喷放。

闪烁爱,在心中爱能一忽闪、一忽闪地放射,以均匀为佳,爱能闪出之后一部分送入自然空间,又通过空间传入你发射对象的身体;另一部分被心脏自身吸收注入动脉血液营养周身。所以当自己爱人时就觉得无比的幸福与快乐,当接受到他人给予的爱能时,自己也能感觉到快乐与幸福,这时自己和他人的心脏同时获得能量与补充,闪烁爱不论在良好环境或不良环境都能释放。

流淌爱,让爱能像一股清泉从心中涓涓流出,也就是说让爱能自然的流淌,既不催其快,也不抑其慢,快慢起伏纯任心藏自然掌握,不要让大脑干扰心藏,让心灵得到充分的荡涤与荡漾。流淌爱只能在宽畅、缓和、舒适的环境中释放。

喷放爱,喷放爱是心脏自发的一次自身体育运动。大家都知道心脏天生就是一个运动专家,我们若想让心脏加强自身的运动,常用跑步等方法使心跳加快,但由于自己很难掌握尺度,有时跑步过度反而伤害了心脏。

所以当你选择跑步锻炼时首先检查自己的心脏是否健康,心跳频率是否正常,心跳速度是否正常,要对自己负责任。(顺便提醒一句,如果

第七讲 心理养生法

你的心脏不健壮,学校让你跑步,无论如何也不能听他们的。)

喷放爱是心脏自健运动的一种本能,它既能大量的释放爱能,又能增强心肌的活力,一举两得来增加身心健康。

喷放爱能多产生于夫妻入室做爱之时,这种爱能常把夫妻二人融合如一,也可称之为:"圣爱"。

当夫妻间每次喷放爱能之后,暂时封闭心灵既不能闪烁爱,也不能流淌爱,更不能喷放爱。要保持愉快的生理感觉和心理感觉,逐渐的以平心悦之,以静心处之,原因是因爱能在夫妻做爱时大量的释放和涌入,心脏此时需要调剂,心脏由于爱能交换达到了满足,夫妻双方的精神满足了,但是心脏自身却需要静养,需要休息,需要把对方送来的爱能吸收转化,然后,再疏布周身营养身体,这是育爱、养爱、用爱的重要方法。(切不可轻视)

有许多人只享爱、用爱,并不养爱、育爱,最终使自己心中无爱,没有爱的人生枯燥无味,没有心中的欢乐与快乐。有许多人采取寻求物质刺激的方法,期望得到爱能补偿使自己产生快乐,所以大量的挣钱,大量的购物。其结果只能是饮鸩止渴,这是一种悲惨的人生观,也是一种愚昧的心理误区。

爱是心能健康的重要物质,养护爱能是养护心脏的重要方法,我们千万不敢忽视这一点。

恨是爱的病变结果,由于人际关系处理不得当,在人际之间有意识或无意识地相互伤害,这样可以产生恨,就是自己与自己也时常发生自我伤害,较为普遍的是心理与生理之间的相互伤害,病变时可以产生恨能,有的自恨比较明显,有的自恨比较深沉,属于精神的病变意识现象。

在社会交往中还有一种奇怪的恨,那就是羡慕……忌妒……恨。羡慕本来是一正常的反应。在羡慕的作用下,可以激发自己的"见贤思齐"的良好愿望,这是正常健康的心里。但是有些人由于病变意识的作用,

发生了"见贤生妒"继而生恨。恨生,必表于行。所以,就会作一些伤害贤良的坏事,甚至是恶毒事件来。

总之,恨的产生对自己伤害是莫大的,因为恨是一种心灵毒素。恨,所付出的代价是,可以使原本快乐的生命力渐渐削弱,是用幸福兑换痛苦的过程。

恨!!

是一种无形的巨毒,对心脏,心灵,心神的伤害是最直接的,它的毒素也可以伤害到身体的任何一个地方。有许多人身上生出瘤子,就是由恨这种无形的意识毒素所凝结的。

所以,人们自己应该经常保持爱心,防止恨心的产生,至少也应该做到虽无爱也无恨的平常心。

"恨"的消除方法是:

1. 发泄

为什么在西方的一些企业里,专门塑造了企业老板和管理人员的橡胶塑像,专供受了气的员工棒打老板塑像,使其怨恨之气发泄出来。以保护员工的身体健康,同时也保护了老板的人身安全。

发泄的最佳时机是适时发泄,也就是说当你受到委屈、伤害的当时进行发泄,是最有效的发泄。发泄不宜延缓时日。否则,就会产生发泄强迫症。一旦产生了发泄强迫症,你的发泄欲望就没有尽头,永远也发泄不完了。

2. 针灸

针灸,可以治疗身体疾病,亦可以治疗心灵疾病,在《黄帝内经·素问》中有"刺痛论",用来指导治疗心灵疾病,最有效的方法是通过"穴位"的刺激,使疼痛信号传递到心灵,使心神自醒,以退身(神)中"鬼"(恨)气。此为:"罚君之法"。可刺心经,内关。肝经,三阴交。可浅刺

冲、督、任三脉相会之百会、会阴穴等。灵有疾,罚君(心)。身有疾,罚臣(官)*。

3. 心灵抚慰

通过某种文化形式或者健康的宗教形式,都可以使"恨"能量逐渐消失。

例如,经常吟唱:"南无观世音菩萨"可以使人心灵中的"恨"与"痛苦"得到抚平。

悲是心脏的克星,心逢慈则生,逢悲则死。慈是仁爱滋润之意,古文常将非、匪这二字通假。例如,医家常将珍藏医技、秘方谨慎传人,并告诫后人"匪人莫传",这里用"匪"字不是指"匪盗",而是指"非人"。

什么是非人,古人把品德不高尚的人,常伤害他人的人叫做:"非人"。后来人们错误的领会了古人的传意,而把非人的含义加入了门外人、无血亲关系的人。悲是一种不良的心里能量,是一种伤害心脏的主要因素,悲由"非"、"心"组成,亦见字知意。

心逢悲则死,这是指心里的某种良好心理环境的消失,有时悲伤过度也可导致心功能休克和心脏死亡,短期生悲伤害心里,伤害心信息系统,长期生悲伤害心脏。

什么时候生悲,人生分离时生悲,先析字寻意,悲字上边的非字,左边三横和右边三横被中间两竖左右断开,这是天地人三才离决之象,是伤害天、地、人三才的字型。

如果三横相连而不被断开,在中间上下出头立一长竖,就是一个丰字,丰字只将三才通透而不断离,这是吉祥的象征。

在此顺便给太极拳同道指一条入门之径,太极拳的秘旨就藏在太极

---

* 注:中医把心、肝、脾、肺、肾、心包,小肠、胆、胃、大肠、膀胱、三焦这十二个脏器合称:"十二官"。

拳传人张三丰的名讳之中。观多数练太极拳的人,其拳架少有得丰字者。

言归正传,悲能是伤害身心的极大因素,那么我们首先应该知道,在什么情况下会产生悲伤心里。一般在丢失心爱之物容易产生悲伤心里,离开心爱的有感情的生活环境容易产生悲伤心里,离开亲人容易产生悲伤心里,这些悲伤只要精心抚慰比较容易避免和康复。

有些对人打击较大的悲伤不太容易修复,如婚姻解体,在中国有许多人迫于无奈,解散了自己心爱的家庭,分割了曾经融合如一的恩爱夫妻共同拥有的完美心灵。再有就是亲人别世等。

亲情意识过份偏重,一但人生不测就会发生感情失托,而产生极度悲伤的心里反应,若遇到这类的感情打击后,有时会产生悲观厌世的不良心态,有许多人会因此而"心死"。正常的心能一片空白,使人变得麻木不仁,如同行尸走肉。

这是心灵比较严重的疾病,也可称之为"心里麻木症"。尽管如此,我们还是应该积极主动地寻医找药自己救治自己。使自己身心恢复健康,坚决不能白白浪费以后的可贵人生。

❖ 三、脾脏

中医学认为:"脾脏主运化,主肌肉,统血,开窍于口。"以土为其形,以长夏及四时为其象。

长夏,指夏季的后十八天,四时指春、夏、秋、冬四季的后十八天,四个十八天加在一起是七十二天,与四季相对应,五脏中的其余四脏各自相让十八天,每季九十天各季都让出十八天为脾脏兴时。

这样平均下来五脏各旺七十二天,其中有时多余一点,有时缺少一点,都以盈余和不足对待,这也是自然界的不足之处,有一句话叫做:"天地尚有不足,何况于人乎,"这句话的出处也是由此引伸而来。

第七讲 心理养生法

这些东方文化已经很少有人问津了,在这里提起是为了给大家表明,脾脏功能的特殊性,脾脏以长夏为其主令,以春、秋、冬三季后十八天为副令,所以中医学中有"脾旺四时"之说。

这说明脾脏在身体健康中占有重要位置,是其他四脏所不具备的生理特性。人体的后天健康全赖脾土的健康。

脾主运化,是指饮食运化,吸收消化,摄取精华,排出杂质的功能。脾脏主管食物的纳入,通过胃的消化,然后进入小肠吸收养份,再进入大肠最后排出。人体的有形物质养分主要从饮食中摄取,这些摄取营养的能力,是由以脾脏功能为主要作用的结果。

脾主肌肉,脾脏功能健康旺盛,则肌肉丰满健壮,形体的丰满、健壮依赖脾脏功能的旺盛。反之,脾脏功能受到伤害则易肌肉秕薄,更无美体而言,同时对身体器官的保护作用也会大大降低。

脾统血,脾脏有一种统摄血液流动于脉管之中的功能。血液安行于脉管之中是得其道而行之,脾脏积极配合心脏和肝脏对血液进行合理化管理,血管的韧性依赖肝脏,血管的强度与厚度依赖于脾脏,这是脏器间默契配合的结果,是天工巧造。

脾开窍于口,脾脏的门户是口,脾欲食则口动,口是表达脾脏意识的主窍,其余九窍属脾脏辅管,这九窍是眼二窍,耳二窍,鼻二窍,生殖一窍,尿道一窍,肛门一窍,一共是九窍,加上口总共是十窍。这十窍的正常运作都需要脾脏的正常运作与合作。唯独脐窍永闭不属脾脏直辖,假如脐生疾,亦应责之脾脏,统摄失职。

脾脏亦藏护身法宝,谓之"欲",脾常以欲能来表达意愿,欲是脾脏发出的信息,是调整自身收支平衡的动能,也是受命其他四脏收支能量的动力表达,如:目欲视,眼睛得到脾脏欲能的配合,视觉才会发生作用,耳欲听,耳得到脾脏欲能的配合,听觉才能发生作用。

欲能,在生理方面有着重要的作用,无论任何人都应拥有健康的欲能,这样生命才会及时发出信息,反应出各脏腑间的生理需求和愿望,促使自己满足愿望以调平生理机能。

例如,体内食物不足了则生食欲,水分不足了则生饮欲,生理能量不足了则生性欲,坐的久了则生行欲,动的久了则生静欲,睡的久了则生醒欲等,欲能是维护身体健康的至珍宝藏。

有些人因生活中犯了错误,不细究其源,不找其根而尽责其欲,常常责打肌肉而痛其脾,脾痛则发其声而为哭,脾之屈辱千载之冤,心机不良,人不责心,反而伐脾。思维有过失不责其肾,束其巧,正其脑,亦杖肌伐脾。这真是张三犯错惩罚李四,错误得不到纠正反而会漫延扩大。

人如果用情不当,造成不良效果,那是肝能失衡的原因,而不是欲能的单独责任,肝能需要交流循环这是前题,欲能提供意动力,使肝能得以舒畅交流。

情动太过,责之于肝。爱动太过,责之于心。欲动太过,责之于脾。悦动太过,责之于肺。性动太过,责之于肾。

情动太过,是指在人际交往中都会产生情分交流,多数人都能适中的把握,有时候也会用情太过分,有时候也会用情太少。要么丝情没有,要么尽情而抛。也就是说从一个极端走向另一个极端,这是心理自控自调能力薄弱,也可称之为:"失情症"。

人的情、爱、欲、悦、性,这五藏之宝,偶尔有偏颇是可以的,把自己的全部感情用十等份来表示,与人际交往少则三分感情,多则七分感情,相互交流,相互融合。至少应留三分不可轻用,留此三分作为"情种",就像农民每年丰收的粮食不能全部吃掉,必须留一部分作为"粮种",这样才能永恒不灭。

人与人交往常发生只有情往,没有情来的单向交往,时间长了会对自身造成情空虚和情伤害,如果自己连一分情都没有给自己留下,那是很危险的。

第七讲 心理养生法

特别是恋情中的少男少女,常常把自己的全部情怀抛向对方,这种纯真可以理解,这种境界或许也很高尚。但是这种行为违反了自然法则,是很危险的,如果是双方真情互抛到也幸在其中。

少男少女们应牢牢记住,恋爱过程是选则过程,不是婚姻过程,可变性极强。一但自己抛出全情而被落选时,想再收回感情那就十分困难了。自己的全部纯情一旦被自己全部抛出而落空,所谓的"落空",是指没有得到对方的纯情回报,这时首先就会自伤"肝宝",这种打击十个人有九个人都承受不了,切记。

既便是美满夫妻,平时生活中感情相投最多不能超过七分,最少不能低于一分。唯有夫妻入室做爱时才能相互全部投入纯情,尽情对抛,一点不剩,一点不余,干干净净,真诚相投,这样可以满足人体的易情需求和肝能滋润。之后缓缓收情,夫妻真情绵绵若存,此是以情养情之法(这一点很重要)。

夫妻之情若想天长地久,就应将情在做爱中合理运用,有投有收。有投无收者,日久则情竭;有收无投者,日久则情断,这样就会影响夫妻关系。

本节谈脾脏功能怎么又扯出情来,这是为了说明脾脏生欲只是有"助动"功能,脾欲有助动情、动爱、动悦、动性、动思维等助动功能。这里只举例以动情为主体,情动欲使才能交流。情交流必然要在欲能的促使和配合下才能完成,其余的爱、悦、性皆同此理,不一个一个的叙述。

欲能还是配合人生前进的动力,有些人追求文化知识的动力不足,所以才不好好学习,在生活中经常发现有的小孩子非常聪明,但是就是不爱学习,这个时候就有可能是求知的"欲能"不足。

现今社会竞争行为一天天加剧,竞争求生存是时代甩给我们的唯一生存之路,不管自己选择哪一个职业,都离不开充足的欲能给予支持,欲能是事业的动力,任何事业一旦没有动力能量,都会自动衰竭。

养欲对生命及事业极为重要,决不能忽视对欲能的培植,更不能忽视对欲能的合理运用。设想:当一位学子拿到了学位证书,憧憬自己美好的未来,有理想,有报负。如果他的成功欲不足,动力就不足,这样使他攀登到理想目标的行为就打了折扣,一但遇到阻力就会停止不前。没有足够的欲望做支持,就不会有克服重重阻力奋勇前进的动力,那么,理想就会变成空想,空想就会变成不想,所有前面的辛勤付出将付诸东流。

生理之欲不可纵,生存之欲不可禁。

养欲之道,在于不纵而尽其得。也就是说自己没有人为的增加欲望使之超过正常的生理需求,应该尽最大的能力去满足正常欲望,这样才是养欲的正确方法。

生活中对欲的伤害莫过于抑,抑是压抑欲望的意思。其次是郁,郁是指将旺盛的能量凝结,使之不得发泄或运动。抑郁常通过各种不同形式伤害欲能,常有压抑伤害、忧郁伤害、抑郁伤害等。

压抑伤害,是指从上而下的精神压力,如:来自长辈的压力,来自领导的压力,来自强者恐吓压力等。

忧郁伤害,是指从前、后、左、右平行而来的精神挤压力,如同辈、亲友、同事等给自己施加的精神挤压力,但这里一般不含恐惧成份,常使人感到心情不畅,精神不畅等。这里还包含着由自己内心所产生的忧虑,忧伤等心里因素。

抑郁伤害,是指从体内而发的生理能量,被自己的意志所压制,如:抑情、抑爱、抑欲、抑悦、抑性等等。这些都能对人体从生理到心里造成极大的伤害,甚至会引起器质性病变。

❖ 四、肺脏

中医学认为:"肺脏主气、合皮毛、通调水道,开窍于鼻,以金为其形,以秋天为其象。

第七讲 心理养生法

肺脏主气,是指主管呼吸空气,吸入清气,呼出浊气,为人体提供氧气支持生命。同时,主管皮肤汗孔的开合与呼吸。皮肤的呼吸与鼻窍的呼吸大不相同,皮肤汗孔遇寒则合,遇热则开。受气温影响,鼻窍则不能遇寒而闭,遇热而开。无论寒热鼻窍必须畅通无阻,但有时因受寒侵而发生鼻塞,临时可用备窍,从口呼吸。

鼻窍又称:"天门",口窍又称:"地门",古时医家有"天门常开,地门常闭"之说。所谓的:"地门常闭",就是平时要把嘴唇合拢,不留缝隙。牙齿上下轻合。舌头抵达上颚。

通调水道,肺脏有通畅与调节水道的功能,凡是体内因水道不通,排泻不畅,都可以通过宣通肺气来解决。在自然界中水气同源,水受热上升而为气,气受冷凝聚下降而为水。

所以又有"肺为水之上源"之说,有些锻炼有素的人,每天饮水量并不大,也常不觉得口渴,这是肺脏呼吸时从气中纳水的结果。

有些人每天大量饮水还常常叫渴,这是肺脏在空气中取水功能萎缩的结果,可见自然界的奥妙太多,太多了。用西医思想养生把人引到沟里了,还不自知。

肺开窍于鼻,五脏之中唯肺脏是:"中空之脏",与天空直接相通,古时候因为没有现在的科学技术,对空气无法进行更深的探究,对于空气大家都不能直接观察到,也不能用手触知到,只能用鼻腔吸入气体,通过肺动呼吸才能发觉,所以前人说天空是:"空而不空",以此告诉后人自然界有些物质不是用眼睛可以看到的。

肺居五脏之高位,象征体内的天空,天有雷而人有声,天有晴朗空阔,人有豁达愉悦。天空有气流运动而发出雷声,人有气流震动才会发音,人能巧用气流变化来表达自己内心意愿,这就是语言。

天空晴朗时漫无边际,肺脏健康时能豁达容物(气)。

肺脏也有一宝谓之"悦",悦也是一种能量,悦可以养气益肺,在五脏

中受心理压力较少的是肺脏,肺与脾同是以食物养身,脾食五谷以为养,肺纳清气以为养。

由于社会等因素影响脾脏常常受委屈,如忍饥挨饿,暴食暴饮等。受了委屈就会产生抱怨,有了抱怨就要发泄,发泄的方式就是"发脾气"。肺以清气为食,肺食清气以为养,自然界气充如洋,到处都有,无需人造,同时任何人也无法把空气占为已有。因此,肺常无忧脾常有怨。

人能占天、占地、占物、甚至占人,却无法占气。所以,大自然给人类安排了一种谁也无法占有的特殊食物——空气。

悦,由"忄"和"兑"字组成,也是指肺的需求随时兑现,这种兑现使人爽朗愉快,肺脏因此而生悦。如将气阻则生闷消悦,气闷是肺藏的克星。

生理如此,心理也不例外,当人遇上不顺心的事,或期望得到的事物而没有兑现时,常常出现闷闷不乐,这种心情会对悦能有一种伤害作用,所以,我们要常常给自己创造能够轻易兑现的快乐事情。

有些人有些心里话想讲而又不敢讲,也常闷在心里。有些人心中有许多痛苦没处诉说,一直闷在心里,日久成疾而生忧,忧则伤肺而易引起肺脏疾病。还有些人,生性不善言谈,不爱说话,又常以内向性格而自赏,这是错误的观念。

说是由"言"和"兑"组成的字,这表明说话也是健肺的一种方式,通过言兑来达到心兑,通过说话来产生"悦"。悦,就是快乐。

所以善于健谈的人心胸相对豁达,不善于说话的人心胸相对狭窄。性格过于内向的人应该调整自己的性格,从与人交谈入手,由熟人到生人,由同性到异性,由小范围到大范围逐渐学习谈话。这样,一来可以校正过偏的内向性格,二来可以豁达自己的心怀,解除抑郁心理,释放压抑能量。愉悦自我,愉悦身心,使身体活力恢复健康。

如果我们稍加留意就会发现,凡是内向性格的人多数都是亚健康者。凡是身体长期患有慢性病的人,没有几个是外向性格的人,这是长

第七讲 心理养生法

期的体内天空——肺不晴朗而缺乏悦能的结果。

养悦,我们为了容易得到悦能量,就不要把取"悦"的目标定的过高,使自己的心情肯定能在目标兑现时而产生"悦能"。比如,我想找人聊天,我想唱歌,我想浇花,我想工作,我想跑步等,这些都很容易做到,都能在自己行为兑现时产生悦能。我想聊天就去找个合得来的人聊聊天,我想唱歌就可以约几个歌友,好好的唱一通,看似简单的生活小事,这里可含着养生的大道理。这样可以使自己的肺脏得到充分滋养,还可以使心脏和肝脏都得到滋养。

如果把目标定的过高,比如,我想找名人聊天,我想和歌星一起唱歌,我想浇灌最美丽的花卉等,这些都不是轻易可以做到的。对于大多数人来说,自己需要付出巨大的代价才有可能达到目的,而且还不是肯定能达到目的。一旦目的没有达到而失望,郁闷就会产生,付出了超值的代价得到了相反的后果。

在事业上要把目标定的高一些、长远一些,让自己有一个长期努力的方向。在完成事业的目标的过程中和日常生活中一定要把目标定的低一些、少一些、小一些,让自己很容易做得到,以便及时得到"悦"能量来补充滋养生命。

悦能的补入不能一次过多过大,就像肺脏吸气一样有最大限度和最小限度。一个人如果定的目标过大而不能及时兑现,但又忽视了用小目标来得悦。如果猛然地来一次大悦,就会伤及肺脏而发生意外。

有一部小说讲了一个"范进中举"的故事。就是这样一个例子,范进是一位书生,连年科考失第。后来终于中举,范进因突然中举而大悦过度,不想因高兴地太猛而导致神志失常。

因大悦过猛而送掉性命的事例在生活中时有发生,我曾经用过一种方法,救过一个住在医院的30多岁男性危重病人,他的病情已经恶化到了神志昏迷不醒,连一口水都喝不进去了,医生已经给他家人说:"连吃

一口豆腐脑的能力都没有了。"之后,他家人找到了我,求我救她丈夫一命,说实话我是学过中医,但是我没有当过医生。

我只是经通心灵,心理和自然信息学等。我就抱着试试看的态度,给她要了她丈夫的姓名、年龄、家庭住址。就这三样就可以确定一个人在宇宙信息库中的全部信息。

我给她说你回去在你丈夫病床前做些什么事情,其余的事你就不用管了。我连她丈夫的面见也没有见,过了三天她丈夫果然给醒过来了,醒来后说的第一句话是:"我要吃豆腐脑"。她家人激动的把这一句话,首先去告诉了那个主治大夫。

那个大夫惊讶不已,快速跑到病床前为他查看病情,果然如此。他家人还真的给他买了一碗豆腐脑,全部给他喂下。生命特征一切正常。后来继续在医院治疗了快一个月的时间,许多生理指标继续恢复,病人基本是死里逃生,心中的快感是不言而喻的。

谁知临近过年了,他远在农村的父亲听说他的病情大有好转,就想来西安看望他的儿子,这也是父子连心人之常情。就允许了他们父子相见,谁知他们父子相见两人抱头痛哭,病人悲喜交加情绪大慟,大悲伤肺,大慟伤脾,最后导致脾肺大量出血,终未保住性命。

在此提醒大家合理的运生悦能,防止乐极生悲,是养生健体的重要原则。

◆ 五、肾脏

中医学认为:"肾脏藏精、生髓、充脑、主骨,主命门之火,主水,主生殖,开窍于耳,司二阴。"以水为其形,以冬天为其象。

肾脏是身体的精库,有先天之精与后天之精两种同储的功能,先天之精来自男女媾合之命精,后天之精来自饮食之谷精。

谷精包命精则生,谷精不包命精则死。对于生命来说先天之精与后

第七讲 心理养生法

天之精同等重要,切不可随意偏执某一方,而造成对身体的伤害。

保护肾精有两大要素:

一大要素是保护脾胃的消化功能,脾胃的功能健壮摄取谷精的能力就强,这样才有充足谷精来供肾脏收藏,所以中医有一句名言叫做:"胃气壮五脏六腑皆壮"。

另一大要素是保护肾精的藏泄功能,适时藏泄肾精是健肾的金钥匙,肾精是生命至宝,与心神同贵(我们常说的"精神"实际上是两种不同的物质,肾藏精,心藏神,在社会文化中把此二者连用了),宜藏不宜泻,宜宣不宜滞。在中医学中,泄与泻有着严格的区别和不同的含意,泄是指正常的宣泄,泻是指不正常的排泻,例如,"拉肚子"。

泄,情绪压抑时将压抑的情绪排放出去,储藏能量过盛时将过盛的能量排放出去,这些现象都是用"泄"字来表示的,如情绪过余饱满时就会欢呼、跳跃以宣泄其情,肾精储藏过盛时就要通过性行为进行宣泄。如果不进行正常的宣泄,就会发生性滞现象,同时人容易患上肝、肾等生理疾病,更普遍的是会产生强迫症、抑郁症等心内疾病。

泻,指不正常的排泻,如果情绪本来就很低沉,因外在情况的迫使而勉强透支感情,是一种不正常的感情付出,称之为"泻情",这样很容易导致感情枯竭,应当及时止泻。又如拉肚子,正常人的大便每天一次,由于疾病的原因每天排便多次,这是不正常的排出,也称之为"泻"。

养肾精必须得当地掌握泄与泻的内含,当藏决不可泻,当宣决不可滞,适时宣泄是保护肾藏的关键行为,这一点一定要牢记,提高认知也是保护心理不受恐惧伤害的重要因素。

有许多男性青年,常因射精而产生恐惧心理,有的因恐惧过度而产生悲能,在恐惧意识和悲伤心理的伤害下,出现了许多心理和生理的不良反应,并把这些统统归之为肾精外泄的结果。这是极端的认知错误,肾精过盛必须排泄,是大自然给人体的巧妙安排。但如果你过分了,就

会把泄变为泻,赶快停止就行,只要停止,肾精会自动复原的,没有必要过分的恐惧,保持心态的平衡平静是养精蓄命的关键。

生髓,髓藏于骨宫,髓盛则骨坚,骨坚则志刚,髓是由肾精转化而来的,肾精盈满的时候髓液才能充盈,特别是脊髓肩负着神经首府大脑的能量供给。

肾精就像水源,脊髓就像河流,大脑就像海洋,思维就像阳光放射,思路就像光线延伸。多么形象地讲给世人。

充脑,肾脏似乎是人体能量的总根,又是生命的金库,又像生命的大管家。肾脏在人体两端分别设置自己的机构,上端是大脑,下端是生殖器。肾精一方面上充于脑,另一方面下充于殖。

肾为脑充补能量,令脑有思,思与私谐音,其中暗示思维是以自我为中心的奇恒之俯,它与心脏的"悟"恰恰相反。

心似阳光照亮环宇,似乎是无我的象征,所以精神健康的人,对自身的意识和思维有管理的能力和作用。在中医学中也常讲:"心肾交泰,水火既济。"中医把心脏称为"君火",把肾脏称为"相火"。肾脏虽然在五行中属水,但其中还有一半火的能量,故称"肾为相火"。

我认为把心比做太阳,把肾比作地球更为合适。这也就是说肾脏有一半是自我意识,还有一半是无我意识,这是相火的作用。所以,给"相"字下面加个"心"字,就成为"想"字。思想平衡,是大脑和意识的正常与健康。思想不平衡,无论向哪一方倾斜,都是不正常和不健康的思维现象,需要自我努力调整,必要时应通过有效的行为或心里医疗来帮助调整,使之达到思想平衡。

主骨,骨骼和牙齿是人体至坚组织,肾脏强健则骨骼强韧,牙齿刚实,骨骼与意识同属肾养,骨骼强壮也能支撑意志坚强,意志坚强也能支持骨骼强壮。

主命门之火,命门,指人身生命动力的库存阳能出入的门户,中医称

之为"肾阳"。它一方面为五脏输布阳能，另一方面也为生殖系统输布阳能，以保证五脏和生殖的旺盛功能。肾阳常通过神经系统流动，肾阴常通过经络系统流动。

主水，肾脏具有一种特殊的吸吮功能，它能把体内的水分吸吮过来，把清净之水用肾阳加热输布周身，把浊水送入膀胱排出体外，中医称之为"通调水道"。

开窍于耳，耳是肾脏的上窍，肾脏可以通过耳达到对音波进行吸收，来滋养和震动肾阴。还可以把各种不同的音像信息储存于脑的记忆程序之中，以供给思维备用。

司二阴，"二阴"医书多解释为前阴和后阴，前阴包括生殖器和尿道，后阴指肛门。但是从一脏两窍来看，肛门属脾脏之下窍，其功能与肾脏没有直接关系。其实五脏开窍不是一个而是两个，甚至还有三个等，如：心上开窍于舌，外络窍于指。肝上开窍于目，下络窍于"宗筋"。脾上开窍于口，下开窍于肛。肺上开窍于鼻，周身开窍于肤（汗孔）。肾上开窍于耳，下开窍于溺，司窍于淫。二阴还应理解为二淫，即男淫和女淫（此二窍只在性交时才打开）。

淫窍是指生殖之窍，男为精窍之门，女为经窍之户。外显者为门，内含者为户。在这里应该给大家顺便解释一下关于情、爱、性这三者之间的关系。

情与爱本来不分男女、老少、亲疏，它是人与人，朋与友感知联系的一种生理能量交流，也是一种优良信息物质，是一种良性的信息纽带，在这种信息纽带的正常交流下，人与人之间才会有热情，才能保持和平与和谐的美好关系。如果没有了情与爱，人与人之间的交往关系就会像蜡人一样了。

什么是朋，朋是指两人以上，乃至十人、百人等，以自然人为单位的各种人际交往。不分思想，不分意识，不分敌我的自然人之间的身体与

身体之间的林立现象。

月字代表人的身体,双月并立代表多体,就像单木为树,双木为林的道理一样,单月为己,双月为朋。朋可代表两人,也可代表多人。

中国有句古话叫做:"有朋自远方来,不亦乐乎",如果能与远来之人交流感情,交流思想,那么"朋"就会生出祥和而成为友,如能长期延续下去则为谊。

朋是交往的意思,朋友是友好交往的意思,友谊是长期友好交往意思。但是这些交往都必须依赖情与爱的交流为基础才能真正做到,否则的话就有可能发生变化。

性是生命复制延嗣后代的,由男女异性搦淫的生理功能和过程,就叫做:"性"。自然规率有其不言之巧,它让男女接淫时产生极乐快感,使男女易性而不相遗弃,如果不是这一点巧妙的安排,恐怕这个世界早已经没有人了。

现代人所说的性与古代人所说的性已经有所区别了,古代人所指的性除了男女性别之外,主要是指心性、品性、德性,其中包括思想、精神、品德等心理活动,没有男女接淫的含义。那时候的情、爱、性是融洽、活跃人际关系的三大至宝,也是修身立命的三大美德。

如果一个人具备此三宝,被人们誉为上人。如果一个人具备此中二宝,被人们誉为中人。如果一个人具备此中一宝。被人们誉为下人。如果一个人连此中一宝都没有,则被人们斥之为匪人,这种人没有较好的社会地位。古时的匪人不仅是指坏人,还指无能之人和无用之人。

随着历史的多种因素变革,现代人把这人生立命之宝,偏用于男女思淫往来之中,甚至也把情与爱拉了进来,使人闻"情"色变,闻"爱"色变,闻"性"色变。特别是性,几乎成了淫亵的代名词,这样传下去,后人如果看到古人留下的文章,就会把"性"字的实际含义给曲解,而造成指导思想的失误。

第七讲 心理养生法

古人把性叫做"淫",淫字原来不是贬意词,甚至把淫作为一种高尚奖赏来对待,直到现在这种潜意识依然存在,不管是哪个家人都希望把自己心爱的女儿,嫁个好人家好丈夫,特别是那些美丽的姑娘更是如此。淫字的原来写法是"婬",用女字旁代表阴柔,在这里表示柔情似水,又是孕命之源。

现在又简写为:"淫",改以三点水旁,更以说明生命源泉之意。爪字头又称爱字头:"爫",是心之络窍,心之外派,是心的外派机构,它代表心爱。爪,指的是手指,手指是心脏的络窍,心脏的意愿常通过手抚摸来表达。"爫"就是用手抚摸的意思,人常说"十指连心"就是这个道理。其中也有以心抚摸的含意。

古字中爱字中间有个"心"字,是这样写的:"愛",淫动爱必从之,心亦得其享。善用则养,过用则害。

"壬"字底,"壬"借"王"字以显道。前面讲过王字以三横来代表天、地、人三才,中间一竖代表纲纪,在人体则为"冲脉"。"壬"字是把王字上面的一横写成一撇,代表天道略有所偏倾,故而将人体造成男体与女体。借此,中医把人体前面正中一条直竖的、与人体生殖有关系的经脉,命名为:"壬脉"。

当壬脉冲盈时,中医称为:"天癸至",天癸可以理解为用以生殖的"天水"至,在男为精水,在女为经水,这时人体就有生殖能力了。淫字取其"壬",以表示天道欲通过人之性而求其平,使男女欲求其合,合而补天道之偏,男得女之柔以补,女得男之刚以益。(养生之秘尽泄于此,君民之道尽泄于此,富贫之道尽泄于此,智愚之道尽泄于此。)

淫字的原意没有贬意,大概是礼教过分膨胀的原因,把淫字变为贬意了。淫本来是调平生理的字词,与思想没有多大关系,凡是与思想有关系的字都有心字组合,如:慈、德、情、悦、恕、闷、恨、恶、等。繁体的爱字中间有个"心",令人见字知意,现在把"心"给简化掉了,容易使人变成

无"心"之爱。

说到这里使我想到善、恶二字的失误之处,古人用"丷"冠以善头,一点为阴,一点为阳,次以"王"字定其位,令善者遵守自然,遵守王法,取喜字下部组合成:"善",本来的意思是善中含喜,以鼓励人多做好事。但却忽视了善与恶同是心里活动的结果,当人见字寻意时很容易被误导为"口善"即可,因为善字有口无心。

从心理暗示学角度来讲,易使人发展成只说好听话,不说难听话就是"善",全然没有把"善"字放在心里面,只放在了口头上。没有"善从心出"的心理暗示,给人一种错误的心理导向和心理暗示。

反而,"恶"字却直夺心位,恶字的上边是一个"亚"字,亚的意思是第二位,也就是说恶居心之第二位。如果单从文字解,恶居心中哪一位都无所谓,因为"恶从心出"这也是客观事实,若把它作为心里的象征和比喻,那就应当引起高度重视。

心是意识发令的总部,恶虽居第二位"亚心",但第一位"主心"却是空位,这样"亚心"就会常在心中发号施令。这样很容易使人变成口善心恶,心中施恶,口中善掩。善居口、恶居心,善很容易变成假善,而恶却是真恶,但从文字来讲,幸而天不灭善,使主位空置而没有被恶所居。我觉得应把善字改写为:"志",使善得心之正位以驱邪恶,从心理暗示来讲我觉得应该这样,给人从文字方面来进行良好的心理导向。

中国的文字是中华文化的浓缩,所谓文化,它是通文变化的意思,文化用的得当可以使人变好,用的不得当也可以使人变坏,希望人们不要忽视这一点。

肾脏在五脏之中其位置最下,功能最繁,属人之暗命,以遮为养,如树木之根越旺越深,养肾之道无过于养淫,淫兴有节,不可滥纵。淫兴有时,不可妄抑。切记!

肾藏有一宝为"志"。志,代表意识持恒,当人的某种心愿能长期坚

守,恒心不改是谓:"志",志是支持心愿,帮助心愿达到目标的意识活动,这种活动应该是通过脑思维来维持的。

脑为肾之外腑,中医称:"脑为奇恒之腑",恒就是志的现象,志字又是由"士"和"心"组成,"士心"意思是出谋划策,为心出谋划策,心为君、肾为士,脑之思维机巧皆出自肾藏而供与心择。

肾因为机巧多智而生畏恐,故而恐惧能伤志伤肾,恐与惊有些相似,但在机理方面有所不同,"恐"是预知伤害因素的存在,它是还没有兑现前的一种思维、思想、惧怕心理状态。恐伤肾。"惊"是无预知伤害因素的存在,突然发生的事件,但是"惊"指已经发生事件以后的现象,已经有了兑现。惊伤心。

恐对肾脏功能可造成伤害,有时是心理伤害,恐对神经能够造成强大的负压,也可理解为一种刺激,人的神经一旦被某种物质触及就会产生剧烈的疼痛。例如,牙齿破损使神经外露,如被异物触及就会产生极大疼痛,这属于对神经的正刺激。

恐惧是一种负刺激,神经是传递信息和传递营养的特殊器官,当恐惧作为一种信息能量传入大脑时,它会通过神经系统把这种不良信息传入各个脏俯器官。神经就像电线一样它所能承受的电压电流有一个上限值,如果电压电流超过了电线的承受值,电线就会遭到伤害。

神经也是同样。如果,恐惧信息超过了神经承受值的时候,神经也会遭到伤害,而且这种伤害还会扩大到各个脏器。使人患上各种不同的慢性疾病,人们只有被动地进行药物治疗,而查不出生病的真实原因。

所以,有很多慢性疾病久医不愈,这和信息系统心理因素有直接的关系,如果不消除心理病因,单依靠物理药物,那就无异于扬汤止沸,难奏其效。

惊,易伤心脏,心里提前没有防备,突然一种伤害因素出现,甚至神经还来不及分散这种侵袭,就会通过人体的无线信息功能,而直入心脏伤其神,神伤则五脏六腑皆不能安。

所以,在日常生活中不要随意用猛然的惊吓、恐怖等方法与人开玩笑,更不能用这种方法对待幼童,很有可能一次过份的惊吓或恐怖,就能断送幼童一辈子的健康人生。

修复遭受过伤害的心灵,唯一办法是给予大量的爱抚,辅之以药物调剂才有可能使心灵恢复正常。"爱"是营养心灵与心神的天药。

下面根据中医五行学说,列出一个心理养生对照表以供大家参考,这个参考简明易记。

五行	木	火	土	金	水
五脏	肝	心	脾	肺	肾
五养	情	爱	欲	悦	志
五伤	怒	恨	抑	忧	恐

舒情以养肝,仁爱以养心,足欲以养脾,兑悦以养肺,恒志以养肾。

愤怒以伤肝宝,憎恨以伤心宝,抑郁以伤脾宝,忧虑以伤肺宝,恐惧以伤肾宝。

心理养生计岁法:

年龄倒减法,我们现在一般人使用的年龄计算方法是从出生开始,每过一年增加一岁。所以,就从一岁、两岁、三岁……每年往上递增,活到多少年就增加到多少岁。

如果按照倒算方法来计算,当人一出生就用一个满数,比如用 100 这个满数来计算,从刚出生开始算,自己用心理计岁方法给自己计算,从自己出生的那年开始为 100 岁,第二年为 99 岁,第三年为 98 岁以此递减。

当然,当自己是小孩子的时候自己不可能为自己计算年龄,只有当

自己有了人世苍桑的经历之后,才会体验人生的深刻内涵。

体验人生深刻内涵的年龄差异很大,这是因为每个人的人生经历的不同和自己的智慧感悟差异决定的。所以前人常说:"有志不在年老少,无谋空活百岁。"

当什么时候自己感觉人生苦短的时候,就应开始用倒减法计算出自己的心理年龄。比如你的生理年龄是30岁,那么,你就应该明白你的心理年龄是70岁。当你的生理年龄是31岁时,你的心理年龄是69岁,让生理年龄和心理年龄加起来等于100岁。

即:31岁+69岁=100岁

如果当你活到70岁的时候,你就不要老记着你已经70岁了,而要记着你30岁的心理年龄。当你71岁的时候,不要只记71岁,而要记着自己29岁的心理年龄,这样每过一年让自己的心理年龄就年青一年,你的心灵朝气就会被焕发出来。这样就会有益于身体健康。

其实有很多人的身体提前衰老,有许多是心理提前衰老造成的,有很多人身体明明很健康,但是其心里总是惦记着年龄数字,从而产生心理畏缩感,结果真的衰老很快。

如果,自己活过一百岁时,心理年龄又倒过来,从1岁开始递增。例如:当自己活到99岁的时候,心理年龄就是1岁。当自己活到100岁的时候,这个时候不要用100这个数字,而用98岁来记生理年龄,这时的心理年龄是两岁。

当自己的年龄是101岁的时候,不要用101这个数字,而用97岁来计生理年龄,这时的心理年龄是3岁。

如数字示意图:

一般年龄计岁法:

1 …… 96 97 98 99 100 101 102 103 104 105 ……

心理年龄记岁法:

生理：

1 …… 95 96 97 98 99 98 97 96 95 …… 1

心理：

99 …… 5 4 3 2 1 2 3 4 5 …… 99

从以上的数字排列可以看出，心理年龄计岁法中没有"100"岁这个年龄的数字，到了"99"这个数字以后就还返回来了。这就像太极阴阳规率一样，阴极生阳，阳极生阴。

如图：

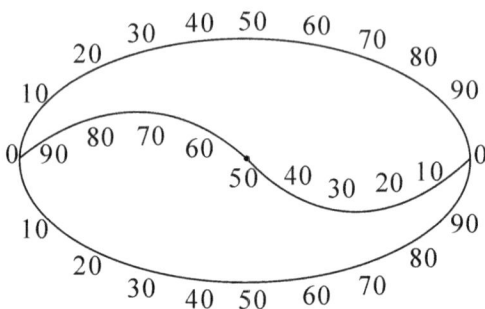

还有一种方法：让自己的年龄顺着年青的数字走，如1——50岁时顺着生理年龄来计算。如50岁——1岁顺着心理年龄来计算，但是从数字的年龄来看是倒着计算的。

简易年龄计算法：

1 2 3 4 5 …… 45 46 49 48 49 50 49 48 47 45 …… 5 4 3 2 1

通过数字的增与减可以给心里意识一个暗示，这样有利养生、宇宙离开了"气"和"数"什么都没有了，这也是易经存在的基础。我们看着地球很大，在浩大的宇宙面前只是一粒"气"而已，在我们人类眼里，地球无非是由无数颗"微粒"构成，"微粒"是什么，就是气态的物质。

第八讲　青春期心理导航

诗曰：

苏

戏童相呼唤，竟颈桥下伸。

九曲湖中柳，几尾鱼拨春。

首先我们先来了解一下什么是青春期。青，是取植物初华，春枝吐芳之意；春，是指流年运气之首。青得春而华，春得青而秀。青春互用显象生命自然期的风和日丽春光明媚景象。

中国文化有一种用天干表示天象运动规律的方法，这天干是指宇宙空间是一切自然现象的主体，古人认为：四面八方上下可以概括所有空间，以东方为"甲"。东南为"乙"。南方为"丙"。西南为"丁"。上方为"戊"。下方为"己"。西方为"庚"。西北为"辛"。北方为"壬"。东北为"癸"。

如下图：(见第 183 页图)

天本来是一个空体，空是一种物质。有了空才能容物，如果没有空，宇宙那么多的物质放到哪里，只有空大于物时，物质才能流动，为了方便对天空内含的自然规率的研究，古人创造了一种方法就是"天干计空法"，天干是人为的给太空定了一个坐标，以便说明和理解，所以天干是指天空，天干还有主干的意思。

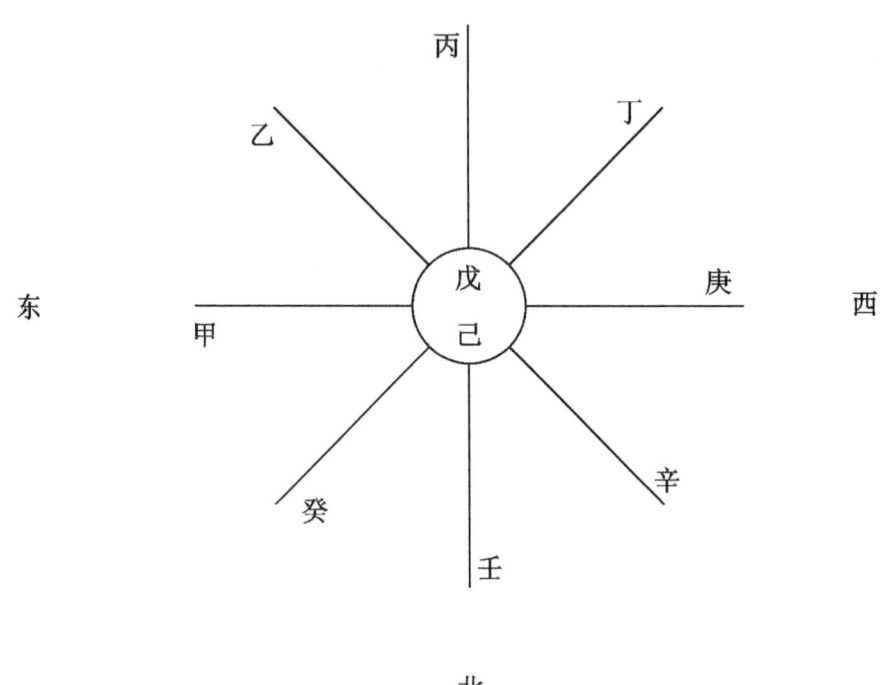

地本是一个实体,囊于天空之内,地之昼夜变化亦有其内在规律和外在现象,所以就给天干加了昼夜两支,昼夜代表同一事物中相反、相对、相辅、相成、相进、相退等等,事物相互依存的客观规率,后来慢慢地发展成完整的阴阳学说。

十个天干:甲、乙、丙、丁、戊、己、庚、辛、壬、癸,加上阴阳二象共是十二地干,古人认为天大地小,所以给地干取名"地支"。

地支共分十二:子、丑、寅、卯、辰、巳、午、未、申、酉、戌、亥,昼夜只在大地复转,一次白天,一次黑夜相互交替,因为天大地小,用树干和树支的关系来表示,用主流与支流的关系说明,给用于代表大地的流年运气取名"地支"。古人把地球自转一圈分为十二个刻度,定每一个刻度为一个时辰,一昼夜为十二个时辰,以子正为头,子是初之意,其顺序为子、丑、寅、卯、辰、巳、午、未、申、酉、戌、亥。子代表半夜,午代表正午。

人体受益于自然运动变化而孕生,人体的生理运动自然也不能离开大自然而孤立运动和变化,所以人体的许多方面都与大自然的法规有关联。自然界地球绕太阳公转一周为一年,其中一年分为四季,按春、夏、秋、冬排列顺序,每季按三个月为一组,四季总共十二个月。

人体如果按照天干内在规律来计算,地球每公转一周,人体生物钟就击一下,用天干表示为甲。地球再公转一圈,人体生物钟就再击一下,用天干表示为乙。如此生物钟不停的循环下去,每年生物钟就按时的击一下。

按照甲、乙、丙、丁、戊、已、庚、辛、壬、癸的排列依次循环,每十年天干转一圈,每一圈为一旬,每一旬就是十岁,每三旬为一命季,以合天道。

以此类推,一岁至三十岁为命季之春。三十岁至六十岁为命季之夏。六十岁至九十岁为命季之秋。九十岁至一百二十岁为命季之冬。现在大部分人都活不到命季之冬,多在秋季就凋谢了,这主要是由生理失养和心理失调造成的。

人体的天癸成熟期(生育成熟期)恰巧就在命季之春的正中之处,一岁——三十岁的正中是十五岁,女子天癸占二七之数,一十四岁。男子天癸占二八之数,一十六岁。这两组数字恰好在十五岁的两边,这正是天道略有所偏的结果。若按女子占七,男子占八,天癸之数来看,应该是女子为阳,男子为阴,所以女子先动春情而男子后动春情。

春情是掩饰性生理成熟,性萌动的外华之词,这样美饰性生理和性心理的表达是完全可以的,它能给人一种高雅而美妙的享受。

但是,如果把性生理和性心理作为一种耻辱,一种羞丑,一种不道德的心理认知来对待,那就大错而特错,这种错误来源于人心的占有和自私,也来源于文化的失误和误导。

性，就是性。而且还是天生的性，性乃第一天道，是仅次于灵的至尊天品，性据万物之上，性居一切文化之上。

是性，创造了一切生命，创造了一切文化。没有生命何谈文化！

爱是天道作用于生命的自然法则，情是人道作用于生命的自然法则，性是地道作用于生命的自然法则。

你接受了它，它也接受你，你不接受它，它也不接受你。有许多女子和男子，在第一次月经初潮和第一次精液初泄之前，没有读过生理卫生书籍，多数人没有想了解性生理结构和性心理定位的意识要求。也不知是文化导向的结果，还是社会趋势误导影响的结果，或者是性生理内在因素的作用。

大家谁也不向谁请教和传授有关性生理和性心理知识，都恒守着相同的心理和认识。如此的团结一心守口如瓶，岂不知每个人的性生理和性心理，如果得不到正确的认识和正确的对待，它将会在你原本有序的生理功能中兴风作浪，也会在你原本有序的生活中兴风作浪，让你朝夕不得安宁，甚至把你引向罪恶的深渊……

如果你是个内向性格，似乎它早就知道，它故意在体内给你施加压力，让你敢想而不敢说，让你无端的产生痛苦。如果你的"道德"情操很高，正是它抓着机会不放的时候，让你产生想一下都是在"犯罪"的心理，来狠狠地折磨你。

如果你是个外向性格，它知道拿你没办法，刚一给你施加压力，你爱说话又经常和异性说话。不过它会用新的办法制裁你，它会拨动你的人生航向，让你改变追求人生目标，十五岁左右正值初中学习的黄金时代，它恰在此时光临，让你渐渐的放松学业，使你的学习成绩渐渐下降最终落伍于大家。

不知是老天错了，还是社会教育错了，还是文化教育错了，还是人自己错了。这个问题还是留给大家来思考，来回答吧。这是一个十分敏感

的问题,也是一个十分重要的问题,我们必须找到正确答案。

❖ 一、别让祖国花朵凋零于花季

初中时代正是学习动能的换挡时代,小学的基础学科如果学得很扎实,到学习初中文化时就比较容易钻进去,如果小学基础学科学得不很好,到了初中时代只要加一把力完全可以弥补起来。

初中是一个人学业是否有成的分水岭,小学就像挖地基,初中就像砌地基,高中就像砌墙盖房子,大学就像盖二层楼,研究生之类等以此类推。

如果一个学生达不到高中毕业的水平,你就等于没有知识房产,你曾经挖的地基和砌的地基就白费了,在未来知识竞争的社会里,你很有可能没有栖身之所,除非你能等到共产主义。如果你没有进入高中或同等于高中的专业学校,也不要气馁,只要有地基就行,虽然不能建起知识领域的高层建筑,但是可以自建一个可心的小洋房,同样可以招财进宝。

初中时代是争夺知识的时代,不是简单的用学习这两个字眼可以概括的,争夺知识就是在争夺自己,争夺自己的未来,争夺民族的未来,争夺人类的未来。

这个时候最大的干扰和阻力,就是生理的性成熟和心理的性对待,这个问题简直就像拦路虎一样,拦住了许多学生的去路。

如果我们留心仔细观察一下就会发现,有许多在小学成绩挺好的学生,特别是女生较多,到了初中学习成绩却不见长进,有些反而给倒退下来,请不要忘记这个时候恰巧是,女孩子十四岁的年龄刚刚开始。生理发生变化,心理产生麻达。

作为家长很少有人关心孩子的性生理困惑和性心理困惑,只是苍白的催促孩子努力学习希望进步。岂不知多数孩子此时的各种心理问题,层出不穷,就像是羊入虎口,身不由己了。谁不想进步,谁不想荣耀,谁

不想成功,可是人的心理一旦被囚困,什么也想不清楚了……

青春期的心理指导,早已是烈火燎原的重大问题,由于隐私心理的顽固性,导致了性心理区域长期的荒漠化,不知有多少跃跃生机的少女少男,经过这块荒漠地时迷失人生方向。每个人天生就具有丰富的情与爱,这种情与爱是肝脏与心脏供给人们,联络感情的主要能量和能力,它不受性别的排斥或吸引,是一种单质的情或爱。这种单质的情或爱人们很容易掌握,很容易发出去,也很容易收回来,绝大多数人都能自如的运用。

例如,一个人和自己较好的一个朋友发生了矛盾,两个人之间网络感情都是单质的情或单质的爱,当两个人的关系破裂了,双方都会产生心理遗憾,就好像丢了一件什么东西一样,但是双方很快就能收回自己的感情,使自己的心理恢复得像平常一样平静。

当生理性成熟和心理性萌动时,肾脏之宝性信息特别机巧,它一方面可以给情和爱着色,另一方面也会搭着情与爱的便车一起溜出去,使原来单质的情与爱就不再单纯,时间长了情与爱就渐渐的不听自己的指挥了,它们成了性信息的俘虏和工具,这种情况一旦在自己身上出现,学习的动能就会削减,追求粉饰的动能就会增加,不用问肾宝夺心已经成功。这个时候应该怎么办,中学时代是拾黄金的时代,千万不能让知识在自己面前成为过眼烟云。

我们常说自己,到底什么是自己。自己是由两方面组成:一方面是体,一方面是心。在这里提醒大家,心是内在的自我,体是外在的自我,体就像自家的房子,心就像房子里的主人。肝、心、脾、肺、肾就是自己家庭中的重要成员,心灵就是这个家庭的家长。

每一人都有自己的内心世界,都有自己的心里活动,一会儿这样想,一会儿那样想,这都是五脏在各自舒发自己的意愿和情感,当我们明白了这些道理后,就比较容易掌握自己。

第八讲　青春期心理导航

首先不能失去自我,现在有许多人特别时尚追求自我,但是真正了解自我的人并不多,真正的自我和无我是同一个自己,是心我或者叫精神我。有些人把自私当作自我去追求去发展,那就一下子错到了底。不失自我也就是不失自心,要想做到不失自心,就要防止身心被外物所牵,就应常守自心,常用自心。否则自我很容易被落空,特别是肾脏很容易代君,因为肾脏主思维。

青春期的青年要经常检查自我心里成长问题,特别是肾脏性成熟的新问题。如果是生理部分的性欲望频频蠕动,心就应该耐心细致的进行心理安慰,初春的性功能就像刚刚露出尖尖角的竹笋,又像刚刚吐红的花蕾,都还处在成长期的初级阶段,应该倍加关心和爱护,让它健康茁壮成长发育才对。

当生殖系统有动能产生,那是它们渐渐生长的信号和标志。在一般情况下还需要一段时间,刚露尖尖角的春笋才会全部出土,进入拔节的初级阶段。刚露红的花蕾才会全部裸枝,进入绽放的初级阶段。一直到花开受(授)粉又需要一定的时间,这样身体的生殖机能才可以逐渐成熟。

肾主思维善于明辨是非,当这一番道理输入思维后,它可以通过信息反馈安抚肾宝,等待与忍耐是帮助性功能日臻成熟与旺盛的有效处置方法,这也是给未来夫妻生活培育幸福基础的重要方法和付出的行动。

如果是性心里部分的异想,一定要给这种异想留出一点空间,让它在一定的时空范围内展翅飞翔。这样会给性机能发育成熟创造一个良好空间和舒适环境,文化无论如何发展都不能与性生理为敌,文化与性是否能和平相处,直接关系到社会文化素质和身体健康素质的提高与平衡。

原来一直认为社会劳动者最辛苦的是工人和农民,后来才发现社会最辛苦的劳动者主要是学生。

学生从七岁入学就开始了继承前人文化的学习工作。从一加一开始,直到告别学生生涯,其中的艰辛得不到社会的认可。因为,所有的社会劳动者都能得到劳动的报酬,唯独学生的学习劳动连一点报酬也没有,这是一种社会观念的误区。学生本来的负担就很重,再加上青春期的生理变化和心理问题,很容易把学生的精神压垮而放弃学业追求。学生迷恋网络的虚空世界也是必然的结果,他们只能用这种方法回避和逃避来自于社会、学校和家长给他们施加的各种心理压力。

合理的安排学习时间和学习空间非常重要,学习时间一般由学校来规定,在这个时间内要排除所有杂念一心一意的学习文化。

如果你静不下心来,上课之前自己默想一会自己的心脏区域,不要想心脏是什么样子,只想这个区域没有景也没有物,这样浮动的心绪就会慢慢地平静下来,进入学习的最佳状态。把自己的心绪与老师的心绪联系起来,让自己的心频与老师的心频同步,这样可以大大提高自己接受知识信息的能力,提高学习成绩。

如果你心绪还比较平静,脑子却常开小差而胡思乱想,你就默想大脑区域,不要想具体的大脑是什么形状,这样想一会儿大脑思维就会稳定下来。然后把自己的听频与老师讲课的音频连通起来,似乎形成了一个磁力线,老师讲课的音波顺着磁力线传递过来,这样也可提高自己接受知识信息的能力。

如果你是性心理的干扰而不能清静学习,用上面的方法一般都能奏效,但是经过几次实践而没有一点效果时,再加上一种方法,自己对着自己的心区,默默地呼唤自己的名字,不要着急慢慢地呼唤就可以了,多呼唤几遍。

学习空间是指学习知识的脑存放空间,就象电脑的硬盘是多少G的,如果闲杂事物存的太多、容纳知识的空间就会减少,就会影响学习的

宽松环境,主要是指影响了宽松的心理学习环境,如果人的心理学习环境很狭小,这样会产生心理拥挤,心理冲撞而发生心理矛盾。

青春期的学生首先应重视豁达心理空间,为性心理提供一定的活动区域,并且规定出性心理活动的时间,不能让春心随便跳动,就好像学校给学生规定上课时间一样,要遵守时间规定,但是这种课时规定就像体育课一样不能天天有。

但是,也不能让春心长时间的受委屈,合理的给春心留出一点心理空间,让心去呼吸一下春的气息,给生命注入新的活力,把这种活力再作用于学习,就会成为自己学习的动力。

千万不要长时间的沉溺于春心荡漾之中,这样就会荒废学业而使自己跌倒在人生赛道上。

❖ 二、正确对待性别

世间的每一个人都被大自然的力量,给定塑在固定的生理性别之中,这种性别之差也正是大自然的巧妙之作,也是自然易动规律通过人体性差异来展示其内在功能,自然规率之所以能主宰万物,就是因为它有强大的使动能力,它可以让所有的物质和事物有节奏、有轨迹、有偏离、有回归、有排斥、有吸引等,进行有规率性的运动。

人体自始至终都不能脱离自然规率的主宰,人类的文化与文明都是建立在人体健康与活跃有序的基础之上,如果人体失去了健康与活力,所有的文化与文明都会随之而暗淡。

既然大自然把我们造成了男体与女体,我们每一个人应该愉快而欢乐的接受自己的身体性别,作为一个男生应该以自己是一名男生而自豪,作为一个女生应该以自己是一名女生而高兴。

接受自己的性别就是接受自然规率,尊重自己的性别就是尊重自然规率,同时还要接受异性、尊重异性,这样才是对自然规率的完整接受和

完整尊重。

在生活中有少数人厌恶自己的性别,有的人对自己是一名男性而不满,有的人对自己是一名女性而厌恶,凡是有这样想法的人,不能简单的判定为心理障碍。

这有两种心理可能性:一种是这山望着那山高,是一种挑肥拣瘦的心理。一种是想往异性体,是一种渴望异性的心理,这两种心理都属于正常心态。只有那种想把自己的身体变成异性体时,这种念头就属于不正常现象。

如果长期有这种想法,要及早找心里医生进行矫治,因为这是一种不正常的心里活动,如果再发生强迫心理,就会因强迫症的因素,强迫自己渴望变成异性身体。

处于青春期的学生可以挤出一点空间,观察与审视异性,了解一些异性的生活习惯和爱好等。就像医生诊脉一样,通过对异性的生活习惯和爱好的审视,了解异性的心理特征,用异性的心理特征与自己的心理活动相比较,看看都有哪些不同。

哪些自己可以接受,哪些自己不可以接受,可以接受的是什么原因,不可以接受的是什么原因。哪些属于个人小毛病,哪些属于异性的本质,这是一项很重要的课外人生学习,对于未来生活学会选择与容纳打下有效基础。

对于异性本质部分,自己应当顺从的接受,比如女孩子喜欢吃零食,女孩子喜欢撒娇等。这些都是女孩子的生理本性和心理本性,有许多男孩子不喜欢看到女孩子吃零食和女孩子撒娇,这是一种不正确的观点和观念。

男孩子也有一些本质的东西,例如,有些男孩子到了晚上临睡觉前不愿洗脚,这是有生理原因的,男孩子为什么比女孩子有力气,因为男孩子的力气主要是来源于爆发力,而且男孩子主阳。

第八讲 青春期心理导航

所以,白天是男孩子发散力气的时间,到了晚上男孩子的气力就会进入衰退期,所以就会产生力弱和懒惰现象。若此时洗脚会使男孩子产生不适感,热水和凉水都可以使男孩子提升精神,而影响睡眠时间和质量。

可以让男孩子提前洗脚,这不失为一种好办法。女孩子应当仔细观察,该接受的部分也应当接受。属于不良部分不能过分的宽容,否则不良习惯会在宽容的土壤里漫延。

还有一些人压根就不敢看异性一眼,如果心里没有这种愿望到也"干净"。问题是心中有一壶沸腾的水,而自己又把壶口给堵住,这样的行为是一个危险的心理行为。大家都知道沸腾之水只能揭盖退火才行,如果把气眼给堵住,水依然还处于沸腾状态,这样就会产生高压,最终会发生爆炸。

人也是一样的,自己心中已经产生某种强烈的愿望,这种强烈愿望就像正在沸腾的一壶开水,这时你又把气眼给堵住,对异性连正眼看一眼都不敢,特别是对那些在自己心中有好感的异性,更加不敢对眼看一下。如此一来就必然会在自己的心里产生强大的抑郁,这种抑郁干扰自己的情绪,会影响自己的生活和学习,严重时会导致心里病变。发生这种情况的原因很多,其核心问题是由于思想深处对异性的客观认识不足,才会发生主观对待的失误。

有一些人认为心中想一想异性的形态、动作、谈吐已经是很过分的事了,甚至是一种不"道德"的心里活动,是一种很卑鄙的心里行为。幸好这些不"道德"行为只发生在心里,自己还免强可以接受,如果是直接去看人家一眼,就简直是一种莫大的"犯罪",是极其可耻的不"道德"行为。

有这种心理的人,固然只有那些有着"高尚"品德的人才会这么想,岂不知这种想法只对了一半,这种观念是重德轻道的一种失衡观念,道

德常被人们连惯使用,但是道与德有其各自不同的内含。

"道"多指自然规率,如自然界的各种现象:四季变化、寒暑往来、阴阳相吸等,在人体也有各种自然规率的反应:生长传嗣、男女婚配、相伴人生等。

"德"多由人文纲纪,法律规定的不同来确定其内含,德也是一种恪守,也就是说道是个常数,德是个可变数。在不同的民族、国家、区域、家族、时代,德之的内含就会有很大的不同和差异。德的主要作用在于恪守自然规率,恪守人文纲纪,恪守法律规定。

从自然规率、人文纲纪、法律规定中都找不到只言片语来告诉你,不准想象异性、不准看异性,可能在一些宗教中有这些门规,宗教中的门规不一定都正确。但你不在其列,自己完全可以按照自己的正常方法去做,甚至应该有意识地多看看异性,改变一下自己失衡的意识和不正确的心理观念。

在这个问题上因得不到正确指导,使一些学生在渡过青春期时,特别是青春期的中后期。出现一些不正常的心理现象而造成一生的痛苦,我觉得我们每一个走过来的人,不管你是一个幸运者,还是一个失败者,都应拿出自己的成功经验或失败教训,帮助孩子们平安顺利地渡过青春心理荒漠区。

青春,多么妩媚的字眼,可是在一些人看来,其实那里是荒漠,他们从那里走出来时,其心灵已是伤痕累累,少年时代的欢乐、雀跃多数都被滤掉了。

更严重的是,有些人虽然不敢直眼看异性,却常常偷眼观瞧,就像做贼似的,时间一长就会影响到原本正直的健康心态。

用一句俗话说,就是很容易让自己产生"贼心",这种不良的习惯一旦渗入潜意识,就很难纠正过来,而使自己产生一种强迫心理,最终导致强迫症。甚至,还把这种不良心态带入生活的其他方面。

还有些人常把自己的目光移向异性的身体远端,如头发、手、脚等部位,这样就可以回避自我心中的"道德"谴责。时间一长很有可能使自己发生心理目标错位,对异性的整体人不感性趣,只对异性的某个部位性致勃勃,这样必然会影响未来的婚姻生活。

还有一些人"道德性更强",自己干脆就不看异性的身体,只关注异性身上的附着物,如衣裳、挎包、鞋、袜等物,这样自己就更不会受到"道德"的谴责,自己把自己渐渐地引入恋物癖的行列,使自己的人性发生了强烈的扭曲,岂不知本想不失道德,其结果却已远离道德而去。

还有一些人根本不愿与道德发生冲突,干脆移情于同性,把自己对异性的一些渴望,发泄到同性身上。尽管自己心理上避开了"道德"的追杀,也有人因此而发生同性恋现象。

无论是否已经发生类似情况的人,都应该提高对道德含意的了解,提高对道德含意的认知,要对本书中有关道德解释的章节,详细复读深刻领会,这对指导自己的人生有着重要的意义和作用。

❖ 三、早恋的危害

天若有情天亦老

天若无情天必休

青春期是异性间消除"三八线"的时期,提起"三八线"大概许多人都不太陌生,从小学一年级开始,有许多小同桌相继在课桌的中间处分出一条界线,按学校的规定每张桌子坐两名学生,一个是男生,一个是女生。这条分界线既有区分使用区域的含意,也有男女界线的含意,为什么把这条线取名"三八线",这是取朝、韩国际停火协议,以当地的地理的三十八度线为界。也可以说这是一条和平线,同桌的男生和女生只要相

互不超过"三八线"就会相安无事。

随着时间流逝,同学们一天天长大,"三八线"逐渐地演化成男女生之间的心里界线,直到有一天来自心灵深处的一股力量,想要拆除这条"三八线"时,心理的引力使"三八线"自动的消失。这时的男生与女生都想悄悄地越过"三八线"了解一下自己的未知世界,此时的男女才刚刚开始有了一点点心理意义上的交往欲望,这才是小荷刚露尖尖角。这种心理意义上的交往是应该的、正常的,也是异性间相互了解、相互促动、相互学习的良好机会。

女生看问题细腻,男生看问题粗犷,女生善于观察微观,男生善于观察宏观。这与异性间的生理差别有一定的关系,为了弥补这种不足,应该多和一些异性同学接触,共同探讨一些学习中的难题,大家都应该畅谈自己的想法和观点,自己既要讲,也要听。

讲可以打开自己灵感的心门,听可以捕捉别人的灵感信息。既可以积累知识,又可以提高分析问题的能力,更重要的是为自己提供了如何正确掌握与异性正常交往的机会,如何正确把握与异性间的特殊友谊。如何正确相互获得异性身上属于"剩余价值"的那部分乾坤能量。

同性间的友谊比较容易把握,异性间的友谊比较难把握,所以有一些人认为:"异性间根本不存在真正的友谊",这种观点是错误的。同性之间的友谊就像划船比较平稳安全,异性之间的友谊就像冲浪比较有风险,但是一旦掌握技巧,异性间的友谊会更加丰富多彩。

青春期其间的男生与女生有一少部分人,不会把握与异性交往的方法,把与异性间的接触简单地定位在"异性"朋友这个狭窄的空间里,因而失去了"平性"朋友这个广阔的空间。平性朋友是指放开性别观念,不论是同性还是异性,都以一个自然人为单位,不要总是计较对方是异性,就不愿意积极地进行相互交往。

每个人都应该平等地选择适合与自己交往的朋友,最好是自己所交往的男朋友和女朋友的数量大致相等,最好不要让自己的异性朋友过多的少于同性朋友。比如你有七、八个同性朋友,却只有一个异性朋友,这样很不利于平衡。从心理学角度来讲,这表明你的心理天平极度失衡,反过来也不行,有七、八个异性朋友,只有一个同性朋友,同样也是心理天平极度失衡的现象。

如果你有七、八个同性朋友,只有一个异性朋友,在这里应该明确告诉你,你不是在交朋友,而是在找对象,这是你已经被潜意识控制的结果,尽管你的思维可能还没有这种想法,但已人在途中,或许这已是在你思维之中的有意安排。

早恋就像一位还没有走到战场就落马的将军,又像一位运动赛场上刚起步就跌倒的健将。失败的命运会早早的为你拉开帷幕。凡是早恋者首先会把你多年来辛辛苦苦学到的扇面视野给颠倒过来,变成锥形视野,把自己的目光牢牢地盯在一个人身上。

在一个人身上去幻想世界、幻想人生,大自然在变化,社会在发展,伙伴们在奔驰,自己却睁着一双大眼什么也看不见,心窍给迷住了,迷在一个空中阁楼的幻想世界。

现在的校园里不知是否还潜在的流传着一种"专一"思想,所谓"专一"不是指学习专一,而是指交朋友要"专一",特别是指交异性朋友。"专一"甚至成为心灵的顾问,道德的化身,有许多人被"专一"这个大棒闷倒。

年龄尚小的中学生理解能力判定能力都很不成熟,经常会把生活公式张冠李戴,就像解题一样经常因用错公式而做错计算题。解题用的公式老师经常讲、反复讲还常常出错。更何况人生公式没有人给你讲,更没有人写书给你看,可怜的孩子们怎能不出错呢。

我们来分析一下"专一"的内含,"专"字的意思是专心专致有恪守之意,"一"字在数学中是一个单数,一个独立数字。但是在自然界的含意

中,"一"是自然整体的数字表示法,是表示一个大自然的整数,"一"既有数学概念,又有哲学概念。在校的学生和老师大多数都没有把这个概念分清楚。

因为,这个哲学概念的"一",是道家文化的核心概念,道家文化又以道教为载体延续了下来。

以前,我们这个社会主流甚至包括学校都在给学生们讲:"宗教是宣传封建迷信思想的地方,是装神弄鬼的地方。"所以那里是学生们避之犹恐不及的地方,谁会发现那里储藏着中国哲学思想之祖!!

泪奔啊!泪奔!!

自然整体还有一种图示法为"○",用文字来表示为"圆","一"、"○"、"圆"同时代表自然整体,如借用这个"一"来代表人时,"一"应该指整体的人类,也就是说应该是指所有的人。

整体的大一圆是由无数的,个体小一圆组合构成,如果把这个概念用于整体人,也就是说把所有的人加在一起等于一,用图表示就是○,把这个○再代入数学的数码中,○就大于数码中的零,得出这样一个公式:○>0。

整体人中的个体人,也就是说一个单独的自然人,用数学数字的表示法为:0.……1。

这个0.……1 在一圆"○"中,只占一个点,自己在这一圆"○"中也占一个点,这两个点一个在阴区内,一个在阳区内。这里所说的阴区与阳区,不是说阴暗与光明,而是指相同的事物不同的性质,就像磁场的 N 极与 S 极一样,对人来说就是男性和女性。

这样"专一"就分出了"大一"和"小一"。分出了哲学的一和数学的一。"大一"指包括自己在内的所有人,也就是说每个人都应该把自己的感情均匀的分布在众人之中。"小一"指与自身相对应的另一个点,也就是一个异性体,这个异性体是自己情感凝聚时的载体,每个正常人的情

第八讲　青春期心理导航

感都处于疏散和凝聚的变化之中,疏散时情系众人,凝聚时情系一个人,这是人类感情运动和变化的规律与模定。

要在异性中,寻找一个自己可以终生寄托凝聚感情的对象,是一件极其不容易的事,是来不得半点虚伪和马虎的。双方都要自愿把对方作为自己凝聚感情的目标和对象,这个人选就是自己的终生配偶,也是每个人凝聚感情的归宿。这就是社会中流传的、寻找的,甚至被称为伟大的爱情真谛。也是中国式的关于爱情方面的理论出处。

这么重大的人生选择,岂能安排在自己尚处于幼小无知、心理尚不完整、不成熟的时期。每个人都应该掌握这个情感公式,不能用颠倒了,交友应恪守"大一"的扇面视野原则,这是情感疏布的需要。特别是同异性交往不敢错用公式,一切没有成为正式夫妻之前,切不可起用"小一"的锥形视野凝聚情感,把它珍藏好留给自己的终生配偶。

早恋者常常把自己的情结不加区别、不加分析一股脑地投向对方,这是一种很危险的情感倾泄,也是一种对自己和对方不负责任的心里行为,有时是早恋者双方或者是单方,特别是一些男孩子为表"忠心"而不惜用其极。还有人会选择割破手指滴血盟誓,有人会用生命做赌注等等五花八门。

青春期性心理通过心理认知指导,绝大多数青年都很容易接受。但是青春期性生理问题是一个实质问题,这个问题如果得不到有效解决,它可以扰乱正常心理,也可以使心理偏离正常的思路。心理与生理之间确实存在着矛盾、对立、统一的协和关系,这也是大自然赋予每一个人的人生试题中的必答题,是一道重要的得分题,也是一道重要的失分题。

心与性之间可以相互导引,心可导性,性也可导心,但是心居主位,性居辅位,心清则百脉俱爽,性得其爽而常平。

有许多青春期的青年常用"手淫"的方式调平性生理,这是可以的,也是被认可为正常的。但需要说明这是在无奈的情况下的"可以",在无奈情况下的"正常"。有一点很重要的问题在这里需要给大家讲清楚,手淫是一种调平肾脏生理功能的辅助行为,合于道,贞于德,只是应掌握在一定的范围之内,不宜太过分,最好不要手淫。

有许多人常因手淫而惶恐不安,担心自己体内的精华流失,会伤害自己的身体。而这种伤害又是来源于自己不安的心里,这时候自己会产生恐慌、恐惧、自责、自悲、自鄙等不良心理。这时候自己给自己无端的增加了强大的心理压力,恐慌能扰乱心神,恐惧又能伤害肾宝。自责给自己施加心理压抑,自悲伤害心神,又能伤害肺宝。自鄙伤害自我人格,这些全方位的心理打击,可以说能打击的都已经打击到了,久而久之身体就被打垮了。

一次手淫(以射精一次为单位)就相当于一次没有报酬的体力劳动的损失,这种损失就像果子熟了没有拿到市场进行交易,而是落在地上,这对果树本身没有什么伤害。

一次手淫如果产生了恐惧心理,就相当于心理判刑一次,这种心理打击的危害远远超过手淫本身。有些人手淫本身还没有给自己造成较大的伤害,由于认知缺乏而产生的内心伤害和心理打击,会首先伤害到精神健康,还会通过神经系统,伤害到脏腑的正常生理功能,而导致疾病的发生。手淫过多真的可以耗损肾阴,伤害肺阴等。

如果自己没有手淫习惯那就更好,如果已经有了也没必要担心,掌握两个原则就行了:一戒多;二戒恐。

多与少常因人而异,不同的体质有不同的对待。手淫前必须端正认识,保证自己能够消除手淫前后的生理恐惧心理和道德恐惧心理,否则就应坚决戒掉手淫行为,以确保自己的身心健康。

下面讲一种方法,供青春期有手淫行为的青年男女调平性生理。

四、性生理调平法

吸升法

性奋起是肾气充盈和肾精充实的生理反应,在男则表现为生殖器至刚,在女则表现为生殖器至柔。中医把这种现象叫做:"肾间动气",(那时刘平定老师只是点到为止,不讲明"肾间动气"的具体表现,聪明的同学理解了,不太聪明的男女同学们相互询问"肾间动气"是啥。)这表明肾间真气在活动,如何使用这种真气早已成为中国古代的灵兰秘典。

吸升法的具体方法:

1. 身姿

坐姿、立姿、睡姿均可,在什么姿势下出现性奋起,最好就保持这种姿势,但要注意当时的姿态是否端正,坚决不能出现七扭八歪的身姿,坐姿要正,立姿要直,仰姿要平,侧姿要弓,以心正身,以身正心,身心互正,身心放松方为合格。

2. 呼吸

呼吸之前先将下颌内收与天突穴相照,然后自鼻腔微微用一点点意念把吸入的空气向下引,做深、长、匀、缓的吸气运动,这种吸气方法与平常的自然吸气方法有所不同,故而称之谓:"纳气"。

深,在意识的轻轻配合下,好像要把由鼻腔吸入的空气,吸入两肾之间送入下丹田。要腹式呼吸,不要胸式呼吸。

长,拉长了吸气的长度,比平时自然吸气的自然长度拉长了,就像拉皮筋把吸气给拉长,但是不能拉到极限。当离极限还有一段距离时,不能再增加力度,如果把自己吸气的全部拉长能力用10个数字表示的话,那么吸气拉长到9就是极限,少一点可以,不能略多一点,以保证肺脏和

呼吸功能的健康与正常。

匀,气流应保持匀速吸入,不宜忽快忽慢。

缓,气流的速度要根据自己的生物钟频率来决定,不能刻意的催气,也不能刻意的抑气,以自己觉得舒适为度。

呼气时停止意念,让自然呼气功能把气送出去。然后再纳气,这样缓缓的反复运作。

3. 纳气位置

人体的两个肾脏在腰椎的左右两侧,好像组成了一个圆,在这个圆的圆心处与腰椎正中相吻合的地方,自己想象着这里有一个吸气口,既能吸体外空气也能吸体内真气,并且把它们输入督脉,输入腰脊,补益肾脏,营养脊髓,营养大脑。亦可再向下一点,把吸入的空气用意念送入下丹田。

4. 真气吸纳

所谓"真气"指生理性欲产生时,肾气充入阴茎或阴道,使阴茎勃起或阴道柔润,肾气流动是在神经中流动的,也就是说神经系统是肾气流动的通道或称载体。

肾气的流动有一部分受神经中枢的制约,神经中枢的活动受脏腑的制约,脏腑的活动依赖肾气和胃气供给能量。

神经中枢可以根据生理或心理的需要来调动肾气,使肾气集中在人体的某一部分或某一领域发挥作用。

在人体中有一自然现象,就是气血同行,中医称之为:"气随血行,血随气到,气为血之帅,血为气之母。"所以,当肾气聚集到生殖器时血液也同时聚流至生殖器,而产生了生殖器充血现象,肾气聚集的多,血液充入的也多,肾气聚集的少,血液充入的也少。

真气吸纳就是运用意识将生殖器中的肾气吸收回来,重新归入肾

脏，使肾气和肾精不要轻易外泄，让肾气和肾精用作身体的其他方面的营养供给，这样可以使五脏六腑得到较多的营养。

真气吸纳，又称"肾吸纳"。

这种吸纳的方法是把自己的意念分成上下两端，上端意念把空气从鼻腔缓缓吸入，与此同时下端意念把勃起的或柔润的生殖器中的肾气，用想象吸气法从体内向上吸，在两肾中心处将肾气吻吸回来，这时吻吸口同时吸来自上端的空气和下端的肾气，这两种气都是真气：一个是先天真气；一个是后天真气。

肾吸纳一定要随着鼻吸纳同步进行，只在吸纳时轻轻用上意念，呼气时不用意念呼气，让自然呼气呼出浊气，这时轻轻用意念封住吻吸口，待吸纳时吻吸处再吻吸，这个地方为什么叫吻吸口，吻有几种含意：一种是口腔功能之意，口腔是饮食的门户，这里只能进不能出，吻吸也是只能进不能出；一种是亲吻之意，作吸纳时一定要在心情愉悦和心理健康时，如果心情烦躁、愤怒、妒恨、狡黠等不良心态时，坚决不能作肾吸纳，因为此时产生的气已经有毒变可能，就像食物已经毒变绝对不可以进食。

这种吸纳生殖器内真气的方法只宜用于阴茎勃起或阴道勃润之时，当阴部充血回流之后就应停止吸纳生殖真气，将原先一分为二的意念合一，只从鼻腔吻吸真气即可，时间由自己随意掌握可长可短。

这种方法主要是传授给青春期未婚青年自我调平性生理的秘方，已婚者不要用这种方法，特别是丈夫不能用吸纳生殖真气的方法，因为有许多夫妻存在着阴盛阳衰的性生理现象，如果你再使用这样的方法，你年轻貌美的妻子指定会红杏出墙，那你可就别怨我了，我已说得很清楚了。夫妻房事也有养生之法，只是不方便讲给大家。只能传授给入门弟子了。

未婚青年如果没有手淫习惯，也可以不用这种方法，一切顺其自然。如果有手淫习惯的，用这种方法可以帮助你减少手淫的次数，特别是体

质较差者，无论有无手淫习惯都应该把这种方法默默记熟，通过采真补元之法使自己的身体健壮起来。

凡是已经有了手淫习惯的未婚青年没有必要把手淫全部戒掉，只要能做到相对减少就可以了，每月有两三次也不为过，以保证性机能的畅通旺盛和性心理的正常需求，只是在射精时一定要闭口，这样可以守住真气。等待性兴奋平静下来时，使用前面所讲的呼吸法，以鼻腔吸进自然清气入肾中心的吻吸口，方法如前所讲就行了。

第九讲　婚姻与传嗣

婚姻是每个自然人到了一定年龄时必须面对的生理问题和心理问题,同时又是传嗣问题与社会问题。翻开历史人类的多少辛酸、多少欢乐无不踩着婚姻的大舞台一幕连一幕地续演。

在中国封建制度时期,婚姻几乎成了女性的卖身契,女性在婚姻中没有地位只是男性的附属品,这种社会制度和社会现象是对自然规率的严重践踏,也是对中国轩辕文化和文明的彻底焚烧,阴阳平衡、男女平等是轩辕文化的命脉与核心。

正确维护女性自身权益,合理支配女性自身权益还需要女性自身做出努力,才能长期达到阴阳平衡、男女平等的婚姻自由和家庭幸福。平等说起来很容易,做起来就很难把握,平等在自然规率中是以运动形式来进行运动调整才能达到的,否则平等就不存在。

所以,在婚姻中男女双方都不要让自己把优势占尽,让双方都有一定的优势和一定的劣势,就像两个齿轮都有凸出与凹入,这样夫妻关系才能锲而不舍永携修好。

❖ **一、恋爱与择偶**

从心理角度来讲,我觉得首先应该提出恋爱禁忌。一忌单恋、二忌暗恋、三忌空恋。

单恋,指自己单方面爱恋着对方,对方也明白,但是对方并不爱恋自己,这种情况就叫"单恋"。

单恋会给自己的身心带来伤害,而且多数单恋没有结果,既便有人在单恋中也能给自己在心理上带来一种快乐,但这只是一种含有不良因素的心理产物。

恋爱是心灵与心灵之间相互碰撞、相互交流、相互融合、相互付出的过程,在这个过程中恋人双方同时都付出了自己心里的能量与对方交流。从表面看恋人还是两个人,从心灵来看恋人已经在逐步合一,为什么会有许多恋人能够生死与共、苦苦追求,就是因为相恋的双方心灵溶合如一的原因。

单恋者错就错在自己把心能付出了,没有得到对方的响应,更谈不上得到对方的心能回报,此时本应该尽快收回自己的心能,收回恋心。但有些人却没有做到这一点,而沦为单恋一族,久之则会发展成"单恋强迫症"。

所以,每个将要步入恋爱阶段的青年男女,首先应仔细阅读这一章节,这样会给你带来很大的帮助。

暗恋,指一方暗自爱恋着另一方,而另一方却不知道,这种情况就叫:"暗恋"。

暗恋与暗爱在心理上有很大的区别,暗恋会给自己造成很大的心理压抑,和心里渴望。暗爱没有心里渴望,不会给自己造成心理压抑。

恋字的原来写法是"戀",这个字的含意是心中有千丝万缕的话要讲。如果你是一名暗恋者,你的这些心里话就没有地方去说,只能憋在心里不能发泄,自己给自己的心理施加内涨压力。就像充汽球一样使自己产生心理内压力,这样往往会导致种种心理问题而且伤害自己的身心健康。

暗爱就不同了,爱不管是明爱还是暗爱,那只是发自内心的一种喜悦而已,它不需要心里语言的参与。

第九讲　婚姻与传嗣

例如,你到公园里见到一朵美丽的花朵,你很喜欢,是发自内心的一种喜欢,这就是一种爱。你也不可能要求花朵与你对话,你也不会有许多心里话要对花朵去讲,也不可能让花朵来爱你。

爱人也是一个道理,只要你觉得某个人很美丽,你欣赏一下,自己心中只要产生喜悦这种能量就足够了,一定要掌握好爱与恋的界线。快乐使人健康,快乐使人幸福。

空恋,主要指一对恋人中某个人,因意外事故而过早的离开人世,而在世的这个人仍然苦苦的依旧的怀念,依恋着已经不存在的情人,这种情况就叫:"空恋"。

尽管这种事情发生的很少,但对恋人的心理打击却很大,调整这种心理伤痛的方法是痛哭一场,把心里的恋情用心液和泪液清洗一遍,就像清洗磁带一样把自己心中的恋情清洗掉,把爱珍藏起来就可以了。因为这一段恋爱是你生命长河中的组成部分,你的生命之水还要继续流奔前方。

恋爱纯属单纯的心理属性,而择偶却包括了复杂的社会属性,在不同的历史时期、不同的社会制度、不同的经济制度,择偶的内含时刻都会发生巨大的变化。

因为,家庭是社会的基本细胞,家庭是社会的实质部分。恋爱要在家庭这个细胞中生存,那么家庭就必然成为恋爱的要件之一。每个谈恋爱的人都应理智地把成家立业这个因素考虑进去,不能让恋爱没有依托。因为恋爱多数都会走进婚姻,组建家庭。

谈恋爱应该是先爱后恋。首先自己把自己检查一遍,甚至是多遍。

先看看自己有哪些优点,有哪些不足,有哪些缺点。再自己分析一下自己的心理状况,自己属于狭隘型心理还是豁达型心理,是开放性心理还是闭合性心理,或者是开合变化型心理。再分析一下自己是内向性格还是外向性格,或者是双向性格都有。要做到先知己而后寻人,根据自己的实际情况去寻找适合自己的配偶。

如果找不出自己的缺点,那么这个人婚姻一定不会幸福,因为人生最大的缺点就是一直没有发现自己的缺点,没有缺点的人压根就不存在,这是自然法则。

谈恋爱时不要把自己所有的优点全部展示出来,要留有一部分在婚后让对方发现,这样会使对方对你的认识不断升华,会更加爱你。

谈恋爱时也不要把自己所有的缺点全部包装起来,应该自动的暴露给对方一部分,另一部分最好把它改掉,万一没有改掉,既使婚后被曝光,也能得到对方的谅解。因为婚前对方已经知道你身上有缺点,不会给对方造成心理上的失落感。

如果你婚前把自己的缺点包装的严严实实,就会给对方造成一个,你是一位完美无缺的人,给人留下这样一种心里印象。一旦婚后露出了真面目,就会给对方心理蒙上重重的阴影,这样十分不利于婚后的家庭生活。

在心理方面,如果自己是狭隘型心理,择偶时应避免与狭隘型心理结合。最好能与豁达型心理的人结合,因为豁达型心理具有一定的包容性,在生活中能弥补狭隘心理的不足之处。

但是在实际婚恋中,多数是狭隘型心理与狭隘型心理结合,豁达型心理与豁达型心理结合,这是因为狭隘型心理不能接受豁达型心理的大方,豁达型心理不能接受狭隘型心理的小气所导致的。

而开合变化型心理是最佳选择对象,这种心理既能适应狭隘型心理,也能适应豁达型心理,就像是O型血,可以输给任何血型的人。凡是拥有开合型心理的人,在择偶竞争中占有重要的心理优势。

在生活中特别是找对象,谁不想找个好人,其实外在地看,人与人之间没有多大的差别,主要的差别是心理差别。确实,人与人之间的心理差别太大了,恋爱选好人实际就是在选好心理。

第九讲　婚姻与传嗣

如果自己对心理知识一无所知,那就根本没有选择的能力,既没有心理标准也没有心理方向,有许多人只看对方是不是对我好,岂不知婚前包装几乎是所有的男人,也包括一些女人都具备的生理天性。

由于每个人择偶的具体标准都不一样,也没有办法统一而论,如果你想找一个真正的好人作为自己的终身伴侣,建议从以下几个方面进行观察。

行为观察。一个人的行为就是这个人心理本质的外露,首先要区别掩饰型行为和自然型行为。只看对方是不是对自己好,这是远远不够的。因为你很难区分哪些属于包装,哪些属于本质,你又不能刻意地从这里去区分和鉴别,每个人都有自己的灵感。特别是恋爱期间这种灵感还非常灵敏,一旦被对方察觉到会对双方会造成心理伤害,同时自己采用这种方法也是一种不礼貌的行为。

要注意观察你的恋人对别人的行为举止是否温良得体,别人主要是指那些素不相识的人。如到饭馆去吃饭,你的恋人对店小二吆五喝六的露出一种蛮横的气势,这就是一个人不良心理的自然外露,一个人的本质往往在不经意的时刻才会浮出水面。

见解观察。一个人对某件事情发表议论,其内容与观点就能暴露一个人的智慧与品格。就拿上面这个例子来说,有的人认为,对店小二吆五喝六,这是很正常的事情,消费者本来就是"上帝"嘛。

有的人认为把这件平常小事提出来议论本身就是多余。还有的人认为对店小二吆五喝六的蛮横气势,是一种劣质行为。

同样一件事情就会得出几种不同的见解,你的恋人会是哪一种心理心态呢,你会选哪一种心态的人作自己的终身伴侣呢。

能力观察。一个人对待事物的方法,解决问题的能力大小,与心理素质有着重要的联系。如果一个人连一件普通的事情都做不好,那要是遇上了重要的事情就更无法想象了。

这种人的心理多数属于懦弱型心理,现在人们常有一种错误观念,把好人常与懦弱联系起来,不把懦弱看作是一种心理缺陷。反而冠之以好人的"顶戴",因而导致了歪风邪气的飙升。

给人造成一种错误的心理氛围,似乎好人都应该懦弱下去,才能获得世人的认可。这是极其错误的心理误区,好人首先应该是一名顶天立地的强者,这样才会有正气,有能力,公平公正,处理好身边的每一件事。是好人首先要是一位强者,首先是品德强者,能力强者,无私无畏者。

关于性格问题,这也是择偶中应该重视的重要问题。人的性格大致可分为三种:一种是内向性格;一种是外向性格;一种是双向性格。

性格的趋向对心理的张扬和抑制起着重要的作用,中国人的性格趋向与西方人的性格趋向相比较,中国人的性格趋向大多偏重于内向,这在中医阴阳学说中应划分为"阴性心理"。西方人的性格趋向大多偏重于外向,这在中医阴阳学说中应划分为"阳性心理"。

从东方人的审美艺术中可以表露出来,中国人的绘画常用云雾、月亮、雪梅等阴寒性艺术作为喜爱与鉴赏。在人体绘画方面,凡是可以遮住的地方都遮住了,这也是内向性格的真实外露。

从西方人的审美艺术中可以表露出来,西方人的绘画常用蓝天、太阳、海滨等阳光性艺术作为喜爱与鉴赏。在人体绘画方面,凡是可以暴露的地方都暴露了,这也是性格外向的真实外露。

自从与西方文化、经济交流以来,中国人的阳性心理正在悄悄地复苏,这要归功于国家的对外开放政策。另一方面也受自然规率引发作用的结果,不同的性格指向就会造就不同的人文和人生趋向。

(一)内向性格

凡是善于修饰、遮掩、深藏内心活动的人,都属于内向性格。

这种性格的人,身体素质多数处于亚健康状态。这是长期的心理活

动被自己限制在内心世界,而不与外界交流造成的。

人的情感也属于大自然的物质之一,它就像空气需要流通,就像河水需要流动。

有人曾经对自己的妻子写下这样一句话:"我对你的情就像一潭深深的湖水,我对你的爱就像湖水底下的烁金。"这位丈夫与妻子的关系一直很好,但是感情却一直处在崩溃线上,婚姻关系随时都有可能解体。这就是一位典型的内向性格的丈夫,他把一切情感和爱等都深深地藏在湖底。

这一句话如果写给未婚的恋人,不失为一句即得体又到位的警句。可以向对方用文字来表达自己情和爱。这会增加恋人之间的情感深入的交流,亦会尽早的促进恋爱的成功。

如果对于已婚的妻子,这是一种十分危险的心理问题,妻子需要丈夫的深情源源不断地流进自己的心田,甚至是汹涌澎湃的涌入。妻子渴望丈夫的爱,妻子需要丈夫把所有的情与爱,变为行动释放出来,丈夫却把它放在湖底深处,妻子需要丈夫的情,丈夫却把它圈成湖泊藏在自己心里。这样的夫妻关系能不离婚吗?

内向性格的人很容易犯这种心理上的错误,在这里首先要提醒大家,如果你发现自己属于内向性格,那么就应该向外向性格调整调整。多与外向性格的人接触,并且学习和模仿他们的某些动作、语气和神态,这样可以给自己培养出外向性格来。

在夫妻之间每个人必须具备一定的外向性格,让自己的感情畅通于夫妻心灵交流之中。

(二)外向性格

凡是不善于修饰、遮掩、深藏内心活动的人,都属于外向性格。

这种性格的人,身体素质多数处于相对健康状态。这种性格的人内

心世界大都表露于外,给人以天真活泼的快乐感觉。

这种性格的人所到之处,能给周围带来活力和生机,就像水中跃鱼、空中舞蝶十分抢眼与夺神。

因此,谁如果是一位内含实力而又是一位外向性格的人,在择偶方面就会占有绝对优势,特别是女性更是如此。

在这里应提醒大家注意,如果你准备找一个外向性格的人做配偶,就应该有一些宽容的心理准备。因为外向性格的人大都需要宽容的心理环境,才能保持他们的活跃,保持了活力才能保证他们的身心健康与生机。

外向性格与内向性格处处相反,内向性格善于静处,不需要很大的社会空间就能自我调整心态,不会产生较大的心理矛盾。外向性格善于活动,他们的内心空间较小,外在空间较大,其正常的生理和心理活动,需要较大的自然空间和社会空间,如果你把他(她)限制了,就等于关进了笼子里。

为什么有许多人把谈恋爱比做天堂,把婚姻比做坟墓,这是其中重要原因之一。

给配偶一些宽松的心理环境和空间,是现代社会和现代文明稳固家庭、稳固夫妻感情的重要方法与法则。拽的越紧、捆的越牢、感情破裂的越快,家庭解体的可能性就越大。

(三)双向性格

一个人同时具备内向与外向的双重性格。这种性格适应性极强,是一种不可多得的优良性格。

其内在心理空间和外在心理空间都比较广阔。特别有益于发展感情、组合人生、建立家庭,是共创美好未来的首选性格。

如果在你择偶时能够碰上双重性格的人,建议作为首选考虑对象。

双重性格的人有一个明显特征,平时不善言谈,矜持内向,但在娱乐场所娱乐起来特别活泼,遇上事情特别健谈,敢于在众人面前讲话等。

择偶还有一个十分重要的因素,千万不要轻视,那就是看双方的性需求和性能力是否匹配,性功能匹配是婚姻家庭三大支点之一。

婚姻家庭的三大支点:

经济支点、感情支点、性易支点。

人体健康的三大要素:

合理的饮食、合理的心态、合理的性易。

二、夫妻互心说

常言道:"结情容易守情难,"维系夫妻关系的重要纽带之一就是夫妻情。守情本来是一件比较容易的事,但是有些人不了解自然规率,也不知道自然规率在生活中的重要作用,更不知道自然规率一直在影响着夫妻生活。

在现实生活中,家庭夫妻关系大约有以下几种类型:丈夫中心型、妻子中心型、夫妻自心型、夫妻互心型。

丈夫中心型

是指以丈夫为中心的夫妻关系,妻子的行为和心理总是以丈夫为中心地生活着,丈夫的心理和行为也是以自我为中心地生活着。

妻子中心型

是指以妻子为中心的夫妻关系,丈夫的行为和心理总是以妻子为中心地生活着,妻子的心理和行为也是以自我为中心地生活着。

夫妻自心型

是指丈夫与妻子各自都以自我为中心的夫妻关系,丈夫的行为和心理总是以自我为中心地生活着,妻子的行为和心理也是以自我为中心地生活着。

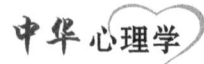

夫妻互心型

是指丈夫与妻子各自都以对方为中心的夫妻关系,丈夫的行为和心理总是以妻子为中心地生活着,妻子的行为和心理总是以丈夫为中心地生活着。在夫妻互为中心的时候就会在夫妻二人之间产生一个"无形"的中心,这是最美满和谐的夫妻组合。

结合一双美满夫妻似乎既有偶然性也有必然性。在这里我想给大家讲一个几乎失传的"红双喜"的故事。

我们中国流传者这样一个习俗,凡是结婚庆典的时候,新房子的里里外外到处都贴着大红色的"囍"字。

这个"囍"字的来源是由一段美妙的历史故事引发出来的。

传说,在我国某一朝代,有一位举子上京赶考,在赶考途中路过一个村镇,适逢一家员外的千金小姐,正在举行对联招亲,就是女方出一上联,征求下联。如果哪位相公(旧时的相公指未婚的男性年轻人)能对出下联,千金小姐就以身相许,嫁给应对之人。

这位举子见有许多人拥在一家富户门前,就不由自主的挤上前去要看个热闹,一看才知道那里张贴着一幅上联:

走马灯,灯走马,灯熄马停步。

这位举子就向旁边的人打听这是怎么回事,就有人告诉他其中的用意。那里只有联句,却没有千金小姐,也不知千金小姐的容貌如何,自己又是远乡人也没敢多想。

只是那句上联题的确实精彩,作为读书人又是一个举子,自然要沉思吟对,思之良久仍无佳对,因临考在既,这位举子就忽忙赶路了。

一路上时而还在吟颂那句上联,自己终无下联相对。之后,到了京城举子就把联句的事搁在了一边,准备应考。

第九讲　婚姻与传嗣

说来也巧,那年的科举试题也是一幅联句,只有上联没有下联,在应试举子中择联。其上联是:

飞虎旗,旗飞虎,旗卷虎藏身。

这位举子看到试题,愣了好长时间,总觉得这个试题好像很熟悉,似乎在哪见过,那个时代的京试科举,比现在的高考更加重要,其心理压力是可想而知的。稍缓了一会这位举子心中一亮,奋笔疾书:

走马灯,灯走马,灯熄马停步。

不日,这位举子考中头名状元,金榜题名使这位举子乐不胜收,在回家省亲的路上,这位举子专程赶到那家员外住处,那位千金仍在闺阁。状元郎对员外说明来意,出示应对联句:

飞虎旗,旗飞虎,旗卷虎藏身。

老员外一看联句,又是出自当朝的头名状元之笔,真是喜出望外。赶紧唤出千金女儿,来拜见郎君。状元郎一眼见到千金小姐,一时间不知自己身在何处。不知自己是身在天堂,还是身在人间,那小姐貌若天仙,把状元郎喜的魂飞天外。

迎亲那天集状元郎、新郎于一身的那位举子,总觉得一个"喜"字表达不出心中的双重"喜"悦。并排写两个喜字也不能尽表心中极乐,成功的内核有爱妻的一半功劳,突然心中一亮,真不愧为头名状元,何不把两个喜字联起来写,"囍"字就这样来到人间。

通过这个故事可以说明人世间夫妻结合的偶然性很强,如果再看一下《白蛇传》似乎又可以说明人世间夫妻结合的必然性。十年修得同船渡,百年修得共枕眠。

夫妻关系的确立,无论是偶然性还是必然性,作为现代人也没有必要去追逐过去留下的一些传说,但是维系好夫妻关系,应该是人生永恒的主题。

过去所组合的家庭,大多是糊里糊涂的过生活,家庭如果发生矛盾,多数都是弱者被迫忍受了。

现在就大不一样了,国家的法律对弱者的婚姻保护条例越定越细,婚姻中的弱者一但受到自身权益的伤害,如家庭暴力等。弱者可以随时到人民法院进行诉讼,并且可以提出解除婚姻的请求,人民法院会依照有关法律,保护弱者的合法权益,这是我国社会制度的一大进步,也是社会发展的一大进步。

旧的矛盾解决了,新的问题又会出现,这是不可抗拒的自然规率,为了尽量的减少矛盾和避免矛盾的激化,男女双方应该在婚前增加一个新的商讨内容,那就是在不影响男女平等的基础上,商讨男女双方共同自愿组合一个什么类型的家庭。有丈夫中心型,妻子中心型,夫妻自心型,夫妻互心型。

这四种类型的选择,对不同心性、不同观念的人来说,都有各自的优点,也不能说哪一种类型绝对的好,哪一种类型绝对的不好。

比如说一个人品性偏重于大男子主义,恋人又是一个自我性很强的人,这时双方很有可能会有一个相同的潜意识,配偶一定会围着我转,婚前谁也没把自己的这点潜意识向对方表白,所以双方就会带着一个潜在的心理裂痕结婚了。

待小夫妻的新婚热度渐渐平静下来时,丈夫潜意识中期待的丈夫中心型的夫妻关系怎么迟迟不见光临。妻子潜意识中的妻子中心型的夫妻关系怎么迟迟不见兑现。一开始双方还会耐心期待,时间长了就会产

生潜意识的不满。其实他们的家庭已经组合成了夫妻自心型家庭,双方都会产生严重的失落感。

摆在双方面前的有三条选择:一、改变自我;二、自认现实;三、解除婚姻。

婚前的一念之错,给婚后造成如此的难题。一个人要改变自我,那可不是一朝一夕的事情。自认倒霉就会使自己的心理忍受一辈子的委曲。如果解除婚姻就会给家庭和子女,也会给自身和社会造成伤害和压力,当然有些人不会考虑对社会的影响。不管是哪一颗苦果都是那么的苦涩难咽。

现代社会逐渐时尚婚前财产分属与确定,就是说男女双方在确立婚姻关系之前,将各自婚前的私有财产在婚后,仍然归属为自己的私有财产。其意图十分明显,为了预防将来婚姻破裂,使自己的婚前财产不受到损失。这种方法的悄然兴起,也算是一种新的思维进步,但是这里面利弊互存,应当慎重使用才对。

其实婚前应由恋人双方首先来商定,婚后夫妻感情生活的以谁为"中心"问题,这个问题比婚前财产商定更加重要。这样可以把婚后有可能出现的矛盾,在婚前让它暴露出来,以免婚后木已成舟,给一方或者是双方造成终生遗憾或伤害。

夫妻互为中心的编织生活,会给双方带来无限的幸福与欢乐,如何才能理性的把握夫妻互为中心的根本原则,夫妻俩共同动手画一张图。我想通过这张图给夫妻们一个心理启迪。

首先在纸上画一个任意大小的正圆,然后在这个圆的中心垂直线上,或水平横线上取三个点,垂直线或水平线不要画出来。

这三个点分别在这个圆的顶端、中心、下端,或左端、中心、右端。然后用一个胖 S 图形从这个圆的顶点画起,中途一定要经过圆的中心点,然后画到圆的下端止。

这个圆里面形成了一个好像是"69"形的两条鱼的图案,然后,在两个鱼形图案里的头部分别画上一个相互对称的小圆,就像鱼的眼睛一样。

丈夫和妻子各自选定一条鱼,用自己最喜爱的色彩涂在代表自己的那条鱼上,留下鱼眼不要涂。然后双方把对方的色彩涂在代表自己的鱼眼里。眼睛是心灵的窗口,用这样的方式代表自己的心灵里永远珍藏着对方。

这个圆代表婚姻家庭,两条相互追逐的彩鱼代表恩爱夫妻。当夫妻相互以对方为自己追逐的中心时,夫妻之间就会产生出一个自然中心来。这个中心是自然规率对夫妻的奖赏之一,得到这种奖赏的夫妻才会真正品尝到自然规率的内在滋味。

在我们这个太极宇宙中,所有的人事物都逃不出阴阳规率的模定,所以人类的生理现象就被阴阳能分成了男性和女性,也可以叫男人和女人。在家庭中叫做丈夫和妻子。

在这个万有的社会中,任何一个家庭的夫妻随时都有可能去接触其他的社会异性,无论是在工作单位、娱乐场所、休闲出游等,都会有一些偶然或是必然要接触一些让你心动的异性来。

尽管如此,凡是一个精神健康的人,只会珍惜这种接识,把他(她)作为自己美好的异性知心朋友来对待。而不是以解体自己现有的婚姻家庭为代价,去和第三者结合。

其实人们不知,第三者的出现,无论从家庭来说,从生理来说都是一个必然要产生的社会主题,而且还是一个永恒都不会改变的自然现象。

道生一,一生二,二生三的现象在许多地方都会表现出来:

道生一,一个家庭。

一生二,二人夫妻。

二生三,三指第三人,(如:孩子和第三者等都属于第三人)。

这是从血脉传嗣方面来说明第三者存在的必然性和必要性。这也是一种自然规率,也是一种社会规律。

要从社会为什么能长期存在这方面的现象,如果从生活、生理、心理方面来找原因,第三者出现的潜在因素那就更多了。看看过去的爱情小说,不得不让我们对此问题进行思考。

像《白蛇传》中许仙和白娘子之间的爱情与婚姻中,就一直有一个第三者的潜在因素——小青。尽管书中的情节没有发展到这一步,那是许仙命运多舛的结果。大自然的"姻缘率"就是这样安排的。

再看《梁山伯与祝英台》的爱情故事,看了这个故事不掉泪的人必定是无情之人,尽管如此,爱情归爱情,天意归天意。苍天还是按照自己的规率,给她们俩安排了第三者——马文彩。

因为梁山伯的消极与被动使故事发展到,是人为因素造成的爱情悲剧。祝英台应该成为中国式"情人节"的情人偶像。

这些极具代表的故事说明了什么,这些故事说明了自然规率给每个人都准备了一个"第三者",甚至有多个"第三者",凡是过来的人,都回想一下自己的身边是否也出现过"第三人"呢?我们总不能因为出现一个第三者,就回去和自己的配偶离婚,如果再出现一个第三者,怎么办,是不是再离异一个呢。

这是对自己的婚姻和家庭极端的不负责任的行为。

❖ 三、孕期心理保护

孕期心理健康应该引起全社会的重视,胎儿的生理培育和心里培育,完全依赖母体的生理健康和心里健康,根据中医有关嗣子理论,嗣子应该从夫妻交媾开始做起。

首先夫妻应该选双方身体健康,心情舒畅的时候进行。交媾时间最好选择"活子时"时间,由于人体受自然界和自身的"生物钟"的影响,当

身体纯阳渐渐萌动时,也就是指自发的"肾间动气"时。

人体的潜在活跃机能——阳气,从子时开始上升,前人把这个时机叫做"一阳初动",平时夫妻嬉戏交媾应避开子时为宜,此时真阳初动。孕子交媾应以"活子时"或子时为宜,为什么会把这个时辰取名曰"子",是有其深刻内含的。

平时夫妻做爱以选择酉时为佳,酉则日落,酉时以太阳走进地平线为准,不要管时间是几点,四季日夜长短变化不一样,阴阳二气长短不同。人体此时阳气回收,夫妻如选择此时做爱,较为有益于夫妻双方的身心健康,当然也是以有节制为前提的。前人有这样一句格言叫做:"不骂酉时妻",其中蕴含着较深的意义。

孕子要在体能充沛的状态下进行,夫妻要把自己的精神、性趣、欲望全部调动起来,让自己充满生理活力和心理活力,一个似"生龙",一个似"活虎"。在交媾期间似乎展开一场生理大战,使三阳合一,子时为一阳,女动为一阳,男动为一阳,此三阳相聚谓之"三阳开泰"。

当爱妻受孕后,妻的身份就发生了变化,从生理角度讲是孕妇的身份,从家庭角度讲是妻、子一体的特殊身份,特殊身份就必须用特殊方法来对待。

作为孕妇自身首先应了解一些孕期生理和心理卫生知识,同时还要保持一定的平常心。不要因为自己怀了"丈夫家"的孩子,就自傲自恃、自娇自贵,凡事任性蛮横专断。

因为,孕妇的一切心里活动,不管是优良的还是不良的,时刻在孕育胎儿的先天身体和心里,特别是对潜意识的铸就,几乎决定胎儿未来一生的命运趋向。

孕妇在孕期尽可能的让自己经常产生一些愉悦心里和快乐心情,让自己的生理机能和心里机能都保持在畅通无阻的优良状态之中。孕妇应当禁忌一些不良情绪和思维,如,愤怒、憎恨、恐惧、悲伤、忌妒、等等,

同时不能生气,生气会直接影响胎儿的神经系统的正常发育。神经系统的发育一旦不良,各脏器的发育就会受到影响,会造成胎儿的身体和脏腑功能低下,有许多新生儿经常闹病就是在母体内已经形成的病根。

为了子女的身体健康,一定要给胎儿一个健康发育的孕期生理和心里培育环境,使胎儿的神经系统、五脏六腑、四肢百骸健全健壮,这样对自己、对子孙、对民族共同有益。

丈夫在妻子的孕期,苍天赋予了丈夫一个特殊的使命与特权,就是从妻子受孕起,丈夫不再是一个男人的单纯角色,丈夫是妻、子的天职卫士,男人之所以有丈夫之称,这是指保护妻、子时候的特殊称谓。

丈夫,"丈"是距离,维护妻、子应在方丈之内,自己可以看见、听见,意思是当孕妻遇到各种伤害时,丈夫要第一时间保护孕妇与胎儿。"夫"是天字出头,意思是保护孕妻的责任大如天。

自古道:"为人在世忠孝不能两双全,"保护孕妇是忠天道,丈夫在妻子孕期,如果发生了天道与孝道的矛盾,应当先守天道,暂弃孝道。婆媳矛盾在生活中常常发生,在特殊时期必须特殊对待,没有矛盾时皆大欢喜,万一有了矛盾,丈夫应以保护孕妻为主进行调解,如调解无效丈夫应厉行使命,责令父母让步,所有矛盾都应放在孕育之后再去解决。

子孙本身也是父母的根系延伸,保护子孙本身对父母有益无害,也是孝道的组成部分。丈夫维护妻子并不是机械的守在方丈之内,此时的丈夫应该像雄鹰,有敏锐的目光、迅猛的速度、仁慈的爱心恪守天职,以确保孕期的母子平安。

有些丈夫屈服于孝道,当妻子在孕期受到伤害时,常叫妻子多忍耐、多担待,使孕期的妻子心理产生不良伤害,甚至受到很大的委屈而导致了心理和生理的压抑和不顺畅。

自然法则决不会屈服于任何孝道,它会毫不留情的报应在胎儿身上,会使胎儿造成先天残疾,发育不全,胎儿不健康等,会给子女及夫妻

的未来生活带来伤害与痛苦,孰轻孰重丈夫们应该自拈分量,夫妻没有任何权利伤害孕中的子女。

孕妇的心理意识在潜移默化影响着胎儿的心能和潜意识,如果胎儿经常受到母体不良情绪的刺激,随着胎儿体能的渐渐成熟,胎儿体内的潜意识功能会受到的不良情绪的伤害。

有时候会直接损害胎儿的某个器官,能给胎儿造成先天的终身残疾。

有这样一个真实的例子:

有一对夫妻,婚后不久就怀孕生子,是个女孩子,当大孩子10岁时,他们又怀上了第二胎,由于10多年的生活经济不是很好,那个妻子在怀孕期间经常打麻将,总想在麻将桌上赢些钱,以贴补家用,可事与愿违,不仅没有赢钱,反而总是输钱。因此,使她的情绪、心态、脾气都十分的不好,因常常输钱,老公多次制止不听,夫妻俩还经常吵架。

就这样一直到孕满产子,是个男孩儿。出生后这个婴儿就经常生病,看上去身体十分的瘦弱,是一个典型的先天不足儿。

更严重的是孩子已经2、3岁了还不会说话,也听不到声音,就去医院检查,结果是先天聋哑,真是屋漏偏遇连阴雨,一个贫穷人家的孩子要装一个人工耳蜗就需要20多万元,他们家庭哪能支付得起。后来听说国家有免费为贫困家庭的聋哑儿童安装人工耳蜗,我也多次帮他联系有关部门,最后由国家免费为他儿子安装了人工耳蜗,恢复了听力,现在也能逐渐的会说话了。

这是一个由于孕期经常生气而造成胎儿残疾的惨痛实例。

下面从医学角度分析一下病因:

首先从基因看,他们的大孩子一切正常。

小夫妻刚结婚,对婚姻生活充满了幸福、期望、欢乐,大多数新婚小两口经济负担相对轻松,新婚妻子怀孕会给夫妻带来心内深层次的快

乐,多数夫妻都会十分重视头胎婴儿,从养胎育胎方面都会投入大量的精力,保护胎儿。所以,他们的大女儿身体很健康。

当怀二胎的时候,家庭经济不如以前,这个社会虽说是劳动致富,但不是所有的人都能找到工作岗位的。由于家庭经济的不济,有许多人都想在麻将桌上有一些经济收入,最终都是两败俱伤。

由于母体经常的生气,经常产生不良情绪问题,不良情绪会产生各种不同的病毒,通过人体的神经系统、循环系统等,传递到胎儿的培育过程中,这些不良病气侵袭到哪个器官,就会伤害到哪个器官,像这个小孩就是侵袭到了肾功能系统的听力器官。所以,使胎儿造成聋哑状态。

这种情况在人世间大量的存在,甚至与每对夫妻都有干系,希望读者别以为与自己没有关系而轻视这一重要问题,一但一个残疾婴儿或者一个亚健康婴儿找上你的门儿,那就注定了你们和孩子一辈子的痛苦!

第十讲　心理与感情

心理是每一个人一生都要面对的现实问题,是任何人都不能摆脱和回避的问题,凡是勇于面对、勇于创新的人,就会在人生中获取幸福与欢乐。每个人的勇气来自于心里的支持与心理的导向,心里的健康与发展又受生理健康制约和支撑,生理的健康又受心理导向的制约和关照。

也就是说心理决定着每个人的身体健康和人生道路的走向,生活在这个世界的每一个人,当自己的身体长期处于不健康状态时,除了生理因素之外,一定还潜伏有内在的心里因素。特别是那些消耗性疾病,也就是人常说的慢性疾病。当自己的生活道路逐渐走低的时候,一定和不良心里因素有关。所以,人的心里一旦出现问题,就必须用心理来指导心里,使心里活动进入心理活动的程序,心理是人生道路的领航员、导航师。心理的理是来源于道理,大家一定要牢记这一句话。道理来自于自然规率和社会规范。

换言之,心理一方面决定着自己内在的生理,另一方面决定着自己外在的命运。自己的生理是否健康,命运是否良好,完全取决于心里正常和心理正常。心里正常就会引导生理正常,生理正常就会使身体健康。

心理正常就会引导心里正常,人生正常,生活正常,家庭正常,社会正常,国家正常,国际正常,环境正常等等。

心理在人生中占有如此重要的地位,那么良好的心理是由谁来决定

的,这个问题需要一步一步的来解释。

❖ 一、生理与心理

什么是生理,生理是指人体生命受自然法则所模定、受自然规率所支配的生命物理循环过程。

生理是身体健康的基础,生理正常身体才会健康。人体的结构是由许多不同系统共同组合的结晶,在诸多的系统中有一套信息系统,这套信息系统在神经中枢和神经网络的配合下,完成它的缜密功能与作用。

用个不太恰当的比喻,人体就像是大自然创造出的一套电力机器,它有一套信息系统,它的内部还有发电机,有发射塔,有电波,有导体等等,它可以通过电流和电波,把内部的信息传递出去。同时可以把外部信息传入进来,简单的可以这样比照着理解,其实人体比电力,电脑的结构细致无数倍,奥妙复杂无数倍。

人们长期把人体的这套信息系统称之为心,心的实质含意应该是中心的意思。如果套用一句现代科技语言,心是人体的网络中心。高科技已经向人类明确展示,信息具有两大传递方式:一种是有线信息网络;一种是无线信息网络。

那么人体中也存在着有线网络(如神经系统)和无线网络(如心灵)。只是人们更多的了解了神经系统,还没有发现神心系统。

神经系统,人的意识信息通过神经体进行传播,这种传播仅限于自己身体由内及表由表及内的意识感知传播。

神心系统,人的意识信息最终都要汇总到心灵,再传感到心神。神心系统还有一个无线电波收发的特殊功能,他可以把内心的意识情感等信息,不通过神经系统直接发射出去,这是一种无形的与无线电波原理基本一样的信息功能。神心系统还可以用视觉,嗅觉,听觉,触觉,直觉通过神经系统传递意识情感等。

在人们的生活中常说这一句话："陕西地方邪，只说不能觑。"这话的意思是说，当大家聊天时突然提到了一个当时并不在场的人，大家只可以尽情的议论，切不能骂这个人。因为，这个人有可能已经走到了门外，会听到有人在背后正骂他(她)。在陕西确实经常出现这种尴尬的局面，搞得大家不欢而散。

还有一句俗语："说曹操，曹操到。"在三国时期有许多老百姓都畏惧曹操，都吓得在说话中不敢提曹操的名字。因为，当他们在议论曹操的时候，经常会听到外面大喊："曹操到啦，快跑啊！"。

《西游记》中还有一个画面：当孙悟空来到菩提祖师洞府门前时，还没有走到门口就被一个小道童迎上来问，你是那个寻师访道的吧？请跟着我来吧。孙悟空一脸的狐疑，满心的纳闷儿，他祖师怎么提前知道我来寻师访道。

这三个不同内容的故事，共同说明了一个道理，当一个人要到什么地方去的时候，这个人首先要想自己要去的那个地方，与此同时他心中的无线电波，就把他的目标信息瞬间发射到那个地方，这个信息的强度，会因为距离越走越近而增加。

这个时候正好处在那个目标位的人，身上的无线信息系统就会收到发来的信息信号，如果是一个普通人，即使有信号撞在他(她)身上也不会有什么反应。如果是一个对信息敏感的人，就会本能的出现这个来人的信号信息。如果是一个熟悉人的信号信息，就会触动自己大脑记忆库中的相对应的信息点，这个信息点一旦被触动，就像被点击了一下，这个信息点的内容就瞬间的活跃起来，展示出来。所以，自己就自觉不自觉的，说起这个人的名字和事情来。大家也会跟着他(她)的话题议论起来。

那么，对于不认识的人怎么会提前知道，来人的情况、信息和目的等等。这个问题就深刻啦，如果想弄清楚是怎么回事，就必须了解一定量

的道家文化才行。

在这里就破例解释一下给大家听听,如果你听不懂也无所谓。在道家文化中,每一个学员(学名叫:道士)都要进行体能修炼和心能修炼。在心能修炼里面主要包括思维,思想,意识,意念,心灵,心神,心德,心慈等,良好意识的修炼,因此被定性为:"善道"。

如果,学员们只修炼思维,思想,意念,心灵,心神而不修炼心德,心慈的话,那只能称为:"修道"。而不能成为"善道"因此也不能轻易得到"善果"。

"齐天大圣"孙悟空就是一个典型的例子。

菩提祖师把七十二般变化教会孙悟空时,在还没有教会他修炼心德,心慈的时候,就因为一点小事把孙悟空给赶出师门。因此,孙悟空没有经过善道修炼和善导教育,才引起了"大闹天宫",被人禁足五行山下,又经过西行取经补课。一路上不停地又被师父教诲,才完成整个修炼科目修成正果。

回过头来再说说菩提祖师,为什么能预知孙悟空到门前了。菩提祖师有许多道法,七十二般变化只是他道法功能中的冰山一角,在他的功能中有一种功能,就是可以主动发射信息去查某一个人的信息资料,也可以接受某一个人发来的信息信号,并可以通过这个信息信号查明来者的来意。所以,就提前知道了孙悟空到来和来意。因此,才命令一个小道童前去门外迎接。

通过上面的这些故事就可以说明,人体的信息系统有其永恒的使命和许多不同的作用,这些信息功能可以维护生命安全的信息中心。这是每个人信息系统存在和运行的宗旨,为了使这一宗旨得到有效的维护,人体天赋中就具备了所有的生理功能和心里功能。

人的总信息系统大致可分为三个信息中心:

思维中心居上,舍于脑。

精神中心居中,舍于心。

本能中心居下,舍于肾间。

所谓的中心,只是相对的中心,在自然界和自然规率中设有绝对的中心。因为,在圆周率中 π = 3.14……

"π"的3.14永远除不尽,数字在无休止的循环,在作圆环运动……

思维中心

思维是大脑诸多信息功能的主要组成部分,它是将大脑中,储藏的来自于外界和来自于身体内在的各类信息,按照一定的愿望和目的进行组合的过程。

所以,思维具有创造性,但是这种创造既能创造成功,也能创造失败。人们为了防止过多的失败,必须求助于理性,求助于自然规率才能多成功少失败。

思维在正常情况下不会自己启动,它需要在精神的指令下才会开启工作,思维活跃的人对同一事情可以拼对出多种解决问题的方法,供心神选择和决定。思维不活跃的人往往套用大脑储藏的原形信息模式,或者拼对出较少的信息组合。

思维不太活跃的人,适应干具体的重复性较强的工作,这样可以发挥特点,也能把工作干好。

思维比较活跃的人,适应干多变性工作,像公关、经商、科研等,这样可以发挥特点,做出较大成绩。

思维功能的性质又可分为良性与劣性,所谓良性与劣性它不是由思维本身来决定的,它是由诸多因素共同作用的结果。如健康因素、情绪因素、生活环境因素、经济因素、生理因素、精神因素、文化因素等等。

(一)当一个人的身体长期处于健康状态时,其思维内容常偏向于良性,多数是积极、光明、豁达、愉悦、向上等良好的思维内容供于心神选择。反之,其思维内容常偏向于劣性,其多数是消极、阴暗、狭隘、忧郁、

向下等,不良的思维内容供于心神选择。这样就容易导致强者更强,弱者更弱的不同心理循环和生理循环的客观现象。

(二)情绪对思维的影响也十分重要。当一个人的情绪处于良好状态时,其思维的敏捷度就会大大的提高,思维清晰度也会增加。如果情绪处于不良状态时,其思维敏捷度就会受到影响,而降低思维质量,思维清晰度也会同时降低。

所以当我们情绪处于不良状态时,不要轻易决定一些与自身、家庭、工作、前途等有关的重大问题,这样可以回避和减少对自己、他人的伤害和不良后果。

(三)生活环境对思维也有影响,每个人的思维都受生活环境的笼罩。人的大脑每天都要输入许多信息,如果日复一日输入大致相同的信息。这些信息就会大量地堆积在思维选择的周围,很容易被思维把这些信息用来拼对与组合。

中国古时候有个"孟母择邻"的故事,说的是中国的一位教育家孟子小时候的一件事。

在孟子小的时候,孟子的母亲很希望把孟子培养成才。所以,孟母对孟子的行为和心里,特别关注和培养。

有一次孟子从外边玩回来,就不停的模仿街坊邻处的一家屠户,学着做一些杀猪的动作和猪的嚎叫声。

如果在一般平常的母亲看来,可能还很高兴,会觉得自己的孩子很聪明伶俐,同时把这件"小"事不会往心里去。但是孟子的母亲却不一样,她一方面看到了孩子的机灵聪明和较强的模仿天赋,另一方面立刻就想到周围的生活环境,会影响孩子的天赋良性发挥,会影响孩子前途与未来。

因此,孟母为了给孩子创造一个良好的学习环境,而把家给搬走了,孟母选择了一个有益于学习的良好环境住了下来。

从那以后孟子经常看到人家的孩子都在读书,自己也学着人家的样子要读书,孟母抓住这个时机,因势利导,从而为中华民族培养出一位杰出的教育家。

所以,在中国每位成功者的背后,常常站着一位伟大的母亲。

尽管那个时代还没有心理学这么一说,但是心理的作用却一直忠于职守。古时候的孟母就已经知道,模仿是一个人选择人生道路的主宰者,这个主宰者常常会因环境的影响而改变方向。

根据"孟母择邻"的故事,已经细致入微地说明了生活环境会给思维提供不同的思维模式和思维信息堆,它给思维选择提供重要的外在因素和外在导向作用。

正如中国有句俗语:"近朱者赤,近墨者黑。"这也是指环境可以影响思维,使人的心理和命运都能发生变化。

(四)经济因素对思维也有很大的影响。一个人的经济状况直接影响到思维的取向,中国有句俗语,叫做:"穷则思变",这个穷字含有经济贫困的意思。就是说当人的生计发生了危机的时候,主宰生命的信息系统会加强活动的频率,思维是信息系统的前沿先锋。所以,当人生经济危机降临时,思维自然就会首当其冲。

思维会调动自己的所有能力,将自己大脑中的所有信息,从记忆库中调阅、选择和拼对,以求寻找摆脱贫困的方式和方法,以此作为行动的准则来改变和摆脱困境。灵活的思维会在行为的过程中,不断地对原先选择或拼对的行为方案中不合理的部分,随时做出修改与校正,为达到预期目的提供思维保证。

但是否能够获得成功,还要看自己的心神对思维提供的行为方案与外在现实是否协调。也就是说,看自己的心神决策能力是否正确。如果自己的决策选择正确,其成功率就会随之而提高。反之,则成功率就会随之而降低。

第十讲　心理与感情

在现实生活中不乏这样的实例,特别是我国目前处于经济转型期,这是社会提供给每一个人的大前提。在这样的经济变革时期,就会导致一部分劳动者下岗,有许多下岗者首当其冲的问题,就是面临着经济"危机"的威胁。

有的下岗者就能合理地运用心理进行自救,他们首先启动自我的信息系统,开动思维寻找经济出路的各种信息。然后组合出几套行为方案,看哪一套胜算性较强并且自己能够适应与把握。然后再由自己心神做出选择与决定,最后按照自己的思路坚定地付诸行动。只要有行动就会有机会改善不良局面。

也有一些下岗者,在积极的思索,寻找再就业,寻找经济出路,就是老决定不下来,有时决定下来却未能变成行动,而行动是最终的决定因素,只要你能坚定的行动起来,就会找到曙光。

我们每一个人不仅要有集体战斗的精神,也要学会个人战斗的能力,长期的集体战斗精神从客观方面会削弱个体战斗的意识,最终使集体战斗能力渐渐削弱。一个完整强大的民族,就应该同时具备集体战斗能力和个体战斗能力,这样才能适应多变的风云世界,适应自然规率的变化和社会规律的变化。

(五)生理因素对思维的影响,思维本身植根于生理,生理健康与否将直接关系到思维的功能与能力,生理因素包括脏腑功能是否健康,身体的各个系统是否正常。

思维常因身体的各种能量不足而导致功能低下,特别是消化系统得不到正常补充时,神经系统就会发出饥饿信号,当信息系统接收到某系统的饥饿信号时,思维系统就会首先开始工作。

比如一个人该吃饭了,消化系统就会通过神经系统发出饥饿信息,这个信息通过体内的神经网络瞬间传递到神经中枢,神经中枢就会发出进食要求的信号,(如果是一个动物,它此时就要猎取食物)人却不一样,

人有一套比较完整的社会体系。

当神经中枢发出进食要求的信号时,这种信号首先要经过心神的认可。比如,此时的你正在工作、开会等,客观因素不允许进食,这种信号就被心神所拒绝,思维就会配合着忍耐着。

如果神经中枢发出的进食要求信号得到认可,思维就会首先活跃起来,思维活动我们把它叫做"想",这时你就会想今天吃什么饭。

思维会在自己记忆信息库中寻找食谱,有时还会在饭店寻找合适的食物,思维只有寻找的功能,没有决定的权力,只有当心神做出最终选择时,思维就会自动的停止寻找功能,这时你才会稳定下来进餐。

在这里给大家提醒一点,如果你已经选定食品静下心来进食,思维还在不停地寻找食物,就是说你的大脑还在不停地想其他的食物,特别是在你周围看不到的食物。应该引起自己的注意,你的思维系统可能受到某种生理因素的干扰,处于不正常状态,应该寻找生里医生或心理导师去查找原因。

一个人的思维必须受心神的严格控制。如果一个人的思维长期或经常摆脱心神的控制,就会不自觉地逃越心神来指导行为。如果当时的思维内容处于不良状态时,必然就会引起不良行为,这样就会使自己犯错误。这在心理学方面属于思维"强迫症",但在社会行为中常常不会被人们所发现。

所以,人们常把这种行为的人与坏人相提并论。

所以,病变思维会给自己带来麻烦,会给自己带来伤害。

所以,一定要维护好自己的思维系统,它的健康会给你带来幸福与欢乐。

如果一个人长期处于饥饿状态,神经中枢就会经常受到饥饿信息的强刺激,从而就会本能的调动思维,不受心神的制约而发生亢奋心里,思维就会只为本能服务。饥饿能对思维产生巨大的伤害。

第十讲　心理与感情

所以,我们每一个人应尽量避免让自己在某一方面,长期处于饥饿状态之中,其中包括饮食、性爱、感情等等。

(六)精神因素对思维会产生重大影响。精神具有直辖思维的特殊性,当精神饱满时,思维才能够正常地发挥作用,才能默契地配合精神达成共识。

当精神发生紧张、亢奋的病理状态时,思维就会发生混乱现象,如语无伦次,思维出现突然中断,使自己感觉到大脑一片空白,原来想说的话突然消失。

精神紧张、亢奋现象属于心里障碍的一种表现,多数是由于精神紧张造成的。造成精神紧张的原因很多,最主要的是恐惧、畏惧、恐怖等因素引起的。

例如,在工作中职员难免要向领导汇报工作情况,特别是那些性格内向的人平时不善言谈,当自己向领导汇报工作的时候,很担心自己在领导面前的谈吐能力。

因为,这直接关系到自己的前途。尽管有些人平时也能口若悬河,滔滔不绝,长篇大论地讲话。但是一见到领导,喉咙像卡住似的,一句话也讲不出来。

这是因为在他们的潜意识里堆积了大量的恐惧因子所造成的精神紧张。精神一紧张,神经系统也紧张起来,思维在精神紧张和神经紧张的同时作用下,一方面会出现思维混乱而发生语无伦次的现象。另一方面会因神经紧张而出现信息空白,发生了没有话说的现象。

精神萎靡现象,也属于心里障碍的一种表现,其原因多数是遭受心里打击造成的,感情失落也可以导致精神萎靡。精神萎靡常常使思维失去活力,导致思维功能低下。特别是学生时代,如果出现了精神萎靡的情况,学习成绩总是上不去,甚至还会不断地下降。

有的学生常常担心自己的学习成绩,而不是把精力更多地用在努力学习方面,这时自己的精神背上一个包袱,时间久了精神就会产生困倦反应而发生萎靡现象。

特别是一些青春期的学生,当自己发生了手淫现象时,由于听到人们说失去精液会对身体造成多么大的伤害,使自己产生严重的心理恐惧。其实在无奈的情况下正常的手淫还可以保证身体健康,祖国医学中有这样一句话叫作:"精满自溢"。

正常的手淫只不过是对"自溢"进行了"手溢"而已,有什么可怕、可担心呢?真正可怕和担心的是自己的恐惧心理,它会直接伤害你的精神,伤害你的信息系统。当一个人精神发生萎靡不振时,整个身体的生理机能都会降低,中医常称之为:"阳气下陷"。

消除恐惧心里是保护精神旺盛的重要方法之一,只有在精神旺盛的前提下,思维才能活跃地、有效地进行工作。而这一切都需要心理对心里做正确的指导。

(七)文化因素对思维的影响。思维与文化的关系几乎不能各自独立存在,人类社会的所有文化几乎全都来源于思维的创造。

前人的思维创造又会以文化的形式流传下来,形成一定的文化模式来指导后人的思维道路,最终形成一个承传式的社会发展趋势。后人在前人的思路指导下,不断地继承、革新、再创造,使社会的发展点逐渐的抬高,使思维能力逐渐提高,使文化认知逐渐提高。

思维常常被引入理性范畴,在人体的信息系统中,唯独思维是最理性的,而心神和本能都偏重于本性。特别是本能纯粹属于本性范畴,心神介于理性和本性二者之间,心神常常可以受到文化和思维的影响,改变精神境界。

当优良的文化输入脑海时,它就会直接影响和引导思维,常常纳入优良思维程序,久而久之这种优良思维信息就会逐渐的影响心神,心神会因此而渐渐提高境界。

第十讲　心理与感情

我们常说的思想境界和精神境界,在心理学中有着明显的区分与区别。其实人的境界可分为三层:

第一层是思维境界。

第二层是精神境界。

第三层是本能境界。

思维境界受两大环境的影响而发生变化:一是生活环境的影响。二是文化环境的影响,这两种因素的内含可以影响思维,既可以良化思想境界,也可以劣化思想境界。长期的思想境界取向,可以影响精神境界取向。长期的精神境界取向,可以影响意识境界取向。

所以,要提高一个人的品德与品质,首先要从生活环境、文化环境入手,从而提高思维境界。提高精神境界。提高本能境界。随着心理境界的提高,人的信息系统得到良好的修养,这样可以大大降低因心理因素造成的各种慢性疾病的发生率。还可以提高自身的免疫机能,使那些慢性疾病渐渐消失,还可以改良自己在宇宙自然率中的位置。这是一剂免费而特殊的健康良药,我们何乐而不为呢。

精神中心

精是指旺盛的生命力,神是指主见与行为的决定者。精神是信息系统中十分重要的心理中心,自己所有的内心意愿的认定与表达,外在事物的认定与取舍,都要依赖自己的精神功能做出判定与决定。

我们常说的自己,其中包括两大部分:一部分是指整个身体;另一部分是指精神。当精神决定要做一件事情的时候,精神就会指令神经中枢驱使身体行动,潜意识也同时积极配合。

身体与精神的关系是外延与内含的关系,身体是外延,精神是内含。生命本来就是由身体和精神组合而成的。

有人只注重维护身体健康,而弃精神健康于不顾。也有人只注重维护精神健康,而弃身体健康于不顾。这两种偏激的行为,都是非常错误

的,应该及时纠正,越快越好。

曾经有一位年轻女性心理咨询者问我这样一个问题:"我是谁"。

由于她当时的心理状态极不稳定,所以没有立刻回答她这个问题,只告诉她说等你心理稳定以后,我一定告诉你"你是谁"。之后我再没见到她,我想把她的这一问题,作一公开回答,对大家也有益处,并希望她也能看到这一回答。

"我"和"自己"的意思大致相同,"我是谁?"这个问题本来很简单,首先,你是一个人,再细分一点你是一个女人,你是一个有名有姓的人,这些你自己比我清楚的多了。

分明你所问的问题不是指的这些,你所问的"我",其实就是你的精神(心神),精神是你心理活动的总中心,假如抛开自己的身体来谈"我",那只剩下精神了。

你是在问一个内在的我,一个不能直接看见的我,一个决定自己行为的我,一个决定自己命运的我。这个"我"就是你的精神,也可以说是你的心神。精,是指心之"精华"。心,是指心之"本体"。神,是指心中之主。

所以,精神和心神,大致是一个十分近似的概念,这里的主体不是精,也不是心,而是神,是生灵意识的主宰。

一个人应该首先了解自己,了解自己的身体,了解自己的生理,了解自己的心里,了解自己的心灵,了解自己的心神。这样你才能合理地养护自己,合理地安排自己,合理地升华自己。

特别是对精神应该有一个较为明确的了解与掌握,了解精神就是了解自己,掌握精神就是掌握自己。自己本来就是由肉体与精神媾合的生命现象。不能只单独的关心肉体的健康,同时还应该关心精神的健康,肉体与精神的关系十分密切,肉体与精神时刻都在相互影响、相互促进、相互关照,就像中医学所说的"阴阳互根"。

第十讲 心理与感情

以后每当提到自己的时候,在意识中应该联想一下自己的精神,经常想一想自己的精神是否晶莹剔透、清澈明亮,有没有被信息病毒所感染,要经常用思维和意识清洗精神,让自己的精神一直保持在健康状态。

精神的主要生理功能是决策,我们生活在社会中,每天都有许多来自于生理的、心里的、家庭的、事业的、社会的各种事务需要精神的确定与决策。

无数个琐碎小事汇集起来,逐渐地就会汇集成河流,这样必然会产生自己的人生流向,这种人生流向的说法,是《中华心理学》自创的名词,平常人把它叫做:"命运"。

当一些人的人生流向日渐不佳时,往往指责自己的"命"不好,常常怨天尤人,这基本与天命无关。

主要原因是精神决策失误造成的,精神每决策一件事情,都应当参照思维系统的理性,意识系统的本性,特别是一些有关人生的重大决策,如事业、婚姻等,更应该从客观的理性和主观的本性,这双重利益出发来决策。

决不能放弃主观本性,单从客观理性出发决策人生重大问题。也不能放弃客观理性,单从主观本性出发决策人生重大问题。更不能不顾理性与本性,一意孤行随意决策人生,否则你的人生道路走向低谷那是迟早的事。

决定人生"命运"的主宰者是精神、如果我们每个人想自己掌握自己的命运,首先要从爱护精神,保护精神、健康精神入手,只有那些能自如掌握自己精神的人,才有能力掌握自己的命运。要想稳固掌握精神,还必须全面掌握心理,掌握整个人体的信息系统,只要有恒心,一切能力都会被自己所掌握。

本能中心

本能中心也叫潜意识中心。所谓潜意识,它是指发自本能的生理和

生命深处的信息功能。

潜意识有其独特的心理功能,潜意识只主管身体内部供需问题,一旦身体内部的某种需求得不到满足,潜意识就会向精神中心发射信息,告知身体内部需求什么。例如,体内产生饥渴信息,潜意识就会督促精神及时补充饮食,直至饮食补入后,饥渴信息消失,潜意识才会停止督促。

潜意识是人体信息系统中最真实、最真诚、最忠心的心理功能,它似乎就像自然规率派进人体的代表,它既纯朴又赤裸,从不虚伪掩饰自己的行为与观点,它的特殊之处是容易引起格斗。

潜意识不隐瞒观点,表意识就不太一样了,表意识指的是思维,思维具有创造性、多变性。所以,投机取巧、隐瞒观点就成了思维的副产品。因此,思维在给人类带来光明的同时也制造了阴影。

潜意识不善于用语言表达自己,潜意识常常用动作、行为、神态、感情等表达自己的意愿和要求。像舞蹈就是潜意识展示自己的最佳形式,一个人的舞蹈动作,其中就包括了行为、神态、感情和语言,潜意识常以自己的"语言"方式表达自己的欢乐和幸福。

同样潜意识也常用动作、行为、神态、感情等,表达身体的不适与痛苦。当身体的某个部分因生病等原因造成痛苦时,潜意识就会发出相应的动作和表情,发出求援的动作信息、行为信息、神态信息、感情信息等。

假如一个人因胃脘不舒而引起腹部疼痛,这时人的潜意识就会作弯腰按腹状,面部显露出痛苦的样子。当这个求援动作形成时,他以无声的信息向周围发射。这时就会触动他人的感知,而迎上前来对这个人进行帮助,比如问候、安慰、治疗等。

潜意识健康对身体来讲万分重要,潜意识的舒畅与健康是人体支撑生活各种压力的根本。人在社会中生活,不如意的事情有许多许多,甚至有时人生会受到超强度的打击与伤害,这些都需要心理上的化解与

承受。

轻度的生活压力,思维系统一般都能化解与承受,会把外来的各种一般打击和压力,在心理系统的第一道防线化解掉,将一些不良的信息伤害拒之门外。这样可以使自己的精神系统得到有效保护,自己因此而受到保护。

如果外来的压力过大、伤害信息过强,思维系统受到强力攻击,已经不能独立面对的时候,潜意识此时就会奋起抗击外来压力和打击,常常用行为来保护自我系统的安全。(俗称:打人。)

在生活中这种现象比比皆是,举个最简单的例子。

例如说有两个人正在吵架,吵架在心理学范畴来讲,属于人与人之间和思维与思维的较量。一来二去的你争我吵,两个人的思维常常处于亢奋状态,由于人与人之间的体力差异、知识差异、能力差异较大,有的人占体力优势,有的人占知识优势,有的人占能力优势。

争吵中占思维优势的人就会越吵越盛,俨然一股盛气凌人的样子。思维劣势的一方往往有可能是体力优势者,为了不使自己忍受屈辱,潜意识就会奋起攻击,来出拳暴打对方。

前面给大家讲过,潜意识常用动作、行为表现自己。所以,当潜意识发起攻击的时候,身体"语言"(打人)就像雨点般的拳头砸向对方。

我认识一个小学生就是这样,他从小是在托儿所长大的。托儿所的阿姨时常教育大家:"小孩子不能骂人,骂人不是好孩子,谁如果骂人了,阿姨就要打屁股。"阿姨的这些话被这个有心的小孩子深深地记在了心里,所以这个小孩子和托儿所的小朋友们大多都不骂人。

当这个小孩子到了入学年龄,就进了小学读书,在学校里他和那些没有进过托儿所的小朋友走到了一起。小同学们在一起玩耍难免有时会发生矛盾而吵架,在吵架中那些没有受过学前教育的孩子,往往被这个孩子吵的理屈词穷。

输了理的小同学就以骂人示威,而这个孩子没有骂人的能力,自己原来的优势,一下子就变成了弱势,这时他的潜意识和阿姨的教导——"打屁股",在脑海里同时出现。所以,就奋起拳头反击,常常把同学打得鼻青脸肿。过后看到同学那痛苦的神情,心里又发出深深的懊悔。

讲到这里我们大家应该明白一个道理,社会之所以产生文化和武功,那是心理因素的杰作,思维创造文化为人类自身服务,意识创造武术也为人类自身服务。

文化与武功相互作用、相互弥补,文化可以为武功导航,武功可以使文化发展。把这个道理变换成思维与潜意识,思维与潜意识可以相互作用、相互弥补、相互开发。思想可以给意识引路,意识可以使思想开拓,其中最大的受益者是身体,是精神,是自己。

潜意识几乎可以代表一个人的本质和实力,中国有句俗语:"本性难移",这里所说的本性就是指潜意识。其实想改良一个人的潜意识也并不是像人们想象得那么难,只要方法得当,人世间没有改变不了的人和事。

像舞蹈、武术、游泳等优良的体育运动磨练,都可以对潜意识进行改良。例如,孩子上网成瘾,可以让孩子通过习武,戒掉网瘾,特别是太极拳和太极推手,有调整大脑中枢神经的作用和改良潜意识的作用。

让潜意识经常处于规范性的运动中,掌握平衡,掌握协调,久而久之潜意识就能逐渐改良,这样就会在生活中更好地改善自己,把握自己,使自己能够勇于面对困难,合理把握行为,让自己安全、顺利、幸福的渡过自己光辉的一生。

人体信息系统对维护身体健康,促进家庭幸福,推动社会发展起着决定性的作用,无论是个人还是社会都应积极地重视人体信息系统的运用与管理。这正是作品的真正目的之所在:让《中华心理学》造福于人类。

二、心理障碍

所谓的心理障碍,说准确一点是在心理指导心里的过程中发生了阻挡现象。再分仔细一点,它也是心里活动出现了阻挡或者不通的现象。这分明是两个不同的区域,很遗憾的是到现在还没有心理学家能把这两者清晰地区分开来。

心理障碍,可分为:"心里障碍"和"心理障碍"这两个截然不同的区域。这两种不同区域的障碍,都可称为:"信息系统功能性障碍"。在这里只重点谈谈心理障碍。

心理障碍主要是指,当我们用心理学说,去指导心里活动的时候讲不进去,把许多哲理,真理,道理输入不到学者的心理活动的意识中去。这就是心理障碍的具体所在。

心里障碍主要是指,尽管这些哲理,真理,道理等,也能被学生清楚的接收记在大脑里,可是在学生的心里进行思维,思想,意识活动的过程中却不能发挥作用。这就是心里障碍的具体所在。

一种是真理传不进去,一种是真理传进去了却不能发挥作用。

真理传不进去有几种可能,一种是传授真理的方法不正确,不能使学生学习的愿望和学习的欲望的通道打开。因此,形成了授受之间的信息通道阻塞不通,或者是信息通道通着呢只是门没有打开。这种情况属于心理障碍。说准确一点是:"心理传递障碍"。

还有一种情况是,无论你传授的方法如何的正确,是学生的信息系统不通畅,或者是学生的精神和思想排斥的结果,这种情况就属于心里障碍。

再有一种情况是,真理也传入了学生的脑海里了,学生也主动把真理珍藏到记忆库中了,也很想让这些真理指导自己的生活实践,可就是使用不上,也就是说真理和心里不能融合在一起,不能让心里产生理性的思维和思想。这种情况就属于综合性心理障碍。

综合性心理障碍,是大多数有心理障碍特征的人,比较普遍存在的一种社会现象。

心理障碍和人体生理的其它系统,如消化系统、循环系统、神经系统、运动系统等一样,都会发生某种疾患与病变,当我们重视保养身体其它系统功能时,请不要忘记保养自己的信息系统。使自己的心里功能保持畅通无阻,让良好的心理教育畅通无阻地走进自己的心灵深处,让我们每一个人未来都能回到属于自己快乐的心灵之家。

(一)思维障碍

思维障碍是构成心理障碍的主要障碍之一,思维障碍分功能性思维障碍和意愿性思维障碍。

功能性思维障碍多由生理因素造成,如脏腑功能失调、神经衰弱、贫血等。这些生理因素常可以引起思维功能亢奋而导致失眠,多梦、胡思乱想等。使思维不能按照自己的意愿进行活动与休眠,常常出现强迫思维,所谓强迫思维就是指非主观意愿的大脑思维。自己不愿意想的事,大脑却不停的在想,不停的在进行构思,好像是有一种力量在强迫自己这么做,心理学把这种情况叫"强迫症"。

意愿性思维障碍多数由人际关系因素造成。如恋爱、婚姻、家庭、朋友、同事、邻居等社会关系因素引起的思维障碍。

经常表现为思维方面的心理障碍,如单向思念、夫妻挑刺、溺爱子女、相互戒备、相互利用、相互指责等。这些不良的思维障碍来自于不良的意愿,在这种不良意愿思维的促使下,常常使人发生心里与心理的意识矛盾和人际关系矛盾。

这些矛盾一旦产生,心中就不由自主的会出现愤恨、怨恨、嫉恨、忌恨、妒恨等不良心理,这是较易发生的一种"强迫症",这种情况多由思维

第十讲　心理与感情

失控,思维失衡造成。

恨,是常常压在人们心头最大的一座山。恨字由"忄"和"艮"组合而成,"艮"字在易经中代表山岳,恨的意思是心里的山岳把心给压的竖了起来,"忄"常用来表示心神不能平安宁静的意思。

在生活中曾经发生这样一件事,有一个19岁的未婚女孩子,还在大学读书。青春期的女孩子一脚踩在青春线上,一脚踩在知识线上。这是自然规率和社会规律给每个青年人铺设好的路轨,如何在这路轨上安全平稳的行驶,主要靠个人的能力和技巧。

这个女孩子在青春线上出了一点问题,她在自己的社会交往中,认识了一个比她大15岁的已婚男子。

在日常的交往中,女孩子对这个男子产生了好感,也可能是这个男子有某些特长吸住了女孩子的心。比如说健谈、神态、身材、体魄、动作、行为等。

从生理学来讲,异性之间本身就具备相互吸引的潜在力量,常常不受年龄差异的影响。

从心理方面来讲,捕捉美感是每个人的心理本能,特别是捕捉异性身上表现出来的美感,几乎是每个青年人的潜在因素。

当这个女孩子把那个已婚男子当作自己捕捉美感的重要目标时,从社会学的角度来讲,她已经开始犯了目标性的错误。选择捕捉美感的目标,对于未婚青年显得十分重要,美感一开始对于任何人来讲,只是一种欣赏而已,如果这种欣赏有了一定的力度时,就很容易使人产生心动的悦感。

心是爱的产生地,也是触动付出感情的"批发部",心动情必随之而动,当自己的感情融入某种美感的时候,春情也会悄悄地跟着感情一起参与进去。

当自己的感情与春情一起迭荡而起的时候,就会对散发美感的异性产生心理上和生理上的行为要求。这种要求一旦得不到心里和行为的兑现,自身从精神到肉体就会产生痛苦,在这种痛苦因素的刺激下,渴望意识油然而生,渴望意识会促动自己心里和生理积极行动起来,突破障碍与阻力来兑现自身的愿望和要求。

那只是主观因素,客观因素并不允许她这样做,那个已婚男子有妻子,有孩子,已经有了自己的家庭。

这个女孩子也不可能与那个有妻室的中年男子结婚,其中有感情阻力和社会阻力,首先那个已婚男子不一定愿意和她结婚,其次双方的家庭一定会坚决阻拦和反对,加之社会模式也不认可,会产生各种舆论压力。

外在的强大阻力和压力,不允许女孩子的情感和愿望发展下去。因此,心里和生理的行为要求就不能实现。如果当时感情投入得比较少,自己就会知难而退,渐渐地收回感情,感情收回来了,春情也会随之而平静下来。

而这个女孩子没有接受过这方面的教育和指导,在青春荒漠区迷失了方向。能发生这类情况的女孩子,多数属于纯情少女。

提醒那些纯情少女,在你们没有双双步入婚姻殿堂之前,一定要多留一部分感情给自己。

请记住,当你的感情单向的全部抛出之后,你的身体已经成为感情空壳,如果你不能及时的得到对方感情的补入,你的身体将处于感情干涸状态。

人体需要多方面的物质营养,感情是身体特别是心里方面的重要营养物质。一旦失去这种情感营养,人就会产生心里和生理方面的多种疾病,也会产生心理方面的混乱,这样会影响学习,影响工作,影响生活,影响人际关系。

感情强迫症就是心里疾病的一种,这个女孩子就是患了"感情强迫

症",使自己沉陷在一个没有结果的情感漩涡中不能自拔。

这个女孩子后来也明白了自己的失误,自己很想从这个误区中走出来,可是怎么努力也走不出来,她甚至向社会呼吁,期望得到救助。这就是一例典型的关于情感方面的思维强迫症。也可称:情感强迫症。

感情强迫症常与思维强迫症、精神强迫症、意识强迫症并发。

像这个女孩子爱恋上那个已婚男子时,不属于任何病症,只是一种选择失误而已。当自己发现自己的失误想纠正过来时,却无法纠正过来,这已经违背了自己的意愿。凡是一切违背自己真实意愿的心里活动和行为,都可定性为"强迫症"。

这个女孩子在多种因素的促使下,终于从心里和道理明白了自己的失误,但是她对那个已婚男子的依恋却无法消除。整日像失魂落魄似的思念着对方,甚至自己愤恨自己的过失和无奈。

其实她是患了感情和思维并发的强迫症,自己不愿意再想他。可是思想却无法对他放弃思念,自己想收回情感,可是情感好像一点也收不回来,似乎有一种不可抗拒的力量在控制着自己,这就是感情强迫症和思维强迫症的临症表现。

解决强迫症的方法很多,根据不同的人和不同的症状选择不同的方法,下面介绍一种方法,针对那些想走出感情误区,却又走不出来的感情强迫症患者使用。

一个人当自己的感情丢失,会给自己的信息系统造成极大伤害,甚至还会波及到神经系统。所以每个人都应该重视与保护自己的感情,既不能让自己的感情只出不进,也不能让感情只进不出。这两种不良的感情运动方式,会使自己的生理平衡仪发生严重倾斜,对自己造成不应有的伤害。

当一个人误入感情误区时,在自己没有明白之前,自己一般都会有一种幸福的心里享受。当自己发现这是一个误区时,自己就会产生一种

懊悔心理,如果再走不出误区,必然会产生心里痛苦。

一般人这时都希望赶快了结这段情结,由于方法不得当而导致感情被"套"。自己越想早点收回自己的感情,感情就会被"套"的越紧,越套越深,就像走进了沼泽地了一样,越想把脚赶快拔出来,结果反而陷得越深。

这个时候自己应该怎么办,有一种办法是放弃,放弃是对感情强迫症的有效疗法,也称为"放弃疗法"。但是有些人不愿放弃自己的感情,那就请你按下面的方法来做:

首先应当保持原来你们之间的感情浓度,这只需要你单方面的心里感觉就可以了,你们之间有没有来往都可以。有来往也行没来往也行,但是,应该牢记一点你千万不要恨对方,也不要有爱,逐渐平淡自己的心态,把自己的心态调整到"小草"心态。恨在潜意识里往往是爱的另一种表现,表面上的恨是潜在的爱。

否则,你的感情永远也不会收回来,反而仍在继续的付出,这是感情强迫症的内在病因之一。

当你脑海中浮现出对方身影的时候,或心里想起对方的时候,你应当做一个心理功课。

首先闭上眼睛,然后做深吸气入小腹,吸气时带一点点力度,呼气时顺其自然。

深吸几次以后把对方的形象想的明显一点,不明显也不要紧。这时你就想在你的心里发出轻轻呼唤自己的声音,这个声音一定要温柔亲切,就像母亲呼唤自己的孩子一样。

你自己叫什么名字,你就在心里呼唤什么名字,你要对着他(她)身影来呼唤。就好像自己有一颗不大懂事的心,像小孩子一样跑出去玩耍,忘记了回家,你把它呼唤回来就行了。

经过几次的呼唤,你会感觉到自己的身体很轻松,心里也很舒坦和

愉快,这是感情收回的信息反应。也许你会痛哭一场,请你不要紧张,就让自己痛哭一直到不想哭了,就让哭声停止。

让自己的情绪平静一会儿,然后给自己一点笑声,弥补一下因痛哭而支付的心里能量。同时为自己走出感情误区,收回情感而喜悦。

(二)精神障碍

在生活实践中发现,精神障碍现象十分普遍,只是人们不知道如何界定精神障碍,就是说不知道如何识别精神障碍,有许多人一提到精神障碍,马上就和痴呆现象联系起来,这是对精神概念的错误理解。

痴呆是精神病的一种表现,精神病多数是由神经系统的意识功能发生病变,而导致精神异常,这是由生理机能异常影响到心里异常。也就是由神经系统功能紊乱导致精神系统功能紊乱。这种情况属于生理精神病

长期以来人们一直用神经系统功能,掩盖了信息系统功能,把神经系统和信息系统混为一谈,医学界也是这样,因为医学界还没有认识到人体有信息系统的存在。

心里精神障碍多数是由于长期的工作压力,生活压力,甚至包括失业下岗,恋爱失败,婚姻失败等等,而导致的心里障碍。其中包括思维障碍、精神障碍、意识障碍。

精神障碍只是其中的一种,这是人体信息系统发生了功能紊乱,当然,长期的信息系统功能紊乱也可以引发神经系统的功能紊乱。

在生活中常常出现把心理精神障碍患者,送进精神病院进行治疗,精神病院常常把治疗生理精神病的特种药物用来治疗心理精神障碍患者,所以无法达到预期的疗效。

精神障碍一旦引起神经系统的功能紊乱,就会出现一些精神病的症状,在用药物治疗的同时,应当积极的采用心里疗法和心理疗法,用感

情、温馨和爱能量,可以帮助精神障碍患者恢复健康。

在生活中更多的心里精神障碍患者,离生理精神病还有一定的距离,所以常常不被发现,单纯的心里精神障碍却一直在影响人们的正常生活,影响人际关系的和谐,影响家庭的和睦,影响社会的安定。

心里精神障碍常常表现为非理性的决策与决定。较为严重的精神中心障碍,常表现为:自卑、自伤、自残、自虐、自杀等,这些属于凹陷型精神障碍。还有一种表现为:自狂、伤人、残人、虐人、杀人等,这些属于亢奋型精神障碍。

他们的基本特征是精神障碍和潜意识障碍同时发作,假如潜意识功能健康,尽管精神具有不良愿望,也不会导致任何后果。因为潜意识主管着运动和行为,精神的不良决策与决定,无法调动健康的潜意识来配合病态行为。

精神调动思维的能力比较大,所以思维常常是精神的配合者。精神障碍常在思维的配合下,通过语言的方式进行自伤、自残、自虐、自辱等,常表现为自己辱骂自己,专找那些可以刺痛自己心灵的语言,进行自我语言方面的伤害。这些属于内向轻型精神障碍。

外向轻型精神障碍却相反,它常用恶劣语言对他人进行伤害、残害、恐吓等,常表现为辱骂他人、恐吓他人,愤恨之中唇枪舌箭唯恐不能用其极,以此发泄精神的病态情绪。

以上的几种情况都属于精神障碍("障碍"是外来词大家都已接受这种说法,实际上是"病变"),如果长期得不到控制,就会转化成精神强迫症,自己整天浸泡在愤恨中生活,这不仅能使身体器官发生潜在的劣变,也能使你的亲人和朋友逐渐的远去。

人与人之间发生矛盾的外在因素多数为物质利益而引起,内在因素多数为精神障碍所引起。

当我们在生活中遇到骂人、吵架、打人、打架、做坏事等,自己心中一

第十讲 心理与感情

定要明白,那是精神障碍发作的现象。要以此为戒,常警示自己不要让自己的精神功能发生障碍。

除此之外精神障碍在生活中还有许多方面的表现。如溺爱就是精神误区的表现之一,溺爱往往会转化为"溺爱强迫症",属于精神障碍的范畴。

父母疼爱子女这是人伦天性,勿庸置疑,但是在生活中有些父母在养育儿女方面把握不住尺度,使自己渐渐地失掉了自己,子女在婴幼儿时期,没有一点自立能力的时候,父母应该对子女进行生活包办,衣、食、住、行、教一个也不能免。

随着儿女的年龄逐渐增大,父母应当逐渐减少对儿女的生活包办,让儿女像一棵树独立面对蓝天,不要把儿女当作一棵藤木永远的扶着,这样反而把儿女培养成一个生活的弱者,也容易使自己产生精神问题,而导致自身的溺爱强迫症。

在生活中有许多母亲,尽管儿女早已成人,仍然运用育婴时的心力和行为,对待已经长大的儿女。如果儿女是个有心人,就会力阻母亲对自己的关怀和照顾,反而要多做事情多干活来减轻母亲的生活压力。也有些儿女不是这样,像洗衣服、叠床、打洗脸水、洗脚水等,都甩给母亲去做。

有许多孩子站起来比母亲的个子高一头,自己想喝水自己不动手,只冷冰冰的甩出几个字:"妈,我要喝水。"母亲像得到什么指令一样,熟练而机械的倒好水,然后把水杯端到孩子面前。

通过对这类母亲的了解,才知道多数人对儿女的行为不满,但是常常不由自主地会按儿女的要求去做,如果不去做心里会感到不舒服,做了自己心里也挺不乐意。其实这是一种精神问题,是一种强迫症,精神具有选择和决定的功能。当某种选择和决定在没有其他因素干扰的前提下,自己不能如实地按照自己的意愿做出选择和决定,这也是精神障碍的表现之一。

似乎有一种什么力量强迫自己要这么做,其实这就是强迫症,因为它是限定于溺爱子女方面的强迫信息,所以取名叫:"溺爱强迫症"。

真是"可怜天下父母心",怎么能不可怜呢,爱子女爱出了"强迫症"还没有被自己发现。

(三)潜意识问题

潜意识问题对人体生理因素的影响很大。潜意识的内在作用是告知自己生理系统的各种需求,当满足了这些需求时,潜意识就会相安无事。如果,满足不了生理的正当需求,潜意识就不会平静下来,这时它会用意愿或行动与精神进行抗争。

曾经有这样一个故事可以说明这个道理。讲的是一位教书先生,时逢过年他老伴让他拿着家中仅有的一点积蓄,到集市上去买点东西回来准备过年。

在赶往集市的路上,恰逢一个邻居大嫂因年关已近,她出外谋生的丈夫杳无音信,家中已经没有粮钱生活不下去了,正想跳河自尽。

那位教书先生赶上前去。拦住了邻家大嫂,当问明了原由之后,教书先生急忙安慰大嫂说:"在外谋生经常会由事不由人,很可能是被一些事情给绊住了,他肯定会回来的,或许正在回家的路上。"

教书先生踌躇了一会儿,对大嫂说:"我这有点钱你拿去先买点粮食,回家和孩子一起度过年关,等大哥回来了一切都会好转的。"那位大嫂接过钱千恩万谢,最后说:"等他爹回来后一定还您"。

教书先生木然的走在回家的路上,自己的年怎么过,回去怎么向老伴交待。回到家老伴一看先生怎么两手空空,赶忙问怎么没买东西。教书先生如实的讲述了在路上发生的事,老伴说那你没有少留下一点钱,我们也要过年那。先生说钱本来就很少没法留,我们过年咱可以再想

第十讲 心理与感情

办法。

大年下的,先生也没借到钱,尽管教书先生的精神多么高尚,腹中饥饿却刺痛着先生,潜意识决不认账,它要履行自己的职能,要尽快地为自己找到食物,潜意识胁迫精神启动思维,构思寻找食物的方法与途径。在生活中精神常常被本能所胁迫。(这句话特别,特别的重要请读者牢记心间)

趁着朦胧夜色,教书先生钻进了别人家的红薯地,一方面刨着别人家中的红薯,一方面喃喃自语在向孔夫子请罪……

通过这个故事可以说明,本能是大自然安排在人体内的护身法宝,当人身受到生命威胁时,本能会不服从精神的指令,反而会胁迫精神按照本能的意愿去做事,教书先生偷红薯的故事就说明了这一问题。

中国有句古语叫做"饥饿生盗贼",从心理学角度来看因饥饿而盗食者,不属于心理障碍患者。

那么潜意识问题是指哪些情况呢,潜意识问题可分为两种:一种是亢奋型潜意识问题,一种是抑郁型潜意识问题。

亢奋型潜意识问题的主要表现为欲望过分的膨胀,欲望是人体保证健康的基本要素之一,假如人没有欲望就会饥不知食,渴不知饮,贫不知奋,富不知济。

抑郁型潜意识问题的主要表现为欲望萎缩。欲望萎缩在生理方面常表现出病理现象。

如在肠胃方面常表现为不思饮食,有的病人看着饭菜发愁,一点也没有胃口,不想吃饭,甚至有时肚子饿的咕咕叫,也没有一点食欲。

在感情方面看到自己的家人也没有一点喜悦,更不想和家人交谈,冷冰冰的面对家人,自己好像没有一点情意。

在生活方面自己不思进取,意志消沉,甚至自己的人生已经走进低谷,仍然还是满足现状。

这种情况常由两种因素引起：一种是生理因素,可能是身体患了消耗性疾病。另一种因素是文化因素,可能是受了某种消极文化的影响,使自己甘于消极,甘于落后,把自己变成自然规率和社会规律淘汰的第一对象。

亢奋型潜意识问题表现为欲望膨胀,如患者在饮食方面,肚子已经吃的发胀,潜意识却还想再吃,表现出一种贪食的病理现象。

在感情方面对自己的亲人过分的重情,见不得自己的亲人受到一丝一毫的委屈和磨砺。感情过分的敏感和偏重,亲人那里刚有一点点风吹草动,自己的心里已经是波涛汹涌了,常表现为过分的贪恋亲情。

在生活方面过分的贪图享受,好逸恶劳,有心里问题的人大多数厌恶劳动,他们主要是对劳动没有正确的心理认识,并且常常鄙视劳动者,特别是鄙视体力劳动者。但是厌恶劳动的人并不一定都是心里障碍患者,身体患有疾病的人也会厌恶劳动。

因为,劳动会给身体的某些器官带来不适反应,甚至会加重病情。所以,要把两种不同情况清楚的区分开来分别对待。

亢奋型潜意和萎靡型潜意识的患者,由于有贪图享受、好逸恶劳的病理特征,所以患者常常依赖家人的供养而生存。一旦这种供养中断,患者就有可能运用不良手段,获取经济来源,这样就有可能犯错误甚至犯罪。

在现实生活中不乏其例,潜意识和精神同时发生劣变的人,其行为常常失于理数,与社会公众规范相违逆。凡是违逆公共规范的行为,多数都是违反法律的行为,尽管所有犯错或犯罪者并不一定都是心理问题的患者,但是心理问题的患者的犯错或犯罪的发生率却很高。

媒介曾经报导过这样一个案例：

有一个七十多岁的农民,靠卖小鸡谋生,由于生意不太好做,老人采取了赊销的方法,销出去了一部分小鸡。

第十讲 心理与感情

可是当老人按照约定的时间去收钱的时候,有些人如约把钱付给老人,但还有一些人拖账不给,更有甚者赖账,不承认买过老人的小鸡。老人据理力争,反而却遭辱骂和殴打。

据报导说老人做买卖的本钱还是借来的。这样一来连本钱都要赔进去,老人不甘心又多次去收账,每次都受到相同的责难。其实老人的心里和心态此时已经被严重的打击和扭曲了。当人的心里遭受沉重打击的时候,很容易发生心理问题。

从思维开始击破第一道:思维防线,使人的思维失去理性。

然后有可能击破第二道:精神防线,使人的精神失去理性。

最后有可能击破第三道:本能防线,使人的本能失去理性。

如果人的潜意识(本能)没有受到严重伤害,尽管老人有报复思想和报复愿望,潜意识只要不配合,就不会将报复的思想和愿望付诸行动,也不会形成犯罪事实,仅会有犯罪思想和愿望而已。

后来那个老人的思维系统设计了一套用下毒的方式,毒死那家欠钱不还,反而赖帐又对他辱骂和殴打的家人。其结果他下的毒药却意外的毒死了别人家的小孩子。

案发之后经过公安人员的侦破,终于将凶犯捉拿归案,才明白了下毒杀人的真实原因,卖小鸡的老头自然逃不出法律的制裁。

据报导称公安人员对那家被老人认为欠自己小鸡钱的人家,进行了群众调查,调查结果是他家确实拿过那老头的小鸡。

我们从道理上讲,老头无论如何不应该用毒药对他家人进行报复。但是从生理和心里上讲老头早已义愤填膺,情绪已经得不到控制。整个心理意识被心里意愿驱逐的干干净净,使心里发生了严重病变,已经不可能理性的判断和对待事物,悲剧往往发生在心里亢奋和心里病变的高潮阶段。如果"中华心理学"能早一天出世,早一天被世人所接受,那就不知道会挽救多少个无知者脱离犯错和犯罪。

防止犯罪,首先要从防止心里亢奋入手,一旦人的心里发生严重问题和严重扭曲时,首先会失去心中的理性约束,其行为的犯罪率是相当惊人的。

同时也要警告大家,一定不要轻易、随意的伤害自己身边的人,不要轻易、随意伤害自己周边的人,这样一方面损害自己的功德,另一方面会把自己置身于危险之中,因为你也不知道谁会发生病态心里,这是一个还没有被揭开的心里认知的空白区。

❖ 三、感情运用

感情是人生内含的一个十分重要的核心,可以这样讲,假如一个人一生没有得到过感情的享受,那么这个人的人生一定是残缺的人生,一个人所拥有的最重要的财富是感情,其次是知识和经济。

谈心理学为什么要把感情、知识、经济扯到一起,因为这三项与心理有着密切的关系。感情养精神,知识养思维,经济养本能,这三项组成了现代社会求生存、求健康、求幸福的三大基本要素。

在现实生活中,善于运用知识和钱财的人占绝大多数,但是善于运用感情的人却很少,很少。在当今呈上升趋势的离婚案中,就明显的反应出来,很少有夫妻因运用知识不当或理财不当而起诉离婚的,大多数都是因为感情不和才会发生离婚现象。

感情就像热量一样,你也化验不出来它是什么元素,也画不出来它是什么形状,但是人人都能以心直感,以心触及,知道它的存在和意义,感情就像水一样滋润着每一个人的生命。

感情和煦时它向你散发甜蜜,感情挫折时它向你散发苦涩,当你消极面对生活时它就隐遁,当你积极追求幸福时,感情就活跃在你的生命之中,顺便提一下在过去有一些人,因感情受挫而遁入空门,感情正常才会心理正常,一个心理不正常的人无论做什么事情都会打折扣的,不管

第十讲　心理与感情

是进了空门还是学门都会有意想不到的影响。

人生在世哪个愿意把自己置身于苦海,如果你对感情没有一个合理的对待与把握。那就很有可能置身于感情苦海。

感情是一种特殊的健康能源,尽管每个人的感情存量不尽相同,但是每个人的体内都存有感情能量,只是多少不太相同而已。

世间的人们大多数都是从生活中学习生活,感情也不例外,学习感情知识是每个人不可缺少的重要课程,是关系到每个人的幸福与欢乐,也关系到家庭与社会,还关系到文化走向和文化修养。

感情是活跃于人体信息系统的一种物质,就像电流沿导体运动一样,感情的产生多来自于五脏的生理活动。五脏的生理作用,中外医学界都已经有了较为详细的论述,五脏的心里意识功能和作用几乎没有被人们发现,那也更谈不上进行细致入微的进行深刻的研究了。

因而使感情在生活中没有一个使用的方法和标准,使许多人不能驾驭感情,成为感情的受益者。反而变为感情的奴隶,成为感情的受害者,感情是生命的有效卫士,感情是生命的健康卫士。

感情是保养五脏不可缺少的重要能量。感,产生于五脏。情,产生于肝脏。同时又保养并保护于五脏,就像地球与大气的关系。地球由五种基本元素构成,这五种基本元素是木、火、土、金、水。

这五种元素合成一体,就是我们的地球基本构成物,它产生出许多不同的微物质,密布在地球自身周围,这就是大气。人体也是一样的,人体有肝、心、脾、肺、肾五大脏器,五脏相互协作也会产生许多不同的微型物质,密布在五脏周围,尽管用视觉观察不到,但是用信息系统的感觉功能却能清楚的触及到。

当一个人对另外一个人,或者是周围的人,或者是周围的环境等,产生良好的心里活动时,就会从五脏中发出许多优良微粒物质(信息能量)。可以使另外一个人,或者是周围的生命体通过自身的信息功能体察觉得到,把这种优良微粒物质比作"晴空万里"。

此时人与人之间就会产生一种良好的人际氛围,与此同时人们会共同获得一种幸福快乐的快感,是生命体的一种高级的快乐享受。这就是人体与人体之间,人心与人心之间,不掺杂任何金钱交易的,天然的,生命体能与体能之间的一种"好能量"交易。

用学术名就叫做:"阴阳易"。

相反,当一个人对另外一个人,或者是周围的人,或者是周围的环境等,产生不好的心里活动时,也会从五脏中发出许多不良微粒物质(信息能量)。可以使另外一个人,或者是周围的生命体通过自身的信息功能察觉得到,把这种不良微粒物质比作"阴云密布",甚至转化为阴霾笼罩。

此时人与人之间就会产生一种不良的人际氛围,会共同遭受一种生命的不适与不快,是生命体与生命体之间的一种不良伤害,是影响健康人生的"坏能量"。人们要及时地避开这种人际氛围,避开这种"坏能量"的产生地。

维护生理健康和心里健康,要从生活的每一个细节,每一个小事做起,积极的养护生命,这样才会组成自己的健康人生。

(一)感情的分配与比例

我们每个已经懂事的人,或者说从步入青春期开始,就应该把自己的感情做一下分配与调整。因为童年时代的孩子多数都是任着自己的性子和意愿来支配感情,甚至已经养成了顽固的习性。

到了成年时期这种无节度的支配感情的方法,会给自己带来痛苦和不幸。每个人迈入人生的第一步,首先遇到的问题就是感情问题。如果你能顺利经过感情关隘,那么你未来的人生旅途至少一半是蔚蓝的艳阳天。

每个人首先应该把自己的所有感情之和,也就是说把自己所有的感

情加在一起,然后用一来表示。

每个人的感情整体用一圆来"形象化",然后自己从心里把它分成十等份,在这十等份中,每三等份为一组,这样就可以分为三组余一等份,如果用数字法来表示,可以写为:$1 = \frac{3}{10} + \frac{3}{10} + \frac{3}{10} + \frac{1}{10}$

把感情分为三组,目的是对应人生,对应社会,对应自然,三大组之外,还余一小组,是对应自己的。

我们每个人来自于自然,生活于社会,体验于人生,所以我们每个人的感情交流就不能脱离人生,不能脱离社会,不能脱离自然。当然也不能脱离自己。

(二)预防感情透支

当我们每一个人脱离了童年时代时,是自己回报人生、回报社会、回报自然的开始,所以就应该把自身的感情用$\frac{3}{10}$来对应自然,用$\frac{3}{10}$来对应社会,用$\frac{3}{10}$来对应人生。其余的$\frac{1}{10}$属于机动感情,可以根据客观需要和主观愿望自行支配。

这就是说把自己的感情作一个合理的安排,以便在自己使用时有一个尺度和标准。当自己面对人生时,所能支配的感情限制是$\frac{3}{10}$,最多加上机动的$\frac{1}{10}$,其感情使用的心里极限为$\frac{4}{10}$。

假如你面对人生的具体内容是恋爱,万一恋爱失败,你在感情方面不会遭受过重的打击,或者是致命的打击。

假如你面对社会的具体内容是事业,也应把感情投入限制在$\frac{3}{10}$之内,因为社会在发展,自然环境也会随之而变化。如果你把感情投入的

太多,一旦事业发生不可逆转不良的变化,你就会承受一种失落的感情打击。所以,学习使用感情,学习支配感情,学习调配感情,学习收发感情,无异于婴儿学步,就像幼儿学步一样的重要。无论对待事业、恋爱、感情等,都应谨慎理性地合理把握。

女孩子一旦感情失调,必然要引起痛苦一生。

男孩子一旦感情失调,会犯错误甚至会违法。

引导和培养孩子的感情与使用,首先要从家长做起。下面讲一个真实的故事来说明这个问题的重要性:

有这样一个家庭,因喜迁新居给儿子带来了感情打击。有一对夫妻买了一套新房子,又经过装修把新房子装饰的十分漂亮,夫妻二人的心里真是乐开了花。

搬家那天,夫妻二人欢天喜地,高兴极了,把旧家具统统处理掉了,旧房子也放弃了。夫妻二人高兴的问儿子:"新房子漂亮不漂亮",儿子回答:"漂亮"。

到了晚上儿子拽着妈妈的手说:"妈妈,我要回家。"

顿时夫妻二人才发现,可爱的小宝贝儿正在暗自流泪。夫妻二人面面相觑喜迁新居的喜悦一下消失了,看着儿子伤心的样子,夫妻二人不知道该怎么办才好。

儿子要的家已经不存在了,从那以后儿子的神情恍惚、神情沮丧,一下失去了往日的欢乐,常常流着泪,要求要"回家"。看着儿子痛苦的样子,夫妻两人后悔莫及,花了那么多的钱给儿子买来了这么大的痛苦,这是多么大的人生失误,这样的实例很多。

假如,他们二人平时关心一下儿子的心里成长情况,关心一下儿子的感情世界,就不会发生这样令人十分遗憾的事件。

感情的支配包括感情的付出与收入,感情的发出与收回。

当你与人交往的时候,不要冷冰冰的面对他人,多少应付出一点感

第十讲　心理与感情

情,哪怕是一点点,这样可以使你的生物场活跃起来,有益于自己和他人的身体健康。现代人不是特别注重养生吗?情乃养生之要物。

如果你与人交往时付出的感情快要达到 $\frac{3}{10}$ 的时候,应当得到对方感情的回应,如果不是这样,你应该及时收回自己的感情,以免使自己的感情单向付出过多,日子久了会给自己造成心里与身体伤害。

特别是找对象的时候,过去人们没有把感情作为生命的能量去珍惜,任意的挥霍感情,这种情况在寻找对象的时候经常发生。

特别是自己看上了对方,而对方却没有看上自己的时候,有许多人常常以大量的感情付出希望获得对方的欢心,这是极不可取的一种错误的方法,是在用感情下赌注,一旦失败结果很难设想。

婚姻大多数要经过四个阶段才能完成:第一阶段是找对象;第二阶段是谈对象;第三阶段是恋爱对象;第四阶段是结婚。

在找对象时一定要本着选择好朋友的心态去进行寻找,不一定是一找就中的,感情的付出掌握在 $\frac{2}{10}$ 之内进行交往。

如果在此期间,你没有得到过对方的一点点感情的回应,哪怕对方是你眼中的"西施"或"白马王子",你都应该及早放弃。

感情的回应一般都表现在动作和行为方面,这是真情的流露。

如果对方常以悦词回应,就是说对方只给你说一些比较清淡的好听的话而已,这时往往是含水多而含情少,自己就要做好退出的准备。

人与人之间进行交往,看起来是一项很简单的事情,其实是一种内在很复杂的外向结果。人与人之间的交往从人体的三个意识中心汇总起来,大致可分为:思维交往,精神交往,本能交往。

思维交往:思维是根据大脑储藏的生活信息,文化信息等等各种不同的信息,作为思维的根据。这里包括思维方式和思维内容,以此为特征与他人进行思维层面的生活交流和文化交流,会用多种不同的形式进行社会交往。由于每个人的生活经历不同,学习文化不同,学习内容不同等等,在思维交往中常常出现友好交往和不友好交往的差异。

所以,在人际交往时对待同一事物,就会出现不同的观点,不同的认识,不同的世界观,不同的价值观,因此在人与人的交往中经常会发生矛盾。这是在人们社会交往中经常发生的事,在这种情况下要做到互谅互让,维持好人际关系。人们的许多爱、恨、情、仇都是在思维交往中产生出来的。等等,等等。

精神交往:精神就是心神,心神本身不像思维那样在大脑里储存了亿万个信息点,脑思维工作起来十分复杂,要在数以亿万计信息库里面找出当时想要的信息来,是一件高敏捷度的思维过程。

心神是一个清静、悠闲、简单的意识中心。思维与心神的最大差别是:"思维极其复杂","心神特别简单"。

所以,人与人之间最复杂的交往是"思维与思维"之间的交往,人与人之间最简单的交往是"心神与心神"之间的交往。这种心神式的交往多用于心灵交流式的社会交往。这种交往就是"知心朋友"式的交往,而思维交往就是"社会朋友"的交往,本能交往是"亲情"交往。亲情交往与朋友交往是有着质的区别的。

本能交往:多用于情义与行为接触式的人际交往,这种交往才具备做夫妻交往的基本因素。

行为接触交往,在谈恋爱的过程中,行为接触不能局限在文化交流或心灵交流的范围之内。一定要注意一点,那就是看双方是否都有积极主动的肌肤接触行为,这一点很重要,这是潜意识在行为方面的认可与否定的具体表白。

在人生实践中,经常发生一对恋人,在相恋了一两年,甚至更长的时间,仍然徘徊在思维交往或精神交往之中。这主要是由两种因素造成

的:一种是潜意识功能障碍,一种是潜意识不同意对方。

当你进入谈对象阶段时,感情也应该相应的深入,掌握在 $\frac{3}{10}$ 之内。当你自己觉得已经进入第三阶段,也就是恋爱阶段时,一定要检查一下,你们之间的交往属于哪个层次的交往,如果仍然徘徊在思维交往的范围之内,你要赶快忍痛割"爱",重新寻找合适自己的对象。

感情的发出与收回。每个人都应当学会感情的灵活使用,就像学习走路一样,不仅要学会走,还要学会走得平稳,还要学会跑步、跳跃、摔倒、爬起、跃起等,就像练武术一样锻炼感情内功。要让自己的感情经得起摔打,不要让自己仅仅只有强健的肌肉,而没有强健的感情和把握感情的能力。

感情和心理就像人的左脚和右脚,你在人生的道路上每走动一步,都是感情和心里相互作用的结果。

当我们的情感在人生道路上特别是找对象时,某一步迈错了,应当及时收回重新选择,不要等到深入重围再想用三五步走出来,那是根本不可能的事。

(三)学会培养感情

让感情跟着太阳走,每当自己清晨醒来的时候,在打开心灵的窗户之时,也要开启感情的大门,让心灵与感情同时与大自然进行清新的能量互相交流,甚至把自己融进大自然,把大自然融进自己。

迎着晨曦发出自己淡淡的喜悦,带着这种心情面对自己一天的工作与生活,只要淡淡的有一点点意识就行,不要让自己意识太重,反而会使自己觉得很累。

当自己晚上临睡觉之前,让自己早晨发出的淡淡喜悦,悠然的收回到自己的心里,让自己心灵的窗户和感情的大门轻轻地闭合,让喜悦回

到心里甜甜地入睡。

经常的这样锻炼就会慢慢掌握感情的发出与回收,在社会交往中,在生活中自己就能够如意地运用感情,支配感情,让自己真正成为自己感情的主人。

在生活中夫妻感情的相互交往应该是第一位,夫妻感情是家庭凝聚力的核心,任何一个家庭一旦夫妻感情产生裂痕,就会给家庭带来潜在危机,幸福就会悄悄地溜走。

作为夫妻应当经常检查双方的思维交往是否正常,在双方的日常生活中还必须保持有朋友般的交往,这一点很重要。在日常平淡的生活中,夫妻之间必须有一种平淡的交往关系与之相对应,才能在平淡中加深感情交流。

在中国家庭文化中,有这样一个秘传:"上床是夫妻,下床是朋友。"如果现代人能够切实的做到这一点,你的家庭一定是幸福、和谐、健康的典范。

经常检查双方的精神交往是否正常,双方是否还会像婚前那样经常交心,交心在日常生活中也十分重要,如果把夫妻生活比做大海,交心就是大海中的帆船。如果把夫妻感情比做天空,交心就像在天空中的彩云。如果把夫妻感情比作树林,交心就像一对相互依偎的小鸟。

交心可以使夫妻增进友谊,所谓的"交心",主要是指双方对生活的认识,相互体会和心里感受等,而不是"交待"问题。

曾经有人不知道掌握交心的内容与尺度,把一些十分敏感的个人问题,当作交心内容"交待"出来。最终往往得不到对方潜意识的谅解,而使夫妻关系发生破裂。特别是弱者一定要掌握交心的内容,以免发生不必要的感情伤害。

潜意识交流不用检查,直接感受就行了,像眉目传情,相互亲昵之类,都是潜意识交流的内容。

第十讲　心理与感情

感情就是在这些相互交流、相互渗透、相互润泽、相互濡养、相互愉悦、相互快乐中游弋的特殊生命。

要提示的奥秘还有许多，要讲的道理还有许多，暂时先给大家讲到这里，最后送给大家一句话：

人类和平，社会安定，家庭幸福，身体健康，心情快乐，这一切都是从心里健康中产生出来的。

张广汉

2016 年 5 月 20 日于文城西安

第十一讲　医国齐家安天下

诗曰：

太乙行

一望麦浪万里黄，苍天不吝赐粟粮。

世人尽知农家苦，谁晓尧舜世世忙。

地球人从本期人类诞生以来，大家都在各自不同的区域生存与发展，曾经有过和平，也有过战争，有过欢乐，也有过血泪。

这些都是因为对大自然阴阳率的不了解，不掌握。不知道"左宜右有虚实处，意上寓下后天还先天"的玄机。人类的所有行为和意识都要时刻洞察阴阳机率的发展与变化，时刻遵循着阴阳相生的健康壮大规率，时刻谨慎和小心回避阴阳相杀的病变消亡规率。

大宇宙有时就像做游戏，她是有规则的，说形象一点就像我国南方少数民族的"竹竿舞"，必须按着节律与节拍才能翩翩起舞，如果人们一不小心的把舞步跳乱了，就会把脚夹住而失败！

治理国家就像有一个领队，带着全国人民跳这种集体的"竹竿舞"，它的难度就像老子所说的："治大国如烹小鲜"。这就需要上下一心，万众齐心，人们需要效仿天人合一的概念，从而达到民主合一的理念。

我在这里给世人提出了一个"民主"新概念，以前的民主一词含有较多的政治意义和社会意义。

第十一讲　医国齐家安天下

因此,一谈到民主一词则万民竟仰,群情振奋。统治者也尽其所能以民生、民需为要,以民意、民权为主。如果单从一个方面来看,这些都是很正常的,如果再从生活方面来看那就再正常不过了。

国家本来就是万民之大家,在这个万民之大家中必须要有一个统一管理的机构,这个机构在中国封建时代就叫做"朝廷"。朝廷的顶级人选就叫做,"君主",也称作,"皇帝"。无论他们叫做"君主"还是"皇帝"。有一点是不会改变的,那就是被老百姓称为:"真龙天子"。他们自己也是这样认为的,中国人自从有了文明以来,就特别崇尚"龙"文化,直到今天,我们中华民族还自称为:"龙的传人"。

而这个机构现在就叫做:"国家机器",好像还叫做:"上层建筑"。全部是西方工业革命以后的新名词儿。是时代在前进,时代在革新,这些变化与革新使中国人已经涌入这个时代的大潮流。

在西方文化中的"民主"一词,我是这样理解的:单从字面上看应该理解为,它是"以民为主"的缩写。至于其中包括了民生、民需、民权、民愿、民欲等等,这些都可列在子目里。在这里片面地强调了以民为主的思想,在民主这个词汇里似乎已经充分地体现了平民的主权,因而万民皆以民主一词为悦。

而西方的统治者们,在竞选总统职位的时候,他们为了夺取竞争的胜利,无不打出"民主"这张王牌,在民主的"子目"里大做文章。为了迎合民众的心里愿望和贪婪的欲望,常常做出损害自然,损害能源,损害他人,损害他国利益的各种承诺,等等。

因为,病变心里在地球人中普遍存在。所以,在西方民主的"子目"里,如,民欲、民愿、民权中就会出现不顾能源的匮乏,资源的枯竭而膨胀出过分的要求,甚至是病态的要求和欲望。作为最高统治的竞争者,几乎更加关心自己在竞争的角逐中如何取胜的问题。

我认为:如果一个政府,一个社会,一种文化只是片面的,单方面的强调民主,只顾民需的主观需求,而不顾客观的资源保护,势必会导致人类与自然产生对立,人类与自然的和谐却无人问津,人们只考虑自己的主权,自己的利益,大自然的主权,大自然的利益又有谁来考虑呢?

把这个思考题留给所有的地球人……

在中国旧的封建"朝廷"制度,已经被新的"政府"所更替,但无论是旧的朝廷,还是新的政府,都离不开关注人民生活问题,离不开国家治理问题。这里就产生了两个关键词:一个是民主,一个是治理。我想从中华文化这个角度来谈谈"民主"一词的本来含义,在西方文化中民主一词,清晰地表明了"以民为主"的思想。

但是,在中华文化中,"民主"二字分别代表"人民"与"君主"。"民"指的是人民,"主"指的是君主。民主是"民"与"君"两个概念的统一体。

请大家再看看我们这双手,四指代表人民,拇指代表君主。只有民与主合力才能开创未来。民以君为主,君以民为要。中华民族的民主应该是"人民与君主"的简称,这也符合太极阴阳学说的思想。这也是中华"龙"文化的精髓之所在,我们国家的民主集中制就充分的体现了这一点。

西方的那个大国,他们经常打着"民主"的牌子来中国说事,他们对民主的含义都没有搞清楚,他们有资格来给我们中华民族讲民主吗?他们的制造业曾经是走在了我们的前面,可是,他们只拉车不看路的西式思想和西式文化,已经把我们人类带到了悬崖边沿,我们人类还敢顺着西式思想走下去吗?我们还能继续听从他们的"民主"说教吗?

是苍天唤醒了我们中华文化,在宇宙春雨的滋润下,使这棵经历了亿万年的易道文化大树,绽放出了救世新芽,将要结出累累硕果!!

下面重点来谈一谈国家治理问题,一个国家无论是大国还是小国,在人事治理方面单用一种方法治理那是远远不够的,我们地球人现在几乎统一的使用法制来管理国家,法治的终极手段是刑法,这种方法是一

第十一讲 医国齐家安天下

种非人性化的终极方法,不能作为上国治理国家的首选方法。

还是让我们伸出自己的手来,看看我们自己的五个手指头吧,我们要首先揭秘这张手的奥秘。因为,它是一张宇宙信息缩影图,是一张大宇宙给我们人类配备的不开口说话的导师。

从拇指开始顺着往下排,依次为:拇指、食指、中指、无名指、小拇指,这五个手指头配入五行,依次为:木、火、土、金、水,在黄种人的上上古时期就用五种方法调理帝统,恩惠万民,使天下黎民百姓耕织有序,礼乐有方,歌舞升平,乐业安居,官入民无人识,帝入民无人知。

随着社会的发展促进了人们的思维渐渐发达,人们的欲望也渐渐提高,人们的自私心、占有心、掠夺心逐渐相继出笼,使人心渐渐脱离淳朴,最终导致古代帝统衰亡。与此同时五治之法零落于世,因彼时人心相恶,互生残忍,同举刑法用世,因而使刑法灌注于世,耽延至今。

今人张广汉累世寻真,幸查世人因思维生病累及心神,并领寻求"医心之法"以改世人之恶,天数允五十载,过时不候。及今已去二十七载矣。

据古及今,希望重启五法同治,医救世人,希望我中华儿女,君民一心,共同治疗心里顽疾,早日康复回归淳朴……

这一整套的方法包括以下五个方面:

❖ 一、人治

人治,配入五行属土,其性敦厚而诚。

什么是人治?

人治就是人类社会需要共同生存、共同发展、共同提高时人类根据自己的主观愿望和客观现实及客观规律做出的相应治理方法。

人治是人类社会治理的基本大法,是人类社会产生以来乃至未来社会治理的母法,没有人治就没有治理,人治是土壤、是根、是本,其余都是

末。人治犹如分数中的分母,法治、理治、道治、德治是分子。

如示:

$$\frac{法治、理治、道治、德治}{人治} \quad \left(\frac{4}{1}\right)$$

人治具有灵活性、多变性,他能随着社会实践中产生的突发事件随机应变,直接做出相应举措与措施,不拘于某种机械性的使用于平常性的律例的约束,在人类社会的治理中有相当高的使用价值。

大自然的变化一方面很有规率,另一方面又变化无常,这也是大自然本身规率的双重性。

那么人类社会的发展与现象也受这种自然规率和自然现象的模定。所以,人类社会运行中常有一些事物都在人类的预料和规范之中,这些都可以用法律的条文去进行约束。也有许多突发事件和预料之外的事件发生,如果仅依赖法律这种机械而单调的方法必然不能奏效。

法律治理如果配入五行学说,法治属金,金从革、从兵、从刃,故法治有其残暴的一面,在这里一定要给地球人指出,法治不是最高尚的治理,也不是高科技时代应该的首选治理方法。

人治的负面作用在于使用者的心理(思维、精神、潜意识)心态是否健康,是否健全,是否公正,是否理智,是否智慧,是否仁慈,是否博爱,是否有高度的社会责任感和社会使命感。如果人治的使用者不具备良好的各种品质。那么,人治的负面影响也是相当大的,如果使用者发生了病变思维、病变精神、病变意识的任何一种或几种都会给人类社会或团体带来灾难。

因为,所有的治理都是以人做为基础的,法律的制定者、使用者、执行者都是由人作基础的,都是由人来完成的,人是内涵,法是外延。

抛开人的因素作用,单纯地去谈法律那是不可能的。所以,在国家行政机构,司法机构,以及所有参与国家公务管理机构的人员,都必须首先具备心里健康,只有心里素质高度健康的人选,才能倍加谨慎地执行公共管理政策,才能严格谨慎地执行司法条律。

所有的律法条例本身只是人文意识的文字书写,它们自身没有意识,没有思想,没有判别能力,更没有行动能力。只有通过执行人严格按照条例的文字书写意思去执行,才能使律法条例得以实施。如果没有人的参与,什么律法只会是一纸空文。

在中国我只听到依法治国的呼声一浪高过一浪,反对人治的谩骂声不绝于耳。不知道是从什么时候人们把人与法固执地对立起来了,把人治与法治推向了水火不相容的地步。

问题的关键是在执行律法条律时,由于执行人的心里素质不健康,不能如实的按照律法条律来执行,使处理事件的方法与律法条律的规定方法发生背离,使法律规定得不到兑现。如此一来人们只是对执行人产生强烈不满,岂不知你再不满意也离不开这个执法人。人治依然存在,只是这个执法人的心里出现了问题,而不是这个执法人体出了问题,在这里急需解决的是心灵问题,而不是人体问题。

人治是硬件,法治、德治、道治、理治是软件。没有硬件,软件何所依?

◆ 二、法治

法治,配入五行属金,其性刚硬而从革刃。

什么是法治?

法制是人治常常使用的一种治世的律条式的治理方法,它用各种不同形式的律文条款,对社会人进行行为约束和规范,其形式常常纵横交错,故而有法网恢恢之说。

法制是人类社会治理的重要方法之一,但决对不是人类社会治理的全部方法和唯一方法。法制的特征是机械性较强的治理方法,洞察地球

人治理社会大多都首选法治或独选法治,把一个灵活多变的人文社会,想利用一个机械的方法来规范起来。

这种治理方法对于治理者来说比较省心,比较轻松,把拟定好的法律条文向大家一公布,法网如电网,每个公民所有行为不能触犯法律规定,无论是谁触犯了法网,不管是有意的还是无意的都会被法网中的"电流"击中,都会受到法律的制裁。

但是人类生存于社会之中,生存是主纲,每个人都必须按照自然规率的安排,在这个大自然中坚强地生存下去。有时由于社会的分工和分配的不合理而导致一些人的基本生存得不到保障,贫困与饥饿同时折磨着这些人的身体与心灵。使之产生疼痛与痛苦,在自然率的迫使下这些人有时也顾不上法律的任何规定,如此以来违反法律规定的行为就会频频出现。

对于这类人的法治结果是法而不治,据我们所看到的社会现象是:一方面法制法典一天天在增厚;另一方面居家的钢筋门窗一天天在增多增强,众口一词所崇拜的法制社会。此时,是否显示不出什么"威严"来,是否更加显示出一些对待社会犯罪现象控制不力,更加显示出单一的法制力量的苍白和无奈?谁若不信这个道理那就看看监狱里关了多少人就会得出结论了。

在这里再次给地球人提醒,法治是治理社会的方法之一,而不是治理社会的全部,我们要用手做好手工劳动必须是五指同用,不可能是单用一指就能奏效。

统治者应该考虑启用理治,道治,德治。让人治、法治、理治、道治、德治融为一体来共同医治我们现在社会中的一切不良现象和病态现象。

❖ 三、理治

理治,配入五行属水,水性柔顺而清辙,润命而养德。前人有上善若

水之说,理治是治理国家安定万民的不二法门。是光明之源,理礼之道,不可不察也。

什么是理治?

理治是将人的思维方式,心神决择,意识本能最大程度地趋于理性化,这里所说的理,一方面包括了自然规率之理,一方面包括了社会规范之理。用合理的人文方式指导人们的心里动态,使人们的所有社会行为、家庭行为和自然行为趋于理性化。

理治是极大的人性化治理,通过理治可以使人们逐渐自我管理,可以使人们远离违法行为,是在法治的外围设了一道对公民的保护屏障,使人们远离法网用不触及法律,就像在高压电器的外围筑一道篱笆墙,让行路的人们都知道那里是行路的禁区。理治是对人们的最大关怀和最大保护性治理,它能让社会中的每一个人在理性化的保护圈内愉快地生活。《中华心理学》就是为理治在开辟道路,为理治提供理论依据,为理治创立心理"金三角"学说。

理治者,文治也。法治者,武治也。凡自然万物,动先合道,社会万事,动先合理,理不得彰,法何以治之。人之知,最高莫过于理,人之所以贵生于天下,因其能识理,行道,明德。

记得佛教中有位被称之为"地藏王菩萨"的人说过,"地狱未空誓不成佛"这样一句话,这句话说的很有境界,但在我们人世间看来这句话似乎有点远,有点距离的感觉。如果用"监狱未空誓不成佛",就很贴切人类的现实生活,亦能直接理教万民。

理治运用起来比较仔细,比较繁锁,它不象法治那样简单易行,小毛病法不治,大毛病就判刑。理治的特点是专门治理"小毛病"的,当人的思想、意识、精神、行为发生错误现象时,自己或者社会可以运用理学来纠正自己的思想、意识、精神、行为等诸多有关方面的错误,使之不要发展成"大毛病"而触及法律。如果谁不循理而行,就可以给一些平微的处罚,如,写出书面检查在众人面前宣读,让大家来关注和帮助自己改正错误,再严重一些的可以用关禁闭等使之改正错误。

关于这个问题就象中医给人治病一样,中医治病的指导思想是"上医治未病"和"对症下药"。所谓对症下药就是当人患病之前先有症状,简单地来说"症为病之渐起,病为症之结果"。中医治病主张早期治疗,"扁鹊见蔡桓公"早已成为医人治世之佳话。

理治的使用亦不可轻率启动,这中间要严格谨慎地掌握几个要点。理治所使用的理是主干中的主干,是精髓,因而此理应包括天道、地道、人道,总之要掌握平衡之道。要遵循大自然的规率(天道),要遵循人体健康需求的规率(地道),要遵循心里健康的规律(人道),要维护社会和谐的规律(公道)。

我们地球人对于"理"至今没有一个高度的认识,对理的理解也不统一,每当大家产生矛盾时,矛盾的双方甚至是多方,都死心塌地的站在自己的利益上去跟对方谈理,所谓的"理"首先是公共之理。是站在矛盾的双方或者是多方,来平衡事件本身的方法,是需要一个"心里天平"来参与事件平衡的整个过程。

在我的人生实践中,看到了许许多多的矛盾发生,在人们的意识形态中解决矛盾的首先方法是讲理,在讲理的过程中有的人讲的是公理,有的人讲的是私理,也有的人是公理与私理混合着用,还有一些人什么理都不讲。

讲理本身是为了解决矛盾,保护每个社会人的平等利益,所以治理者在任何时候都不能选则私理进行评判,所有的私理都应在公理中得到充分地体现。

我们从文字信息方面来分析一下公与私的内涵,私字是由"禾"与"厶"构成。禾是粮食的符号,粮食是每一个人生存的必须品,厶是人体生存本能中欲获得粮食的原始愿望,是地能在人体生命中的具体表现。

因而私欲本身并没有什么错,错就错在对粮食的霸占上,乃至对其他物品的霸占上。

公字是由"八"与"厶"构成。"八"字在这里泛指八方,就是泛指八方的众多生命,"厶"在这里仍然代表获得食物的本能欲望。"八、厶"的寓意很深,在中华文字中,"三"已经代表了众多,如"三人为众""三生万物"等,"公"字弃三而用八,是为了让人一目了然八方之民皆应得物而食,天地决非为养一个人而存在。

何为公,观"公"之字,其意尽知。

何为公理,在人类社会生存与发展中,为了寻求每个公民的平等生存利益,而产生的公共、平等、共存、共有、共享的认知法则。

在现实生活中人与人产生矛盾也是必然的现象,这也大概是生命存在意义的组成部分,这点我们可以理解和谅解,作为一个良好有序的社会和社会制度,应该选则公理来调解和平衡人际之间的各种矛盾。

在我的人生路途中,见到和遇到过许许多多的矛盾产生,其实发生矛盾并不奇怪,奇怪的是发生了矛盾后当事的双方,一但各执一词、争执不下时没有一个评理、讲理、判理的裁定机构,这是我们地球人社会结构的一大缺陷。人们不会因为一点点小事就去找公安局,去找派出所。但是,所有的大事件哪一个不是从一点点的小事引发出来的。防微杜渐就是理治机构所要做的事情。

本来矛盾的初起如能得到公理的评判,该矛盾就会很快得到平息和解决,双方当事人的不良心态也会很快平息下去,一般不会发展到触及法律甚至触及到刑律上面来。

我们大家都可以回想一下自己或自己身边有没有因为人际矛盾产生后,又因为得不到公理的平判与保护而使矛盾升级的事情发生。可以说太多、太多了,小到家庭内部,中到邻里之间,大到社会的各个方面。在旧中国留下了这样一句话:"清官难断家务事",其实家务事并不难断,只是旧中国没有"心理学"而已。若从理学入手,就没有"断不了"的家务事,在这方面我已有许多的成功经验,为许多人"断清了"家务事。

每个家庭内部都常常发生矛盾,夫妻之间会发生矛盾,夫妻与父母之间会发生矛盾,夫妻与子女之间会发生矛盾,特别是婆媳之间的矛盾会更加突出。

家庭内部常常因生活琐碎事情发生矛盾而产生一些口角,争吵几句也就过去了,双方的心理心态都能及时地平息下去。但往往有一些争吵并没被平熄下去,从表面上看不争了也不吵了,但实际上矛盾的方式和性质转化了,把矛盾的内容记在心里,形成一个心结,再通过其他的方法和行为把这次的矛盾症结宣泄出来。如此以来往往使矛盾升级,心结加重而不自知。最终有可能使矛盾激化发生争斗,甚至导致发生流血事件而危及生命安全。

其实许多矛盾发生的初始状态都是在"讲理"阶段,相互指责对方的语言或行为失理,可见"理"在人们的心目中具有最崇高的地位和价值,无论人们使用的是"私理",还是"公理",但就理的本身来讲,它在人类心灵中闪烁着最明亮的光芒。人们,无论是心里健康的,还是心里不健康的,都心甘情愿地屈从于理的指导。这是多么重要的人类认知天能,是谁放弃了理治而选择了法制这一独木桥。

在现实生活中当人们发生矛盾时,无论是家庭内部,还是邻里之间都渴望理的公正与裁决。因为现有社会没有这样的机构存在,人们为了通过讲理来解决矛盾,常常把这种希望寄托到法院或者公安局,法院或公安部门属国家的法制系统。那里是讲法和执法的机构,有许多人为了解决矛盾到法院去讲理,由于矛盾双方所触及的事件还没有升级到法律可及的地步,法官也没有办法,法官的职责是用法执法者,其实人世间有许多道理连法官也不一定全知道。

我们经常听到一些讼人在抱怨说:"某法官不讲理","某法院不讲

理"，其实不是他们不讲理，而是你为了讲理投错了医，进错了门，只要他们讲法就完成了他们的职责，其余的不是法官们的责任。

在社会行为中行政工作的制定一定要循公理而为之，特别是对企业有关经济制度监管与监督，我们现在这个社会制度中有的企业在制定制度时，常出现一些上不封顶，下不保底的经济分配政策。有的人到年底可拿年终奖20万，有的到年底还要给企业倒找钱，同在一个单位，同做一项事业，由于分工的差异而导致如此之悬殊的差异，在公理之中是绝对不能允许这种现象存在的。

◆ 四、道治

道治，纳入五行属木，其性仁韧而主性命。

什么是道治？

遵循自然规率是谓"道"，道治是指根据自然率的内涵，体现于人体生物本能必须得到维护的，各种不以人的意志为转移的，被自然率所模定的对人体本性需求的治理。换句话说，就是尽可能的为人生本能所需多开绿灯，如果人们都能正常生活了，谁还会去铤而走险违反法律呢。

老子在《道德经》中说："有物混成，先天地生，寂兮廖兮，独立不改，周行而不殆，吾不知其名，字之曰道，强为之名曰大"。

"有物混成"其实就是阴阳浑然一体，"先天地生"就是阴阳二物在天地未开之前就已经存在了，它们沉静寂寞地处在空无之中。

"独立不改"阴阳相互转化，互生互助，互使互行，永恒不变。老子当时不知道这种物质叫什么名字，给它取了个字叫做"道"，勉强又给它取了个名叫做"大"。

其实"道"指的就是阴阳，"大"指的就是太极。道字的原始含意没有"路"的成份，后来被人们将字意引伸为道路来。

道字上面的两点就是代表着阴阳二物，左边的一"丶"代表阴，右边的一"丿"代表阳,两点被"一"托起,"一"代表天,也代表太极,"自"代表自然界,"辶"代表阴阳、太极、天体自然在运动。老子取的这个"道"字很巧妙、很具体,一个道字将宇宙玄机尽数囊括,难怪在《西游记》中太上老君给自己的天宫取名"兜率宫"(率音 lǜ)。

所谓"兜率"就是把所有的自然率全部掌握的意思。

道治的含意比较深刻,就其简言而说:就是指用自然规率的内涵指导人类的社会行为,以自然规率为核心制定国家政策引导社会行为,指导人生实践,把一个万有社会群体引导到一个以自然规率为核心的新型社会结构上来。

自然规率有千条万条,就其核心只有一条,那就是平衡,是动态的平衡,通过平衡达到永恒。

无论在资源开发,能源利用,社会分工,物质分配,身体健康,心理平和,情感互惠等方面都应孜孜不倦地追求平衡。

道治纳入五行属木,象春,位东。

木在五行中列首。五行的依次排列为:木、火、土、金、水。

木在五季中居首。

五季的依次排列为:春、夏、长*、秋、冬。

木在五方中居位首。

五方的依次排列为:东、南、中、西、北。

道治,按五行之序本当列诸治之首,但地球人的治理现状不是这样的,地球人众口一词呼唤法律法制,似呼离开了法制就没有别的办法了。这是地球人的思维走偏的结果,是认识偏差而导致的。

法治是五治之一,而不是全部。

---

* 长,指长夏,在五行学说中,春夏秋冬各季的后十八天为土,因土居中,而旺四时,因而将土定位夏秋之间,为主令。

道治,属木,其象如春天,春天是最美丽的季节,草树含绿,百花吐艳,风和日丽,心旷神怡显示出一派生机勃勃的和悦景象。

道治,内容很多非文墨可以尽表……

◆ 五、德治

德治,德配入五行属火,火性通灵而主神明。德,体现于政是为"仁",体现于民是为"善"。德,体现于政,民必从之,太平之本象也,天道酬德。

什么是德治？

致公天下是谓德,说明白一些德治就是心治,心是主管每个人的意识、思想、行为的发源地,是生命体中信息系统的总中心,德治是对每个人的意识、思想、行为提出的一种极其高尚的品性要求,在这种高尚品性的要求下,使每个公民逐步提高自身的奉献意识、奉献精神并通过社会行为体现出来。比如自觉自愿的把自己多余出来的那部分财产主动交给社会。

地球人随着高科技的发展,生产力水平的提高,生活物资匮乏现象逐渐得以缓解,但是人们受私心本能的束缚和政策的不和谐,使物资分配的两极分化。从资本主义国家可以看出,富有的人数不多却占有着多数的财富,尽管有些人,口念慈善却没有公德意识。同在一个国家的政体下贫富差异也相当悬殊,这种现象纳入阴阳学说中属于阴阳极度失衡。

公与私在较量,贫与富在拼杀,强与弱在吞筮,智与愚在对峙,似乎地球人对这种社会不平衡人文现象毫无医治之方。

其实自然规率对人常行不言之教,不语之治,似乎经常爱跟人们开玩笑,自然规率经常把人生贫富像车轮一样安排着,贫富总是在不停地翻滚,一阵贫滚到上面,一阵富滚到上面。一阵强滚到上面,一阵弱滚到上面。一阵智滚到上面,一阵愚滚到上面。人生自然率就是这样。当自

己走到上升顺势的时候,富有、强势、智慧等都占上峰。他人有可能正处于下降背势的时候,贫困、弱势、愚昧等占了上峰。

有德之人常以自己顺达富有之势垂怜悲悯贫寒之人。

无德之人常以自己顺达富有之势卑视唾弃贫寒之人。

当自己走下降背势的时候,贫困、弱势、愚昧等不良势态就会席卷而来。常言道:"富时不助人,贫时人不助,富时常助人,贫时苍天顾。"

有德之人常守:达则兼济天下,困则独善其身。

德之有无,常与教育有关,天下有德治,必先有德教,政有德,民有德,天下必得。

政之有德在于,取人之富,济人之贫。

人之有德在于,取己之富,济人之困。

下面给大家讲一个故事:

从前有一个财主,富有良田千顷,家资万贯,富贵余饷自不必说,土地丰盛必然要招聘农耕者,因而他有许多佃户。

人再福贵亦不能永世,随着日月荏苒,这个财主年事已高,眼看就要谢世了,世间人常被小血缘和私心困顿,他的家产自然不会轻易留给别人。这个财主在世时,从表面来看对待佃户还比较殷实,但是再殷实的财主一般情况下,是不会把自己的财产让佃户继承了去。

有一天,这个财主果然谢世了,但是他(抽象人)并没有走远,他的一个穷困不已的佃户之妻将要生孩子,大自然的轮转生死率,像开玩笑似的,让他投生到这家贫困户做人去了。

这人一投胎婴孩呱呱落地,前世的事情啥也不知道了,然后就跟着这曾经是他的佃户的父母生活起来,那自然还要随着贫穷的佃户父母受贫寒之苦。

如果他要到他前世的儿子那白拿一根柴禾棍,恐怕都没门。

如果我们在世间的人,能把自己富余的那部分积攒拿出一部分,帮

第十一讲　医国齐家安天下

助那些生活在困顿期的人,特别是那些要离世的富豪们,能把自己遗产的一部分主动地帮助那些贫困之人,你自己也会受益的。

德治主要是引导人们如何给自己积德,社会发展到今天人们清一色的都在给自己积财,不管是穷人还是富人,都在一门心思的找钱,挣钱,赚钱,是一个正常的人都会有这样的欲望,这说明人们的本能都很健康。应该给大家鼓掌！！

但是,我们的心神是不是也很健康呢？我们的思维是不是也很健康呢？不是！我们已经有许许多多的人,心神已经不健康了,思维已经不健康了。我们人类原本每一颗心灵曾经都是灵光闪烁,曦曦发光,光彩照人,原本每一个心神都是仁慈的天使,灵光与慈光交织,光彩夺目,与日争辉！

可是现在呢？请大家到市场上去看一看吧,粮食、蔬菜、食油、副食、饮料、乳品、餐饮、熟食等等,等等,哪一类不含化工毒素呢？哪一种毒素在投放时,没有经过思维和心神的参与和决定呢？！心灵之光就是这样被人们自己一点一点消除掉的！！

"黑心商家,黑心老板。"这种词汇几乎众口一词,已经遍布大街小巷,充满市井。在人类社会中不仅仅只有黑心商家和黑心老板,在其他任何一个领域里,都存在着形形色色的黑心人。当一个人不管在任何地方只要坏事做得多了,这个人的心神就会发生劣变,会把明亮的心灵劣变为黑暗的心灵,会把原本善良的心神劣变为邪恶的心鬼……

这是多么可怕的社会现象,在中国现在一味的只注重思维中心的数、理、化教育,偏废了心灵中心的品德教育,即便是有的地方还有一点点心灵品德教育,那是远远不够的,心灵品德教育是一门人人必过的必修课。让品德支撑起一个高尚的社会主义国家和一个高尚的社会主义制度。

但是,当学生们走向社会进入企业进行工作的时候,才发现在花丛般的校园里,所讲的社会主义国家,社会主义制度,社会主义企业是那么的美好,那么的令人们向往。

可是,在企业中存在着激烈、残酷、暴虐的恶劣竞争,而表面上又是那么的平静,那么的温良恭俭让。在人与人之间,科室与科室之间,领导与领导之间,企业与企业之间的恶劣竞争面前,几乎所有的大学生们被现实震懵了,当他们缓过神儿来,渐渐地擦干从心灵里流淌出的血迹,不得不在现实面前,俯下身子,低下头颅,接受现实,卑躬曲膝地适应社会却成了大学生们的"新课堂"。多么可怕的社会现象……

特别是在现实的中国,已经形成了一种飓风般的文化导向,似乎后力还十分强大:"你要适应这个社会。"

我们来到这个人世间,决不是为了适应一个病态的社会!而是为了改造一个不良的社会,医治一个病态的社会!我们要拿出"愚公移山"的精神来改造这个社会中的病态部分!来医治这个社会!来提升这个社会!

同学们!朋友们!暂时就讲到这里吧。再会。

附录：

中华龙

关于龙的传说已经延续了很久很久,龙的传人对龙的含意已经模糊不清,对龙的认可与认定发生了分歧。

现代人根据时代思维模式,牵强附会硬将"失踪"的龙和鳄鱼联系在一起,甚至还形成了一支强大的鳄鱼说派系。这是现代人忽视民族文化的结果。因此,有必要重新了解一下龙的"诞生"过程。

中华祖民开始农耕禾稼自食其力时,大自然时而雨露滋润禾苗壮,时而干旱不打粮。因而久旱盼雨露就成为祖民们的共同心愿。

自然界一些规律性的现象总是重复出现,与禾稼息息相关的雨露直接关系到禾稼的成长与收获。

每次大雨滂沱之前天空总是容易出现电闪雷鸣的现象,随着"轰隆隆"的雷声和强烈弯曲状一闪一闪的亮光出现时,祖民们对这一自然现象充满了矛盾心理:一方面畏惧;一方面崇敬;一方面喜悦。

畏惧,雷声震天作响,似乎要把天震碎,电闪如撕,好像要把天撕裂。

崇敬,这种力量不知从何而来,人力根本无法凌驾于雷电力量之上,只能崇敬苍天的力量。甚至把它做为崇拜的对象。

喜悦,雷电告诉人们滂沱大雨即将来临,禾稼正需要雨露浇灌。

每逢干旱,祖民们为求五谷丰登而企盼雨露,大家都知道大雨来临之前往往以电闪雷鸣为先兆,所以祖民们把盼雨露逐渐地变为盼雷电。

有时禾稼干旱,祖民们左盼右盼,雷电就是不来。祖民们为了乞求雷电,就把天上闪电的形状,弯弯曲曲地模仿着画出来,做为乞求的对象进行膜拜,这就是龙的最原始形象。

如何称呼这一弯弯曲曲的图腾,当时有智者提出用天上闪光时发出

的声音来称呼,这一提议得到祖民们一致赞同。有人提出称之为"轰",有人提出称之为"隆"。

我们至今还可以听到"轰隆隆"的雷声。"轰"声猛烈而剧,令人畏惧,有少数人赞同。"隆"声稍缓似有滚动之感,有多数人赞同。

祖民们选定"隆"声为弯曲的图腾的发音,选定雷音和电形组合出"龍"字,以象征雷电。后人把"音"字下面的"日"字讹写为"月"字,这样"龍"字就传成了"龍"字。

祖民们又用雄狮头来表示龙的威猛,用蟒身来表示柔韧,用鱼鳞表示汪洋并暗示"雨临",用鹰爪表示锐利,用麒麟尾表示吉祥。

中华民族世袭龙文化,逐渐地把自然界的电闪雷鸣演变出一条活生生的巨龙来。

由此得出一个结论,电闪雷鸣是自然界的一种规律和现象。那么,龙在某种意义上是自然规律的一种形象和化身,它与我们人类朝夕相伴,我们人类是在它的怀抱中哺育生存。

祖民们得到禾稼的濡养,人数逐渐增多,原始的人际关系不能维系迅速增长的人群,一个以龙为纲领的管理体系逐渐诞生。

祖民们为了公众利益,建立了一套社会管理机制,对大家的各种社会行为统一规范。这套管理方法分为不同的阶层,它象征着龙骨,最高管理集团象征着龙头,最高集团的核心人选象征着龙心,执行管理机制象征着龙爪,万民象征着龙身,顺应自然规律是祖民们的共同心愿,用麒麟尾表示顺应得吉祥。

龙潜移默化地与中华祖民融为一体,在中华龙文化中,君主代表龙心,万民代表龙身。君主与民众的关系是心与身的关系,是中华民族最根本的民主体系。万民之爱莫大于爱君,君心之泽莫大于泽民,这是中华龙的命脉与核心。

"人"字的诞生过程

人,在有文字出现之前,人类已经形成很久很久了。在古代的古代,人类从低级生存萌生了向高级生存的欲望,人类拥有得天独厚的区别于一般动物的身体条件和智慧条件。

人类的四体五指和大脑先天的,潜在的,确定了人类要凌驾于万物生灵之上。

然而这也需要一个漫长的生存进化过程。当远古人类逐渐地掌握了使用工具,种植禾稼,搭建茅屋等先进的技能之后,产生文化及文字已经是水到渠成的事情了。

大自然造人时,本来就有偏颇,在每一族人类中总是有智慧者,有健壮者。智慧者偏思想,健壮者偏气力。

所以就会出现一种现象,有的人智慧高超,有的人力大无穷。

智慧高超者为人类寻找生存、发展前进的方向和目标。

力大无穷者为人类生存提供劳动生产力,完成农耕、制作、建造等生活必须。

这就是大自然给人类的天定分工。这种分工是按 2∶8 比例分工的,这种现象直到现在也没有改变。脑力发达的人占 2 成,体力发达的人占 8 成。

人类的第一个文字的出现过程大致是这样的:

智者仰天,力者俯地。

先民们中间有位智者,仰望天空,看到一群飞鸟从天空飞过,它们不像其它的飞鸟乱而无章。它们整整齐齐地排着队飞行,非常有序,一会排成"一"字形,一会排成"人"字形,十分整齐。这一群飞鸟就是候鸟大雁!!

这位智者就在联想:"我们大家,虽然有了一定的技能,生活也逐渐地好起来。但是,混乱也渐渐地滋生起来,如果这样子发展下去,其后果将不堪设想,这是可想而知的。

这位智者经过一番思考后,就对着自己的这一族人民开始讲故事了,他指着天上的飞鸟说:大家看见了没有,天上的这一队神鸟,是上天向我们昭示,我们以后要向神鸟学习,团结有序、处事有条、整整齐齐。我们以后就要用它们飞行的队形'一'和'人'写成文字来代表自己,我们要用神鸟飞行的'一'队形,来统一我们大家的行动,我们要用神鸟飞行的'人'队形,来代表我们大家相互支撑,相互扶助。用"一"来表示整齐有序,用"人"来表示心高志远,从此以后,我们自称为:"人"是包含大家互助如"人"的意思。发音与"仁"同。看来"人"字的含义在当时是多么的淳朴与高尚。

只有当大家的力,团结相聚时才称为:"一"。

只有当大家的心,团结相扶时才称为:"人"。

这就是大雁向人类传递和昭示着大自然内在的文明与文化的信息传递,正所谓"鸿雁传书"的潜在涵义。"人"字传到今天被讹传为:"人体的象形文字"。

在中华道文化中还留有"一人"称谓的痕迹,如华阳一人,紫虚一人等,之后人们对"一人"的概念渐渐地模糊了,把一人改为:"真人"了,如太乙真人、太极真人等。就连《黄帝内经》中都在说"上古有真人,提挈天地,把握阴阳"等。

但是,直到现在还仍然有人称"一人"的,在80年代末,我在西安市科技协会遇见过一位修道者,她自称姓文,大家都称她"文道长",她不愿意说出她的名字和年龄,她认为(也是道家文化认为),道无名,道无龄。所幸的是她告诉我她的道号"玉镜一人"。只是她对一人说法的源头已经不知晓了。但是,中华许多古老的文化还有一些在道家内部还操守承传着。

所以,当我们还承认自己是人的话,就不要忘记人的原始含义,不要忘记自己周边所有的人。不要忘记苍天通过大雁飞行编队,向我们人类昭示的深刻含义!!

当"一"和"人"的文字诞生之后,人类受到启发。文字就慢慢地发展起来。

在天成象,在地成形。此乃天道。

远古的人类又通过树枝落地后,自然的相互拼对,形成的状态,进行联想拼对,逐渐地就形成了大量的方块文字。

在天取象,在地取形。此乃人道。

既有象形字,又有含义字。

人字的初始含义是高飞、智慧、统一、协调、平等、互助、团队、有序、志远,之后演化成现在的含义仅仅是对身体的称谓。

大雁真的那么有灵气吗?

我在此给大家讲一段有关大雁的故事。

这是一段和唐僧取经有关的故事,可惜小说《西游记》中却没有讲到这段有意义的故事。

话说唐僧去西天取经,历尽千辛万苦,一路西行,唐僧固执地认为:西天就在西方,只要一路西行就能达到西天。

殊不知,西天只是一种地域或方位概念,而不是一种单纯的地理方向。其实,地球是圆的,如果一路向西方直行,其结果又会从东方走回原

地来。

而释迦牟尼的故乡在古印度(今尼泊尔国),那里的地理位置在长安的西南方向,长安在印度的东北方向。

在《西游记》中我们称他们为"西方",他们称我们为"东土"。当时,唐僧把这些并没有搞得十分清楚,就一路西行,都已经走到了阿富汗国境内了,如果再继续西行,就越走越远了。

可惜唐僧却固执地认为要去西天取经,还在艰难地向西行走。也大概是唐僧的坚忍不拔、志向不改的精神感动了上天。此时,天上飞来了一只大雁,大雁在唐僧的头顶上方不远处一边鸣叫一边围绕着唐僧飞翔。之后,向着南面的方向飞去。

唐僧并没有动心,并且加快了步伐向西奔走,不久这只大雁又飞回来了。

又围绕着唐僧的头顶上方,一边鸣叫,一边飞翔。之后,又向南面的方向飞去。

唐僧仍未动心,迤逦西行。

不久这只大雁又飞回来了。

又围绕着唐僧的头顶上方,加大了鸣叫声音,从唐僧的头顶上方,冲着唐僧的身体俯冲下来,然后再向着南边的方向飞去,就这样一次次地俯冲飞翔。

唐僧当时吓得不知所措,魂不附体。待缓过神儿来,静心一想,哎呀!是不是我把路线走错了,如来佛祖在施法点化于我……

唐僧毕竟是一个信佛之人,多少也有点儿迷信思想。所以也就不再固执地向西走了,坐在路边思来想去踌躇起来……

过了好久唐僧依然坐在那里,想等等看有无路人经过,想打听一下路人,路该怎么走。但是那一段路荒无人烟,无人经过,唐僧眼巴巴的巴望了半晌,不曾迎来一人。此时唐僧想想自己为求佛法一路苦行,风餐

露宿,不觉得眼前模糊,内心颤抖,委屈之情,油然而生。

可怜那唐僧早已黯然泪下……

那只大雁还执着地盘旋在唐僧头顶,没有离去,似乎是在等待着唐僧的选择。

唐僧慢慢地站起身来,缓慢地向南挪步,那只孤雁亦向南引领着唐僧慢慢飞行。

此时,正应着一句佛语:"南无阿弥陀佛"。(注:佛语:无 mo—空旷无边的意思。南无、南方无边的意思。实际上五方俱有佛,把魔磨完了,佛就出现了)

唐僧渐渐地决心向南了,那只大雁在唐僧头顶连叫三声,依别而去,再未回来。唐僧终于达到佛国(印度)。

多年之后,唐僧取经回到东土大唐长安,建慈恩寺,筑功德塔,唐玄奘念念不忘鸿雁引路恩德,遂将功德塔取名为"大雁塔",把大雁塔前面朝南的那条路称为"雁引路",以纪念和感激那只神雁。唐僧仁人君子,为了普度众生苦求佛法,放弃个人幸福追求宏大事业,应该是我们学习的好榜样。

今天的人们,当你读过了这段故事之后,再去游大雁塔,再去思大雁塔、登大雁塔的时候,就会更加亲切了,更加深刻了……

我们人类的仁性是否也应该复苏了,也应该苏醒了……

宇宙的原始状态

最原始的宇宙状态——太虚。

什么是太虚？

太是指无限大的意思，虚是指柔软的、微小的、均匀的物质微粒状态——气态。

那么，太虚就是说我们现有的、可以看见的太空状态、星云状态、山河状态等。在很久很久以前，就是一种由无数的物质微粒组成的气态现象的一种现象。宇宙的本质是有两大类物质构成。

第一大类物质是由我们无论借助什么手段、什么科学技术也找不到边沿的"空无"物质构成。

第二大类物质是由我们无需借助任何手段、任何科学技术都可以随时地看到，可以触及的"实有"物质构成。

在这里我们人类应该首先颠覆一个固有的简单概念，把第一大类的空无物质认为是什么都没有的人类文化初级概念，转变为以另外的形式而存在的一种物质。

其实，空无是相对实有确实存在的一种物质。不仅如此，空无不只是存在而且还具有潜在的巨大的动力、能量，是参与和决定宇宙发生运动的第一动力源泉，也可以称为"元动力"。

而实有是在第一动力的推动、促使下产生的第二动力，我们看到的

一切星球运动,其实就是第二运动现象。

在各个星体上各种不同的物质都会相互作用而发生第三种运动,人体和其他生命体都可以归属于第三运动体。

人类和其他生命体的思想、精神、愿望、意识等心理活动为宇宙现象的第四运动力。

把这四种运动力联系起来合称"四象"。

四种宇宙的基本现象。

四象在不同的方面又有其不同的表现形式。就我们可以亲眼目睹的日、月、星、辰四种不同的太空现象。(辰指的是天空中的闪电)

就地球自身运行轨道来讲,地球的远日点夏至和近日点冬至,是地球运行轨道的两仪。而立春、立夏、立秋、立冬四大节气就是地球运行路程函定的四象。

在地球上一年之内所运行时发生的现象变化,就是按照四象的潜质呈现出春、夏、秋、冬四季。这种季节变化是受阴阳四象的潜质作用才呈现出来的。

在一日来讲,由卯时至午时为日春,午时至酉时为日夏,酉时至子时为日秋,子时至卯时为日冬。

也就是说白天的上午为日春,白天的下午为日夏,夜晚的前半夜(前夜)为日秋,夜晚的后半夜(后夜)为日冬。为什么在黎明前特别冷,因为它占的是日冬,是冬令在此时的作用和显现的结果。这是四象在一昼夜内的显现。

就人体而言,"头与殖为两端为阴阳,而左上肢(左肱)为体春,左下肢(左腿)为体夏,右下肢(右腿)为体秋,右上肢(右肱)为体冬。这就是四象造人时所表露的体态现象。

读者可能会问,谈太虚呢,怎么一下又谈到人了。这就是中国人的天人合一思想。谈天必须要知人,谈人必须要知天。天在这里指的是自

然界和自然规率。

自然中的天究竟有多大呢,似乎没有人去关心这个问题,也没有人来解释这个问题,这样一来我们中华民族常说的天人合一观念,似乎不够完整,不够全面。整天向人说"天人合一",却不知道天的基本概念和基本状态,这怎么向后人解说呢?

在这里我要把天的状态,天的大小,天的形式给大家讲清楚,这样我们的"天人合一"说才会成为一个完整的文化体系。

天在宇宙原始状态时占的空间很大很大,我们以前想象的天,其实是把"天"和"空"给混淆了。

空是构成宇宙的负物质,曰:无。

天是构成宇宙的正物质,曰:有。

当有物质是疏散状态时,表现为气态,当有物质是凝聚状态时,表现为固态。天是什么呢?天就是有物质是气态时的称谓。在原始的宇宙——太虚时代的天,那是无限的大啊!现在已经不是了,天体通过运动变化,已经缩小了。有相当一部分的有物质,已经凝结成团块状了,如地球等再也不是气态状的啦。所以我们再也不能用天来给它们命名了,我们已经给它取好了一个名字叫:"地"。

所以,天有多大呢,我们就用地球做实例给大家解释一下吧。

我们都知道地球有大气层吧?在地球的表面是不是包裹了一层厚厚的大气层啊?我好像听到你在说:"是。"

这就对啦,这层厚厚的大气层就是天啊。

天指的就是这层厚厚的大气层。

气之疏为天。

气之凝为地。

天地皆藏于空。

不要把天地和空混为一谈了。

中华文化的源头——阴阳

首先引用一段《黄帝内经》对阴阳的定位:"阴阳者,天地之道也,万物之纲纪,变化之父母,生杀之本始,神明之府也。"从《黄帝内经》的这段对阴阳定位的文字表述来看,阴阳是一种奇特的现象,它不是天地,却掌管着天地。不是万物,却主宰着万物。不是变化,却促使万物的变化。不是生杀,却孕育着生杀。不是神灵(明),却藏纳神灵(明)。

那么,阴阳是什么呢?阴阳是主宰宇宙,天地,万物,发展,变化,孕生,消亡,循环的根本元始。

阴阳之妙,妙若神灵。弃之即有,掬之既无。唯神明居其间。

阴阳大于一切,又小于一切,既无限宏大,又无限微小。是蕴生神明的府邸。

阴阳千般变化,万劫不毁。宇宙可以天翻地覆,阴阳定然秋毫无损。

大阴阳千窥万探察不尽,小阴阳方显于人文端倪。

何为人文端倪,就是人间哲学。

中华文化的哲学实质就是"太极阴阳学说"。

我们直观的大自然,天地万物,日月星辰,生命思维无不是阴阳造化的结果。

要把握自然万物,生命健康,人文社会,和谐共处,就必须首先要了解自然规率和社会规律。

自然规率和社会规律看似纷繁复杂,实则不外阴阳二字,一旦掌握了阴阳规率,就可以洞察一切宇宙玄机,把握高尚的人文社会。

阴阳关系是哲学关系。

阴阳变化是哲学变化。

阴阳发展是哲学发展。

阴阳是主体,哲学是应用。

什么是哲学?

哲学就是解释阴阳运动、变化、发展规律的学说。

阴阳的所有关系我们都可以把它定为哲学关系,这样我们就可以通过哲学思想,了解阴阳,把握阴阳。可以健康生命,掌控社会,引导社会,清洗文化,荡涤污浊。使全人类思想健康,文化解放,和谐高尚,返朴归真,世界大同。所谓的大同,就是大致相同。

在这里我很想把阴阳的世间法讲清楚,"让普通人都能看懂,都能理解,都能掌握,都能运用"。但是,在西方文化占领了中国校园的今天,这确实很有难度,我尽自己最大的努力来解析阴阳。

阴阳的最大特点是:"对立统一"。

阴阳永远是对立的,举个例子来说吧,大家都知道地球有南极和北极,就其地理位置而言它们是对立存在的,如果没有南极,北极就无从存在。如果没有北极,南极也无法存在。

就其地球磁场而言,N极和S极也是对立存在的,没有谁能把N极去掉,让S极独立存在。也不能把S极去掉,让N极独立存在。此二者都要依赖对方的存在而存在,如果对方不存在了,自己也就不存在了,名为对立,实则共存(统一)。

宇宙的所有对立都是在统一的基础上而对立存在的,宇宙的所有统一都是在对立的基础下而统一存在的,它们是一个永恒的整体。

阴阳的本质表现为物质,是有形的物质和无形的物质的共合体。

阴阳的作用是运动,它使宇宙万物永恒运动。

阴阳的关系是转化,它使宇宙万物相互转化。

阴阳的功能是能量,它为宇宙万物提供能量。

阴阳的主体具有吞吐天地,造化苍生,大而无限光明,小而隐匿无形,非人人可以尽知者。

阴阳本质之妙,非语言文字可以尽表。

为引导世人可以浅知阴阳,当然更希望有更多的人能够深知阴阳,我觉得最好的办法是把阴阳的属性展示出来,使大家通过阴阳的世间法则,"让普通人都能看懂,都能理解,都能掌握,都能运用"。(这一句话是那年隆冬,我夜宿武当山金顶时,受真武帝的嘱托)

这里所讲到的属性,是指阴阳通过自然现象而表露出来的现象,我们把它叫做:"阴阳的属性"。它只是阴阳的属性,而不是阴阳的自体。(阴阳的本质是能量,中医常说的"阴虚",实际上是指阴能量不足,而"阳虚"实际上是指阳能量不足。)

例如:

太阳属阳,月亮属阴。

太阳属阳

这里所说的太阳是说太阳属于阳,是把太阳归属于阴阳中的阳,而不是说太阳就是阳。

月亮属阴

月亮本名:"太阴",因其能得日光而发亮,俗称:"月亮"。

这里所说的太阴是说太阴属于阴,是把太阴归属于阴阳中的阴,而不是说太阴就是阴。

高山为阳,沟壑为阴。

高山为阳

这里所说的高山为阳,是说高山属于阳,是把高山归属,归类于阴阳中的阳,而不是说高山就是阳。

沟壑为阴

这里所说的沟壑为阴,是说沟壑属于阴,是把沟壑归类,归属于阴阳中的阴,而不是说沟壑就是阴。

火为阳,水为阴。

火为阳

这里所说的火为阳,是说火属于阳,是把火归属于阴阳中的阳,而不是说火就是阳。

水为阴

这里所说的水为阴,是说水属于阴,是把水归属于阴阳中的阴,而不是说水就是阴。

树冠为阳,树根为阴。

树冠为阳

这里所说的树冠为阳,是说树冠属于阳,是把树冠归属于阴阳中的阳。而不是说树冠就是阳。

树根为阴

这里所说的树根为阴,是说树根属于阴,是把树根归属于阴阳中的阴,而不是说树根就是阴。

男为阳,女为阴。

男为阳

这里所说的男为阳,是说男属于阳,是把男归属于阴阳中的阳,而不是说男就是阳。

女为阴

这里所说的女为阴,是说女属于阴,是把女归属于阴阳中的阴,而不是说女就是阴。

表为阳,里为阴。上为阳,下为阴。前为阳,后为阴。左为阳,右为阴。东为阳,西为阴。南为阳,北为阴。

就物质而言,作用为阳,材质为阴。

凡是人间一切事物自身都存在着阴和阳,表和里等等,先拿物质来说吧。

例如:用一张桌子来表示

表为阳

凡是桌子的表面都为阳,是说桌子的表面属于阴阳中的阳,而不是说桌子的表面就是阳。

里为阴

凡是桌子材料的内里都属阴,这里所说的内里是属于阴阳中的阴,而不是说桌子的内里就是阴。

桌子的上面为阳,桌子的下面为阴。

桌子的平面为阳,桌子的四脚为阴。

桌子的东边为阳,桌子的西边为阴。

桌子的南边为阳,桌子的北边为阴。

桌子的左边为阳,桌子的右边为阴。

桌子的前边为阳,桌子的后边为阴。

桌子的用途为阳,桌子的材质为阴。

桌子的阴阳还可以分出许多许多,在这里也不能一一尽表。

下面再拿人体来说吧。

人体,无论是男体还是女体,人体的表面都为阳,是说人体的表面属于阴阳中的阳,而不是说人体的表面就是阳。

人体的内里(如脏腑、筋脉、肌肉等)都属阴,是说人体的内里属于阴阳中的阴,而不是说人体的内里就是阴。

人体的脏为阴,腑为阳。

人体的骨为阴,筋为阳。

人体的血为阴,气为阳。

人体的营为阴,卫为阳。

人体的下为阴,上为阳。

人体的前为阴,后为阳。

人体的右为阴,左为阳。

人体的动作为阳,静止为阴。

人体的动作开为阳,合为阴。

人体的前行为阳,后退为阴。

人体的上举为阳,下按为阴。

人体的精神是阳,意念是阴。

人体的思维是阳,本能是阴。

人体的情爱是阳,欲望是阴。

人体的阴阳叙说不尽,在这里不能一一尽表。

阴阳简单起来十分简单,处处可表现出来。阴阳深奥起来,无限深奥,隐于无形之中。

尽管如此,我们还是可以用简单的方法找到阴阳的踪迹。

判断阴阳有一个大的法则:

凡是物质的基础都为阴,

凡是物质的功能都为阳。

认识到这一点就可以将阴阳把握在手中。

当我们在生活中,无论遇到什么事情都可以用阴阳法则判断事物的发展变化与结果。

例如:

一个小孩从小喜欢读书,那么,这个小孩就会从书中学到前人从人生社会实践中积累的丰富的文化知识,这个小孩在学中长、长中学,等他

长大了一定会有丰富文化知识储备,当他面对人生道路中出现的事物的时候,就会有许多知识帮助他来解决事物,选择事物,决定事物,使自己能在文化知识的帮助下,正确地处理好每一件事。这些学来的知识被储藏在自己的脑记忆系统中,这些都属于阴性(隐形)信息,而选则的动能和过程却属于阳性,这些只有自己知道不能直接展示开给人家看。

因为,我们每一个人的一生中,会有无数次的选择摆在自己面前。比如,我自己今天要做什么事,这就是一次选择。要到哪里去,这又一次选择。要走哪条路,这还是一次选择等等,人生几乎是由选择构成的,没有选择就没有人生。

在阴阳法则的模定下,无论我们自己做什么样的选择,至少都会得出两个或者两个以上的不同结果,甚至是绝对相反的结果和相对相反的结果。

掌握了阴阳就等于掌握了管理一切的法则,在国家就掌握了治理能力,在社会就掌握了和谐社会的能力,在事业就掌握了把控事业的能力,在家庭就掌握了幸福的源泉,在身体就掌握了健康。

不通阴阳之道,养生只是一句空谈。

最后,再送大家一句话,天下至贵,莫如阴阳。